商务部与贵州财经大学联合基金重点项目
"基于绿色包容性发展视角下的现代大学制度研究"
（项目批准号：2015SWBZD10）

RESEARCH ON THE MODERN UNIVERSITY
SYSTEM UNDER GREEN INCLUSIVE GOVERNANCE

# 绿色包容性治理下的现代大学制度研究

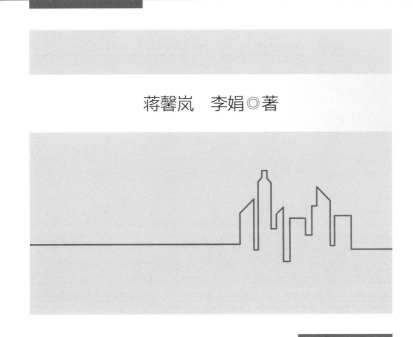

蒋馨岚　李娟◎著

中国社会科学出版社

**图书在版编目（CIP）数据**

绿色包容性治理下的现代大学制度研究/蒋馨岚，
李娟著．—北京：中国社会科学出版社，2024.3
ISBN 978-7-5227-3267-1

Ⅰ.①绿…　Ⅱ.①蒋…　②李…　Ⅲ.①高等学校—
教育制度—研究—中国　Ⅳ.①G649.22

中国国家版本馆 CIP 数据核字（2024）第 055407 号

| | | |
|---|---|---|
| 出 版 人 | 赵剑英 | |
| 责任编辑 | 刘晓红 | |
| 责任校对 | 周晓东 | |
| 责任印制 | 戴 宽 | |
| 出　　版 | 中国社会科学出版社 | |
| 社　　址 | 北京鼓楼西大街甲 158 号 | |
| 邮　　编 | 100720 | |
| 网　　址 | http://www.csspw.cn | |
| 发 行 部 | 010-84083685 | |
| 门 市 部 | 010-84029450 | |
| 经　　销 | 新华书店及其他书店 | |
| 印　　刷 | 北京君升印刷有限公司 | |
| 装　　订 | 廊坊市广阳区广增装订厂 | |
| 版　　次 | 2024 年 3 月第 1 版 | |
| 印　　次 | 2024 年 3 月第 1 次印刷 | |
| 开　　本 | 710×1000　1/16 | |
| 印　　张 | 17 | |
| 字　　数 | 275 千字 | |
| 定　　价 | 99.00 元 | |

凡购买中国社会科学出版社图书，如有质量问题请与本社营销中心联系调换
电话：010-84083683

# 目　　录

# 第一章

## 绪　论

建设高质量教育体系和教育强国现已是中国教育发展的重要战略。党的二十大报告提出："我们要坚持教育优先发展、科技自立自强、人才引领驱动，加快建设教育强国、科技强国、人才强国，坚持为党育人、为国育才，全面提高人才自主培养质量，着力造就拔尖创新人才，聚天下英才而用之。"[①] 2023 年 5 月 29 日，习近平总书记在中央政治局第五次集体学习时的重要讲话指出："要坚持把高质量发展作为各级各类教育的生命线，加快建设高质量教育体系。建设教育强国，龙头是高等教育。要把加快建设中国特色、世界一流的大学和优势学科作为重中之重，大力加强基础学科、新兴学科、交叉学科建设，瞄准世界科技前沿和国家重大战略需求推进科研创新，不断提升原始创新能力和人才培养质量。"[②] 提高高等教育高质量发展，需要加快推进高质量高等教育体系建设，而建设高等教育体系有赖于建立现代大学制度。

现代大学制度对社会发展和人类进步发挥着积极的作用，大学制度因大学的办学目的而存在。在中国发布的多个正式文件中就提到建设中国特色的现代大学制度。例如，2010 年国家发布的《国家中长期教育发展和改革规划纲要（2010—2020 年）》中明确提到要完善中国特色

---

[①] 习近平：《高举中国特色社会主义伟大旗帜　为全面建设社会主义现代化国家而团结奋斗——在中国共产党第二十次全国代表大会上的报告》，人民出版社 2022 年版。

[②] 中华人民共和国中央人民政府：《习近平在中共中央政治局第五次集体学习时强调加快建设教育强国为中华民族伟大复兴提供有力支撑》，https://www.gov.cn/govweb/yaowen/liebiao/202305/content_6883632.htm?eqid=894af258000c27a200000002649816，2023 年 6 月 3 日。

现代大学制度。2015 年 10 月 24 日，《统筹推进世界一流大学和一流学科建设总体方案》指出："深化高校综合改革，加快中国特色现代大学制度建设。"2017 年 9 月 24 日，中共中央办公厅、国务院办公厅印发施行的《关于深化教育体制机制改革的意见》指出："依法落实高等学校办学自主权，完善中国特色现代大学制度，坚持和完善党委领导下的校长负责制，发挥党委领导核心作用。"另外，2018 年，在全国教育大会上习近平总书记讲话指出："要深化办学体制和教育管理改革，充分激发教育事业发展生机活力。"① 2019 年 10 月，党的十九届四中全会通过了《中共中央关于坚持和完善中国特色社会主义制度、推进国家治理体系和治理能力现代化若干重大问题的决定》，进一步明确了国家治理体系和治理能力现代化这个重要目标和时代任务，指出了高质量发展体系下教育治理现代化的必要性。② 党的二十大报告提出了加快建设教育强国，坚持为党育人、为国育才，着力造就拔尖创新人才。加快建设中国特色、世界一流的大学和优势学科。这对建设高等教育强国提出了战略目标，建设高等教育强国就必须建设现代大学制度。在新发展阶段，要解决中国高等教育改革与发展进程中存在的体制机制方面的阻碍问题，有力促进高等教育高质量发展和创新发展，就必须推进高等教育治理体系现代化，建设现代大学制度。所有这些政策文件凸显了制度建设和管理机制体制改革的意义，凸显了制度建设是百余年大学发展最为关键的决定因素这一基本事实。回顾历史，现代大学制度是建设一流大学的制度保障。

1917 年，蔡元培出任北京大学校长时所进行的改革，开启了中国现代大学制度建设的开端。此后，1917—1920 年的北京大学、1920—1926 年的东南大学、1927—1937 年的清华大学以及西南联大都有过快速发展的历程。国家层面对大学制度建设的战略部署进一步昭示了我们需要对现代大学制度进行研究和分析，梳理现代大学制度在运行过程中

---

① 中华人民共和国教育部：《习近平在全国教育大会上强调坚持中国特色社会主义教育发展道路 培养德智体美劳全面发展的社会主义建设者和接班人》，http：//www.moe.gov.cn/jyb_xwfb/xw_zt/moe_357/jyzt_2018n/2018_zt18/zt1818_bd/201809/t20180910_348145.html，2023 年 6 月 3 日。

② 习近平：《在北京大学师生座谈会上的讲话》，《人民日报》2018 年 5 月 2 日第 2 版。

的困境，对探索现代大学制度与立德树人的关系具有十分重要的意义。目前，有关现代大学制度的研究成果非常丰富，人们从不同角度对其进行了深入的探究。大学的发展需要何种治理下的现代大学制度才能真正推动大学制度建设进程，这是促使我们对现代大学制度再进行探讨的重要原因。

## 第一节　问题缘起

对于现代大学来说，作为传递知识和聚焦高深学问的场所，从诞生以来就肩负发现和创新知识进行学术研究的重任。"在这动荡的世界里，除了大学，在哪里能够产生理论，在哪里能够分析社会问题和经济问题，在哪里能够理论联系实际，在哪里能够传授真理而不顾是否受欢迎，在哪里能够培养探究和讲授真理的人，在哪里根据我们的意愿改造世界的任务可以尽可能地赋予有意识、有目的和不考虑自身后果的思想者！人类的智慧至今尚未设计出任何可与大学相比的机构。"① 大学以人才培养为本，而大学制度为人才培养保驾护航。建立现代大学制度，让现代大学远离喧嚣的环境潜心人才培养，以期为大学职能的实现提供保证。

现代大学制度是随着中国社会主义市场经济体制不断完善和高等教育深化改革而发展起来的制度体系。随着时代的发展和科技的进步，现代大学正面临着新的考验和挑战，传统大学制度已不适应现代大学发展的要求，需要改革传统大学制度，建立与之相适应的适合学术发展的现代大学制度以使大学保持生机活力。但是，如果现代大学治理或现代大学制度不能体现大学的本原精神，那么建设高质量高等教育体系的目标就难以实现。现代大学制度是支撑现代大学建设，维持其正常办学秩序，并促进其功能实现的制度。② 现代大学制度建设，需要考虑大学外部关系和大学内部关系。在大学外部关系上，需要厘清大学与政府、社会之间的关系，列出权力清单，界定政府和社会在对大学外部治理上的

---

① ［美］亚伯拉罕·弗莱克斯纳：《现代大学论——英美德大学研究》，徐辉、陈晓菲译，浙江教育出版社 2001 年版，第 10 页。

② 别敦荣：《论现代大学制度的基本范畴》，《现代教育管理》2013 年第 10 期。

权力地位和权力边界；在大学内部关系上，需要厘清大学内部各主体之间的关系，列出权力清单，界定各部门、各学术委员会等在大学内部治理上的权力地位和权力边界。但大学外部关系和内部关系之间并不是孤立存在的，大学外部关系影响甚至决定着大学的治理。因此，现代大学制度是一种包括社会在内的多主体间权力配置和权力制衡的制度。

大学组织的核心是人才培养，即通过教学、科研为国家培养合格的人才。同时，大学组织还发挥社会服务、文化传承与创新和国家交流与合作的职能。大学组织的教学、科研和社会服务等职能的实现，必须有制度保障。大学组织运行中一系列确保教学、科研发展的制度安排统称为大学制度体系。目前，中国已经建立起了世界上规模最大的高等教育体系，在人才培养、科学研究等知识创新方面取得了令人瞩目的成就。但我们也必须看到，目前学术活动和知识生产的原创性成果与我们的高等教育规模不相称。"钱学森之问"揭示的是中国大学组织的学术创新与中国经济社会发展不相适应的问题，说到底就是我们的学术创新属性在大学组织中没有得到应有的体现，亟须建立具有中国特色的适应中国经济社会发展的现代大学制度，以保证大学核心职能的实现。

"中国特色"是中国现代大学制度建设的关键，在推进国家治理体系和治理能力现代化的过程中，中国的高等教育应该选择何种治理体系和制度体系是由中国的实际国情决定的。正如习近平总书记指出："一个国家选择什么样的治理体系，是由这个国家的历史传承、文化传统、经济社会发展水平决定的，是由这个国家的人民决定的。"① 一个国家要建设大学制度，需要根据本国历史文化传统，从政治制度、经济制度等进行考量。中国特色的现代大学制度建设需要以新发展理念为指导，根据大学各利益相关者的诉求，在价值取向、目标、结构、内容和方式上进行设计安排，形成中国特色的现代大学制度体系。

大学组织是一种学术组织，大学最初的职能是单一的人才培养，大学以探讨高深学问为根本要义，本质上属于学术。德国大学教学和科研相结合的模式，丰富了大学的本质内涵，即大学组织的科学研究和创新

---

① 中共中央宣传部编：《习近平总书记系列重要讲话读本》，学习出版社、人民出版社2014年版，第48页。

职能，进一步揭示了大学的学术本质。到了 19 世纪美国大学提出的大学服务社会的理念，其本质仍然是以大学的知识和学问，即大学的学术来服务社会，为社会培养国家需要的人才。因此，大学以知识的生产和创新即学术性为根本属性，学术的本质是探索，是发现。综观大学发展，无论是中世纪欧洲大学还是现代大学，其学术本质没有发生变化，而且越是到现代，大学的学术性越凸显，现代社会的学术和科技创新大多数来自大学。大学学术的发展历程昭示我们，现代大学的学术性发展有赖于现代大学制度的保驾护航，如学术自由、大学价值理念、制度的实施都是为学术发展服务的。正因为这样，大学发展至今呈现高度的专业化，呈现复杂组织的特性，需要处理好内部各种关系，以及一整套制度体系来为学术的开展提供支持和帮助。

从当今中国现代大学制度运行的实践来看，存在着诸多与人才培养和学术发展不相适应的现象或者问题。

科学研究是大学的重要职能，大学教师根据大学的职能和制度规定从事学术研究是应有之义，但是近年少数学者不再以学术作为崇高的职业理想，追逐名利、学术不端行为时有发生，导致学术生态失衡，不利于大学学术发展。根据教育部通报，最近几年有多起大学教师学术不端事件。

当前学术界出现的这些现象促使人们反思和研究大学制度的安排和运行过程中的学术异化问题，大学章程虽然制定出来了，但是存在诸多问题，如一些大学的章程内容不能体现学校的特色，与其他大学的章程内容雷同，或者制定章程以后没有按照章程运行等。这些问题的核心在于现代大学制度的不健全，尤其是与大学学术的本质不相符合，影响了学术发展和人才培养质量的提高。

在一些地方本科院校中，学术委员会的委员组成员中普通教授代表只有 1—3 名，占比不到 10%，基本上是由校长、副校长、相关处（室）处长、大多数学院的院长组成，这在目前中国的地方本科院校不是特例，学术委员会根据大学章程履行学术事务，但这种泛化的学术组织是否真正对教师的学术标准、学科评议和学术职业的聘任等起着公正的评判需要打上一个问号。

现代大学制度的核心是建立现代大学治理结构，大学内部治理结构的不完善，可能引起治理主体的利益诉求没有得到很好的体现，出现教育腐败、学术腐败、论文造假、权学交易、钱学交易、高校领导违纪等诸多问题。当有研究者指出大学出现的"大学庸俗化"①"大学问题还是问题大学"②时，许多学者开始"追根溯源"。事实上，个人失范行为大量出现的时候，问题的关键就可能不在于个体，而是约束个人行为的制度体系产生了缺陷，导致大学系统中出现逾越制度规范的失范现象。

现代大学制度建设的根本是以人为中心，解决大学运行过程中人与人、人与大学、人与自然、大学与政府、大学与社会、大学与市场之间的关系，建立这些主体之间和谐共生、相互协调的制度体系，这与绿色包容性治理理念具有内在一致性。因此，从绿色包容性治理视角审视现代大学制度，可以深入探讨大学制度运行的问题与矛盾，为构建适合中国特色现代大学制度提供新的思路。所谓大学的绿色包容性治理理念是指大学在人才培养、科研和社会服务中形成的关于大学发展等内容的总和，体现了绿色发展和包容性特质。绿色包容性治理理念是以习近平新时代中国特色社会主义思想为指导，以中国梦理论为价值感召，以社会主义核心价值观为基础，以优化制度发展模式、净化大学学术生态、提高人才培养质量、提升学术发展水平为基本内容的一系列价值理念、社会共识、行为规范的总称。本书认为，中国特色绿色包容性治理理念就是在中国大学制度化建设进程中所形成的紧密相连、相互协调的理念、机制、制度体系，是一系列引导大学学术发展、治理变革、文化引领的时代符号。中国共产党的坚强领导是构建中国特色大学制度体系的政治保障。

那么，目前中国现代大学制度的现状如何呢？毋庸置疑，经过多年的不懈探索，中国现代大学制度建设取得了巨大成就。无论是大学理念与大学制度等问题的有益研究，还是实践中教师聘任制度的改革、大学章程的逐步制定和完善等，都表明中国现代大学制度建设正迈上了一个新的台阶。然而，其中的问题也显而易见：过于注重制度工具理性，而

---

① 眭依凡：《大学庸俗化批判》，《北京大学教育评论》2003年第3期。
② 熊丙奇：《大学有问题》，天地出版社2004年版，第8页。

6

忽略了对人尤其是核心利益相关者自身价值的探究，忽略了对制度本身的价值引领，大学组织的创新和发展面临巨大挑战。因此，从学术生态和大学组织的本质属性探讨现代制度，对于现代大学制度的构建是必需的，也是十分必要的。

总体来看，中国特色现代大学制度在理论研究上取得了丰富的研究成果，在实践上也进行了不少的改革尝试，但本书通过梳理这些理论研究和实践发现，这些理论研究和实践更多的是关注现代大学制度的表层，没有或很少触及现代大学制度的本质，在新发展理念和绿色包容性治理的角度来探索现代大学制度的研究成果则更少。由此可见，从绿色包容性治理角度来探讨现代大学制度，并对现代大学制度的实践进行审视，探究影响现代大学制度的因素，对构建中国特色的现代大学制度提供参考具有重要价值和意义。鉴于此，本书针对目前中国现代大学制度研究中存在的实践困境，以绿色包容性治理理念对现代大学制度进行再审视，既是立足于中国当前高等教育发展的新时期建设的实践，审视中国现代大学制度建设的全景，又是对普遍意义上的现代大学制度问题的深层次挖掘，提高对现代大学制度建设的理性认识和评价。

## 第二节 研究意义

大学发展到现在，其职能不断拓展，经历了由中世纪欧洲大学的培养人才的单一职能，到德国洪堡提出的教学与科研相统一的双职能，再到教学、科研和社会服务的职能转变，大学职能的梳理实现了从一到多的转变，大学承担了更多使命和责任。中华人民共和国成立至今，中国的大学职能经历了从一个到五个的交叠演变，2017 年 2 月，中共中央、国务院印发的《关于加强和改进新形势下高校思想政治工作的意见》中强调，"高校肩负着人才培养、科学研究、社会服务、文化传承创新、国际交流合作的重要使命"[①]。大学职能的实现必须以大学制度作为保障，不管是人才培养、科学研究还是社会服务。大学是发现知识、

---

① 中共中央国务院印发《关于加强和改进新形势下高校思想政治工作的意见》，http://www.gov.cn/xinwen/2017-02/27/content_5182502.htm，2023 年 6 月 3 日。

创新知识和培养创新人才的重要场所。随着现代社会发展，大学与社会的联系越来越紧密，大学的各种属性呈现，人才培养和知识生产乃至科学研究都是依靠大学学术这个根本，学术研究是进行创新人才培养和科学研究的基础。因此，现代大学制度的根本在于保障大学学术性的开展，促进大学核心利益相关者的发展。但是随着市场经济的发展，现代大学制度在学术活动中承载责任的同时，也反映出与学术发展不相适应的问题，阻碍了学术的发展。比如，学术评价的功利化对学术的冲击，大学教师考评的唯数量化忽视学术本身的规律等，都对学术的发展造成了不利影响。

现代大学制度对学术发展影响深远，学术发展的历史伴随着大学制度发展的历史。因此，研究绿色包容性治理视角下现代大学制度具有非常重要的意义。

第一，有助于深化对绿色包容性治理和现代大学制度本质的理解。绿色包容性最先提出是在经济学领域，而后延伸到政治学、管理学等学科领域。本书对绿色包容性概念、内涵、理论基础进行系统探讨，有助于加深人们对绿色包容性治理的认识，并用该治理理念去指导现代大学的制度建设。

第二，有助于丰富和拓展现代大学制度研究领域。对现代大学制度研究将从多个学科进行探讨，如高等教育学、管理学、社会学、政治学、历史学等。本书从绿色包容性治理视角来探讨现代大学制度，这既是一个多学科的综合研究，也是一个相对较少研究的新领域。因此，本书从绿色包容性治理视角分析现代大学制度建设现状以及面临的挑战，勾勒出现代大学制度的形成和变化的轨迹并分析现代大学制度沿革。本书试图从绿色包容性治理视角对中国现代大学制度进行分析、反思、构建，这对中国高等教育高质量发展有着重要的作用和意义。

第三，本书为中国现代大学制度建设提供新模式。现代大学制度的相关研究为中国高等教育改革和发展提供了重要的理论基础。从绿色包容性治理视角研究和构建现代大学制度，对中国高等教育的高质量发展具有很强的现实针对性。因为大学制度的建立、设计、变革与创新对于大学组织发展的重要意义是不言而喻的，大学是一个复杂的专门化组织，有着众多的利益相关者，如何通过制度建设协调好他们的关系本身就是高等教育改革的重要话题。中国现代大学制度实践的不尽如人意之处，说到底是没有从真正意义上对学术发展进行引导，这些研究更多的是就大学制度来阐释大学制度，这说明了对现代大学制度建设研究中的某种局限性和思路的狭窄性。当然，任何国家、任何民族，不管在哪个时期，都不可能有绝对完美的、完善的制度。对于现代大学制度来说也是如此，现代大学制度不可能穷尽所有，也不可能绝对完美。因为所有的制度都是由"社会人"来设计和完成的。"社会人"本身就有其主观性，有自己的价值取向，也有自己的局限性，那么其设计出来的制度也必然存在局限性。正如"理性人"所提出的观点，即便我们是理性的，可在实际运用中，制度设计也不可能解决高等教育领域的所有问题，更何况社会总是在不断变化着。尽管如此，我们还是要尽可能去完善我们的制度，尤其是现代社会，在市场经济背景下，大学走向社会中心，受市场影响，学术受到很大冲击，如何有效降低这种影响显得尤为重要。

"对制度的道德评价和选择优先于对个人的道德评价与选择，人们总是先选择用于制度的根本道德选择，然后选择用于个人的道德准则。"① 面对社会发展的变化，高等教育面临越来越复杂的社会，相对应涉及的问题也越来越多。在回应诸如教育公平、公正、民主、学术自由等诸多实践难题中，现代大学制度无疑具有重要的理论研究和实践价值。

## 第三节 概念界定

马克思主义辩证逻辑理论认为，概念作为一种信息，对于其创造主体来说，是在主体内在价值观念的导引下，由感性到理性，融合规律性与目的性，集真理与价值于一体的思维过程。② 对客观现实的反映，其实是概念对现实的"摹写"，即列宁所言的概念来自本质，而本质来自存在。那么，绿色包容性治理赖以生成的"存在"和"本质"是什么？这是首要回答的问题。

---

① 郅庭瑾：《教育管理伦理：一个新的研究领域》，《华东师范大学学报》（教育科学版）2005 年第 3 期。

② 何丽野：《理论在认识和实践中的变异》，《求索》1995 年第 2 期。

## 一 绿色治理、包容性治理与绿色包容性治理

### (一) 绿色治理

如果绿色发展是结果，那么绿色治理则是手段。理解绿色治理的含义，先了解与它相关的概念：绿色发展。

#### 1. 绿色发展

绿色发展是习近平总书记在党的十八大报告中提出的五大发展理念之一，从此绿色发展成为中国重要的发展战略进行规划。此后，习近平总书记又强调中国特色社会主义进入了新时代，经济、社会发展都面临新的挑战和机遇，而人民对美好生活的追求则只增不减，因此，我们更要坚定不移地继续贯彻和践行绿色发展理念。[①]

由于人类欲望的无限性与自然资源的有限性之间存在着永恒的矛盾，需要对发展过程中的问题进行反思。"人民美好生活需要日益广泛，不仅对物质文化生活提出了更高要求，而且在民主、法治、公平、正义、安全、环境等方面的要求日益增长。"[②] 习近平总书记提出绿色发展理念，着力"解决好人与自然和谐共生问题"。[③] 坚持绿色发展不仅能够实现人与自然的和谐，同时也能够促进人与人、人与社会的和谐。绿色发展包括绿色经济发展、绿色政治发展、绿色文化发展。

绿色经济发展是绿色发展的物质基础。经济发展不应以生态破坏为代价，要求人们在进行经济活动时必须遵循生态平衡规律，将自然优势转变为经济优势，力求提高经济发展的实效，这"既是对经济行为的外在限定，也是对经济活动目的的内在要求"。[④]

绿色政治发展是绿色发展的制度保障。习近平总书记提出绿色发展不仅仅是经济问题，还是"很大的政治"问题。绿色发展理念要求必须加强政治生态建设，促进政治生态的绿化。因此，自然的绿色化和生态化需要政治的绿色化和生态化作为保障，它们是紧密相连、相互支持

---

① 习近平：《决胜全面建成小康社会　夺取新时代中国特色社会主义伟大胜利——在中国共产党十九次全国代表大会上的报告》，《党建》2017 年第 11 期。

② 习近平：《决胜全面建成小康社会夺取新时代中国特色社会主义伟大胜利》，《人民日报》2017 年 10 月 28 日第 1 版。

③ 中共中央宣传部编：《习近平总书记系列重要讲话读本》，学习出版社、人民出版社 2016 年版，第 134 页。

④ 王玲玲、张艳国：《"绿色发展"内涵探微》，《社会主义研究》2012 年第 5 期。

的。践行绿色发展理念，建设美丽中国，建设适合中国特色的现代大学制度，离不开中国共产党的领导，离不开风清气正的党风、政风、社会风气。

绿色文化发展是绿色发展内在的精神资源和推动力。绿色文化发展是体现在人与自然的和谐相处、和谐共生过程中所形成的相互协调和紧密联系的理念、机制、制度，是一种时代符号。① 将绿色发展理念转化为实践，绿色治理是其有效的行动策略。绿色治理就是为了进行绿色发展而建立起来的理论基础。

2. 绿色治理

绿色治理源于西方国家 19 世纪中期的绿色思潮。绿色治理包括绿色和治理两个关键词。绿色，是一种颜色词，由此引发出丰富的文化内容，具有"美好、生态、畅通"②、安全与健康、和平与希望③等派生意义。治理，根据全球治理委员会给出的定义，是指个人与公私机构管理其自身事务的诸多方式的总和。④

对绿色治理概念的界定，不同学者从不同角度提出了不同的解释。在此列举部分关于绿色治理的概念。绿色治理，是指多元化的治理主体，通过相互信赖和合作共治，实现和谐发展的活动或活动过程⑤，包括政府绿色治理、社会绿色治理、市场绿色治理等⑥。

在对绿色治理概念的阐述中，学者能够普遍接受的是组织在不断学习与发展过程中，把组织和环境的目标战略完美结合，实现可持续发展，履行好社会责任的组织过程。⑦ 也有学者从绿色治理价值向度来理解绿色治理，认为绿色治理是一种治理，包括民主、公正、责任、健康

① 史云贵、唐迩丹：《论中国特色绿色治理文化体系的构建》，《行政论坛》2019 年第 2 期。
② 周晓风等：《论色彩词"绿"在使用中的语义充实》，《学术交流》2014 年第 7 期。
③ 黄明叶：《英汉色彩语码"绿"之隐喻认知对比分析》，《漳州师范学院学报》（哲学社会科学版）2010 年第 1 期。
④ 俞可平：《全球治理引论》，《马克思主义与现实》2002 年第 1 期。
⑤ 史云贵、刘晓燕：《县级政府绿色治理体系的构建及其运行论析》，《社会科学研究》2018 年第 1 期。
⑥ 苑琳、崔煊岳：《政府绿色治理创新：内涵、形势与战略选择》，《中国行政管理》2016 年第 11 期。
⑦ Pane H. S. S., et al., "Historical, Practical, and Theoretical Perspectives on Green 'Management: An Exploratory Analysis'", *Management Decision*, No. 7, 2009, pp. 1041-1055.

等具体的价值取向，尽管不同治理主体仅认可其中部分价值取向，但最终都能够达成相对一致的价值共识。① 结合这些概念，绿色治理，首先强调的是以绿色价值为出发点，具有多元治理主体；其次是经济发展和环境资源系统的共生性，以及资源共享；再次是相互信赖和合作；最后是实现和谐美好生活与共生发展。

（二）包容性治理

要理解包容性治理的含义，我们先了解与它有关的概念，即包容性发展。

1. 包容性发展

包容性发展（Inclusive Development），是在世界银行早期的"广泛基础的增长""对穷人友善的增长""共享式增长"等概念的基础上形成的。② 它关注的是世界经济发展。对包容性发展的内涵，可以从两个方面进行解释：强调可持续发展，是人类经济社会的发展与自然环境改善的和谐③；强调机会均等的发展，是个体所取得的成就与个人努力有关，而与外部环境无关时，便是机会均等④。

另外，还可以从两个方面进行理解：一是发展机会的公平性，二是发展成果的共享性。⑤ 也有学者从六个方面来理解，即机会平等、成果共享、统筹兼顾、民主开放、兼容并蓄、社会包容。⑥ 学者从不同角度对包容性发展内涵给出了不同阐释，但还是有其共性的理解，如都强调机会平等。那么我们是否就可以这样理解：机会平等是包容性发展内涵中最重要的内涵之一。发展和治理，两者是辩证统一的关系，发展中寻求治理，治理中寻求发展。那么包容性发展和包容性治理，也属于这样的关系。

---

① 史云贵、刘晓燕：《绿色治理：概念内涵、研究现状与未来展望》，《兰州大学学报》（社会科学版）2019年第3期。

② 姚荣：《包容性发展：思想渊源、现实意涵及其实践策略》，《理论导刊》2013年第4期。

③ 向德平：《包容性增长视角下中国扶贫政策的变迁与走向》，《华中师范大学学报》（人文社会科学版）2011年第4期。

④ 李政大、刘坤：《中国绿色包容性发展图谱及影响机制分析》，《西安交通大学学报》（社会科学版）2018年第1期。

⑤ 李辉、洪扬：《城市群包容性发展：缘起、内涵及其测度方法》，《甘肃行政学院学报》2018年第2期。

⑥ 姚荣：《包容性发展：思想渊源、现实意涵及其实践策略》，《理论导刊》2013年第4期。

2. 包容性治理

20 世纪 80 年代以来，善治理念成为世界各国政府的共同追求，民主、效能与包容成为衡量善治的三大核心指标。包容意味着宽容、容纳，是各主体对对象的宽容和容纳，意味着利益相关者能够参与和影响相关决策，共享结果，其权益能得到保障。包容性治理包括包容和治理两个关键词。包容，对其含义的引申意味着尽可能接受涉及的各主体、方式手段等，容纳其存在。包容性治理概念的形成，是借用了包容性发展中参与、平等、共享理念，是一种社会治理。① 第一种解释是，通过制度的安排，确保所有公民平等参与政策的制定，并享有平等分配资源权利的过程。② 这个概念关注的对象是所有社会成员，尤其是弱势群体的实际需求和能力，他们的发展环境与机会以及利益分配，是一种新的发展理念和模式。③ 第二种解释是，包容性治理是基于人类社会时间、空间两维的发展状况，以马克思主义基本原理和包容性增长理念为理论基础而生成的一个概念，体现其发展主体的普遍性、发展进程的协调性和发展成果的普惠性三大价值。④ 第三种解释是，包容性治理强调，在融合坚持创新、协调、绿色、开放、共享发展理念的基础上，任何参与主体都拥有均等发展的机会，尤其是处于弱势地位的社会主体更应该享有更多的发展机会和被公正地分配发展成果。⑤ 包容性治理是指各种利益相关者能参与，影响治理主体结构和决策过程，公平分享政策结果、治理收益和社会资源，各种利益相关者的权益能得到尊重和保障的公共治理⑥。

（三）绿色包容性治理

根据目前了解的文献，与绿色包容性治理相关的研究，除了前文所

---

① 徐倩：《包容性治理：社会治理的新思路》，《江苏社会科学》2015 年第 4 期。

② 尹利民、田雪森：《包容性治理：内涵、要素与逻辑》，《学习论坛》2021 年第 4 期。

③ 高传胜：《论包容性发展的理论内核》，《南京大学学报》（哲学·人文科学·社会科学）2012 年第 1 期。

④ 史献芝、王新建：《包容性绿色发展：构建人类命运共同体的着力点》，《理论探讨》2018 年第 5 期。

⑤ 史献芝、王新建：《包容性绿色发展：构建人类命运共同体的着力点》，《理论探讨》2018 年第 5 期。

⑥ 李春成：《包容性治理：善治的一个重要向度》，《领导科学》2011 年第 19 期。

呈现的包容性治理、绿色治理等，还有包容性绿色发展。那么，什么是包容性绿色发展？

1. 包容性绿色发展

2012 年"里约+20"峰会后首次提出包容性绿色增长或发展概念，其目的在于将绿色增长、包容性增长与世界利益密切联系。[①] 包容性绿色增长或发展属于一种新的发展概念，对此概念的解释有些差异。我们简单罗列一下这些概念。World Bank 提出，包容性绿色发展是注重包容性发展和绿色发展的可持续发展[②]，考虑绿色和包容性问题，以此达到增加社会福利的目的[③]。与包容性绿色发展相近的概念是包容性绿色增长。包容性绿色增长是对包容性增长理念的进一步发展和丰富，其核心内容不仅涵盖包容性增长，还更加注重生态环境保护和自然资源的有效利用。[④]

从这些概念来看，包容性绿色发展既有包容性的发展，也有绿色发展，强调一种可持续性发展，强调与环境的和谐，从而最终达到社会和经济发展的目的。包容性绿色发展为绿色包容性治理概念的界定提供了研究基础。

2. 绿色包容性治理

绿色包容性治理概念是由绿色、包容性、治理三个关键词合成而产生的，是在绿色治理和包容性治理概念的基础上，对绿色包容性治理实质内涵的阐释。上文我们对绿色治理和包容性治理概念研究进行了梳理，在此进一步对绿色治理和包容性治理内涵进行阐释。

对绿色治理的研究从 2018 年后就呈现快速发展趋势。对绿色治理概念的研究发现，绿色治理强调以公共性、人民性和福利性为属性特

---

① 周小亮：《包容性绿色发展：理论阐释与制度支撑体系》，《学术月刊》2020 年第 11 期。

② World Bank，"Inclusive Green Growth：The Pathway to Sustainable Development"，转引自吴武林、周小亮《中国包容性绿色增长测算评价与影响因素研究》，《社会科学研究》2018 年第 1 期。

③ Slingerland S.，Kessler J. J.，"Study on Public Private Partnerships for Contribution to Inclusive Green Growth"，转引自吴武林、周小亮《中国包容性绿色增长测算评价与影响因素研究》，《社会科学研究》2018 年第 1 期。

④ 郑长德：《基于包容性绿色发展视角的民族地区新型城镇化研究》，《区域经济评论》2016 年第 1 期。

征，遵循共建共治共享。①

对绿色治理的理论解释关键在于从系统观出发，绿色治理的多元治理主体为政府、企业、社会组织以及社会公众，通过诸如平等、协商、合作等方式，共同推动绿色治理目标的实现。② 对绿色治理理论的阐释与现代大学制度建设有其共性，如现代大学制度中利益相关者的多元性，就要求现代大学制度建设呈现多主体性。

包容性治理强调各相关利益主体的平等参与，以治理收益共享为目标，③ 体现价值理性和工具理性的融合，具体表现为主体多元、协商合作、权力（利）制约。④ 其中，关注弱势群体的发展是包容性治理的重要特征之一。⑤ 对包容性治理的内涵概括为治理主体的多元性、治理过程的包容性、治理成果的共享性。治理主体的多元性是包容性治理的起点，这也隐含着对治理成果分配上的成果共享；治理过程的包容性强调其治理方式的包容，强调合作。从这个角度对现代大学制度建设中需要处理好利益相关者之间的合作关系有着启发指导意义。治理成果的共享性是包容性治理的最主要目标之一。这就意味着治理主体要知晓，拥有话语权；意味着对成果和资源的共享。

绿色治理和包容性治理最先运用在经济学领域，对绿色治理和包容性治理的理论阐释有其共性，如都强调治理主体的多元性，治理过程的包容性，治理成果的共享性。但也有其差异性，如包容性治理关注弱势群体。融入绿色治理和包容性治理内涵，绿色包容性治理既有绿色治理的内涵和特征，也有包容性治理所主张的关注弱势群体的价值取向，这些与现代大学制度的内涵具有一致性。用绿色包容性治理视角来探讨现代大学制度是符合其理论和实践逻辑的。

绿色包容性治理概念，可谓现代大学制度研究中新的视角，其不仅

---

① 王元聪、陈辉：《从绿色发展到绿色治理：观念嬗变、转型理据与策略甄选》，《四川大学学报》（哲学社会科学版）2019 年第 3 期。

② 李维安等：《绿色治理准则：实现人与自然的包容性发展》，《南开管理评论》2017 年第 5 期。

③ 李春成：《包容性治理：善治的一个重要向度》，《领导科学》2011 年第 19 期。

④ 孙逸啸：《网络平台风险的包容性治理：逻辑展开、理论嵌合与优化路径》，《行政管理改革》2022 年第 1 期。

⑤ 徐倩：《包容性治理：社会治理的新思路》，《江苏社会科学》2015 年第 4 期。

是践行绿色治理和包容性治理两大理论的经验，更是对中国加快高质量教育体系建设的殷切期许。毋庸置疑，教育具有公共性，在现代大学制度建设中引入绿色包容性治理理念，既是整合大学利益相关者的治理力量，又是对大学治理策略的创新；既能解决处理大学学术场域过程中的冲突和矛盾，又能发挥大学相关利益者的优势，协同治理，与环境和谐共生，共享成果，最终实现人的发展。①

综上所述，对绿色治理、绿色发展和包容性治理等概念的介绍，为本书界定绿色包容性治理提供了研究的理论基础。绿色包容性治理，是一个"复合"概念，既包括绿色，又包括包容，是绿色、包容性和治理理念的整合。它以绿色、包容性和治理为路向，结合形成一种新的治理理念，即绿色包容性治理。绿色包容性治理概念的出现有着内在的逻辑含义和现实要求，是一种既包含绿色主体的包容性治理，又包含包容性元素的绿色治理。在中国语境下探讨的绿色包容性治理是集五大新发展理念于一体的治理理念。

绿色包容性治理是本书提出的一个新的概念，目前国内外学界虽有一定的相关性探究，如包容性绿色增长，但关于绿色包容性治理的内涵还需要再阐释。如前所述，绿色治理和包容性治理是当前最显性的话语，我们试着把绿色、包容性和治理结合起来，形成"绿色包容性治理"概念。也就是说，绿色包容性治理是结合绿色、包容性和治理的"复合"概念。它是绿色、包容性和治理的叠加，有其具体的、丰富的时代内涵，远非简单的相加。

在本书中，绿色包容性治理是中国式现代化指导下的绿色包容性治理，中国的大学制度建设以人的发展为中心，秉持制度公正思想，在制度建设过程中必须加强党的领导，营造风清气正的政治环境，形成良好的育人和学术文化氛围，让学生和教师拥有均等的发展机会，最终实现人的自由而全面的发展。

**二 现代大学制度**

现代大学制度是一个中国语境下的学术概念，是基于中国现代大学在发展过程中面临的现实问题而提出来的。现代大学制度继承了传统大

---

① 林琼：《包容性治理：生态公共治理变革新向度》，《江西社会科学》2013 年第 12 期。

学制度，是大学制度在传统基础上发展来的古典性与现代性、传统性与现代性统一的制度安排。现代大学制度是保证大学学术的发展和职能的实现的制度安排，因为大学发展至今，已处于社会的中心，拥有众多的利益相关者，不同的利益相关者从各自利益出发对大学寄予了期望，希望大学制度能从有利于自己的角度进行制度优化设计，以满足这些相关利益者的需要。在中国，无论是现代大学制度理论研究还是大学制度实践改革，都无法回避"何为现代大学制度？现代大学制度何为？"的问题。客观地说，由于现代大学制度面临复杂的制度环境，以及自身内涵的丰富性，故而使其形式呈现出多样性，所有这些导致学术界对现代大学制度内涵并没有形成一个统一的概念，人们对现代大学制度的内涵的分歧较大。因此，要想理性、客观地把握现代大学制度的含义是一件比较有难度的事情。目前，学术界的不同学者基于不同的研究立场从不同的层面对现代大学制度的内涵进行了阐述。

建设中国现代大学制度始于19世纪末20世纪初，即中国近代大学的诞生时期，现代大学制度也随之形成，如蔡元培时期的北京大学实施的大学制度、梅贻琦时期的清华大学实行的大学制度，以及部分教会大学和私立大学都形成了大学制度。这个时期的现代大学制度在时间上可能表征为"现代"的，但在内容上是相对于古典的单一的大学职能的大学制度而言的，其本质核心实质是学术自由、教学与科研相结合的大学本原精神。

随着研究的不断深入，本书认为现代大学制度不仅是在时间上表现为"现代"的，它更是大学扎根中国大地适应中国式现代化要求而建立的中国特色大学制度。比如，中国现代大学制度建设的基本内涵就是科学界定政府与大学的关系，有效设计外部参与大学治理，明晰内部治理结构，并以规范性的章程作为保证。① 针对中国目前大学面临的诸多发展矛盾，中国现代大学制度为实现大学的使命而逐步发展起来，它既非19世纪的德国现代大学制度，又非20世纪的美国现代大学制度。②

---

① 马陆亭、范文曜：《我国现代大学制度的建设框架》，《国家教育行政学院学报》2009年第5期。

② 别敦荣：《我国现代大学制度探析》，《江苏高教》2004年第3期。

党的十八大报告提出："努力办好人民满意的教育。深化教育领域综合改革，着力提高教育质量，培养学生社会责任感、创新精神、实践能力。推动高等教育内涵式发展。"① 党的十九大报告提出中国特色社会主义进入了新时代，"优先发展教育事业。建设教育强国是中华民族伟大复兴的基础工程，必须把教育事业放在优先位置，深化教育改革，加快教育现代化，办好人民满意的教育。加快一流大学和一流学科建设，实现高等教育内涵式发展"② 党的二十大报告提出教育、科技、人才是全面建设社会主义现代化国家的基础性、战略性支撑。加快建设中国特色、世界一流的大学和优势学科。③ 对教育、科技、人才的渴求比以往任何时候都更加迫切、更加强烈，对中国特色现代大学制度建设应然状态上的分析也显得越来越重要。中国特色现代大学制度，是与市场经济体制和高等教育发展需要相适应的大学的内外部关系、组织结构及行为规范的体系，④ 是以党委领导下的校长负责制为根本制度的制度体系。这一制度，首先是中国的，其次是现代的，最后是体系的。⑤

以上观点基于不同时期、不同角度来分析现代大学制度的内涵，不同学者研究视角的差异，导致对现代大学制度的内涵存在较大的差异和一定的局限，需要我们厘清。

第一，现代大学制度与"现行的"大学制度不能画等号，现代性与当下性是有差异的，它并不代表一定具有当下性，但与"古典性"有着很大的关系，现代大学制度的发展是大学制度的现代性与古典性有机融通的过程。⑥

第二，从现代大学制度的传统性与现代性之间的关系来看，两者既

① 胡锦涛：《坚定不移沿着中国特色社会主义道路前进　为全面建成小康社会而奋斗——在中国共产党第十八次全国代表大会上的报告》，人民出版社 2012 年版。

② 习近平：《决胜全面建成小康社会　夺取新时代中国特色社会主义伟大胜利——在中国共产党第十九次全国代表大会上的报告》，《党建》2017 年第 11 期。

③ 习近平：《高举中国特色社会主义伟大旗帜　为全面建设社会主义现代化国家而团结奋斗——在中国共产党第二十次全国代表大会上的报告》，人民出版社 2022 年版。

④ 赵文华：《建设现代大学制度加快我国研究性大学建设》，《上海交通大学学报》（社会科学版）2002 年第 2 期。

⑤ 邓传淮：《推动中国特色现代大学制度建设》，《中国高教研究》2020 年第 2 期。

⑥ 别敦荣：《论现代大学制度的现代性》，《教育研究》2014 年第 8 期。

相互联系又相互区别，而非相互对立和相互矛盾的关系。传统大学的经典理念还是融通于现代大学之中的，现代大学的本质属性与传统的大学理念是一脉相承的。

需要进一步说明的是，中国现代大学制度是基于中国特定的社会经济发展需要和基本国情的，以中国式现代化推进的具备现代大学根本属性的大学制度，是为了解决中国大学发展过程中存在的问题而设计的大学制度体系。这一制度既与世界现代大学的大学精神、大学理念、大学传统等核心要素相承接，又是与中国的经济、政治、文化等基本国情相适应的制度体系，即中国特色的大学制度体系。它由大学的外部治理制度和内部治理制度构成。① 外部治理制度是指大学与政府、大学与社会等一套制度体系；内部治理制度是对大学内部进行治理的制度体系，包括组织结构和运行机制等问题，主要涉及党委领导、校长治校、依法治校、学术自由、教授治学、科学管理制度等。

中国特色的现代大学制度的建设过程是世界大学普适性与中国本土化相统一的过程。之所以世界大学的本质属性具有普适性，是因为大学的本质规定性需要按照大学的本质属性进行，但由于中国国情具有特殊性，故而我们在建设中国特色的大学制度时要根据中国价值取向、以中国式现代化而非按照西方主义的取向来推进。

针对上述内容，本书认为现代大学制度是为了保证大学的学术属性和大学的理想，根据现代大学精神和中国特色，以中国式现代化为推进方略，构建起来的协调和规范大学各种行为和活动的一系列制度规则的总称。它是主要处理大学内外部关系的行为规范体系，是保障大学的学术性并促进大学职能实现的制度体系，不是单纯的、具体的某一个或者几个制度。

## 第四节　国内外研究现状

现代大学制度建设的目的是为大学的永续发展和大学职能的实现服务的，现代大学制度的研究与中国高等教育综合改革和发展、"双一

---

① 孙雷：《现代大学制度下的大学文化透视》，光明日报出版社 2010 年版，第 8 页。

流"建设等的研究是紧密相连的。探讨绿色包容性治理视角下现代大学制度建设问题和挑战，需要对现代大学制度研究进行梳理。

对现代大学制度建设文献的梳理分为两部分：第一部分主要采用文献计量的方式对文献进行梳理分析，以对现代大学制度研究有一个总体上的了解；第二部分主要是对文献中的具体研究内容进行分析，从具体内容层面了解现代大学制度研究。

## 一　有关现代大学制度研究的总体状况

以现代大学制度为主题对相关文献进行梳理，可以发现有关现代大学制度的研究成果非常丰硕，这对进一步推动现代大学制度建设发展具有很强的理论意义。1993 年至今国内外关于现代大学制度研究的主要关注点和总体状况，为探索现代大学制度建设提供了学术支撑。

（一）文献来源与分析工具

1. 文献来源

在本书中，把文献分为国内文献和国外文献。对国内文献关于现代大学制度研究文献的处理，其文献来源主要是中国知网数据库（CNKI）的期刊论文、硕博论文和会议论文等。按照布拉德福文献离散规律，大多数关键文献通常都会集中发表在少数核心期刊。[1] 核心期刊既能揭示某一学科期刊载文量的分布规律，也能揭示某一学科的文献质量以及研究热点和研究前沿。[2] 据此，以"现代大学制度"为主题，聚焦在 CSSCI 期刊进行搜索文献，共检索出文献 836 篇。把检索出来的文献中没有作者、作者为编辑部、作者为课题组的剔除后，共计文献 799 篇。对国外文献关于现代大学制度研究的处理，其文献来源主要是"WOS 核心合集（Web of Science TM Core Collection）"。检索条件是以"现代大学制度（Modern University System）"为主题（Topic），共计 361 篇。检索文献的时间范围为 1993—2022 年[3]。

---

[1]　张斌贤等：《近三十年我国教育知识来源的变迁——基于〈教育研究〉杂志论文引文的研究》，《教育研究》2009 年第 4 期。

[2]　耿正萍：《核心期刊概念的演变与作用》，《煤炭高等教育》2008 年第 1 期。

[3]　为保持一致性，故英文的检索时间范围也界定为此。

2. 分析工具

运用自带文献分析功能的 CNKI 和 CiteSpace 软件对现代大学制度进行聚类分析。美国德雷克赛尔大学陈超美团队开发的 CiteSpace 软件，能实现作者、机构的合作网络分析，主题、关键词的共现分析，文献、作者、期刊的共被引分析等功能。[①] 基于此，本书从总体上勾画出现代大学制度研究的总体状况。

（二）国内现代大学制度研究的总体状况

1. 文献基本情况

在 799 篇中文文献中，作者层面，如别敦容（19 篇）、张继明（13 篇）、王洪才（13 篇）、马陆亭（11 篇）、唐世纲（10 篇）、张应强（13 篇）等。根据普赖斯定律，确定频次大于 6（包含 6）的关键词为高频词汇，具体如表 1-1 所示。

表 1-1　　　　　　　　　中文文献高频关键词列举

| 关键词 | 频次 | 关键词 | 频次 | 关键词 | 频次 | 关键词 | 频次 |
| --- | --- | --- | --- | --- | --- | --- | --- |
| 学术权力 | 71 | 大学 | 26 | 去行政化 | 14 | 制度建设 | 7 |
| 大学章程 | 48 | 大学自治 | 23 | 治理结构 | 13 | 大学理念 | 7 |
| 大学治理 | 46 | 教授治学 | 16 | 制度 | 12 | 大学精神 | 6 |
| 现代大学 | 43 | 行政权力 | 16 | 制度创新 | 12 | 信息公开 | 6 |
| 学术自由 | 37 | 依法治校 | 15 | 内部治理 | 8 | 学术事务 | 6 |
| 大学制度 | 34 | 高校 | 14 | 教授治校 | 8 | 人才培养 | 6 |
| 高等教育 | 28 | 中国特色 | 14 | 章程制定 | 7 | | |

2. 共词检索情况

关键词可视化图谱中的网络中节点 N = 431，也就是有 431 个关键词。E = 582，Density = 0.0063，Modularity Q = 0.7383（>0.3），Mean Silhouette S = 0.9391（>0.5），说明聚类结果比较合理。通过对高频检索词的检索和关键词可视化图谱的分析发现，"学术权力""大学治理"

---

① Chenc M., "CiteSpace Ⅱ: Detecting and Visualizing Emerging Trends and Transient Patterns in Scientific Literature", *Journal of the American Society for Information Science and Technology*, Vol. 57, No. 3, 2006, pp. 359-377.

"现代大学""高校""章程制定""高等教育""大学章程""大学制度"与现代大学制度研究紧密相关（见图1-1）。

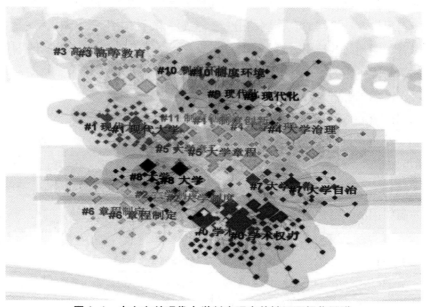

**图1-1 中文文献现代大学制度研究关键词可视化图谱**

3. 文献聚类分析

运用 CiteSpace 的 LSI 列出聚类名称。聚类从 0 开始编号，聚类 0 表示最大的集群，聚类 1 表示第二大集群，依次排序；由于"平均发表年"体现了一个聚类中文献的平均发表年份，时间越晚说明该聚类越具有研究前瞻性；轮廓系数（Silhouette）值越接近 1，说明这个聚类的主题越明确，聚类文章内容越接近，代表研究者关注这个问题就越集中。[①] 如表1-2 所示，是对学术权力、现代大学、大学制度、现代大学制度、大学治理、大学自治的文献聚类分析。根据文献平均发表年份可知，在现代大学制度研究中大学治理是其前沿热点。学术权力、现代大学、大学制度、现代大学制度、大学治理、大学自治的轮廓系数分别为 0. 962、0. 968、0. 882、0. 964、0. 931、0. 955。

---

① 陈静飞等：《基于 CiteSpace 的全球炭疽研究演化及其热点可视化分析》，《微生物学报》2020 年第 1 期。

表1-2　　　　　　　　中文文献聚类分析

| 聚类编号 | 数量 | 平均轮廓值 | 算法 | 文献的平均发展年份 |
|---|---|---|---|---|
| 0 | 39 | 0.962 | 学术权力 | 2010 |
| 1 | 31 | 0.968 | 现代大学 | 2010 |
| 2 | 27 | 0.882 | 大学制度 | 2009 |
| 3 | 26 | 0.964 | 现代大学制度 | 2010 |
| 4 | 26 | 0.931 | 大学治理 | 2014 |
| 5 | 17 | 0.955 | 大学自治 | 2007 |

（三）国外现代大学制度研究的总体状况

1. 文献基本情况

在361篇英文文献中，作者层面，如 Yang, Rui（5篇）；Akhmet-shin, Elvir Munironvich（3篇）；Ambarova, Polina A.（3篇）；Korotae-va, Irina Михайловна（3篇）；Kapustina, Darya（3篇）；Zborovsky, Garold（3篇）等。涉及的机构有 MINISTRY OF EDUCATION SCIENCE OF UKRANINE（60篇）、KAZAN FEDERAL UNIVERSITY（21篇）、PEOPLES FRIENDSHIP UNIERSITY OF RUSSIA（14篇）、RLUK RE-SEARCH LIBRARIES UK（13篇）、BORYS GRINCHENKO KYIV UNIER-SITY（9篇）、NATIONAL ACADEMY OF EDUCATIONANL SCIENCES OF UKRAINE（9篇）、URANL FEDERAL UNIVERSITY（8篇）等。在关键词层面，高频关键词列举如表1-3所示。

表1-3　　　　　　　　英文文献高频关键词列举

| 关键词 | 频次 | 关键词 | 频次 | 关键词 | 频次 | 关键词 | 频次 |
|---|---|---|---|---|---|---|---|
| Higher education | 53 | Distance learning | 11 | blended learning | 8 | impact | 6 |
| education | 23 | teachers | 11 | information and communication | 7 | online | 6 |
| students | 16 | university | 9 | Educational process | 6 | | |
| technology | 14 | model | 8 | system | 6 | | |

2. 共词检索情况

关键词可视化图谱中的网络中节点 N=361，也就是有361个关键词。Density=0.012，Modularity Q=0.7962（>0.3），Mean Silhouette S=

0.9138（>0.5），说明聚类结果比较合理。通过对高频检索词的检索和关键词可视化图谱的分析发现，"Higher education""education""students""technology"等与现代大学制度研究紧密相关（见图1-2）。

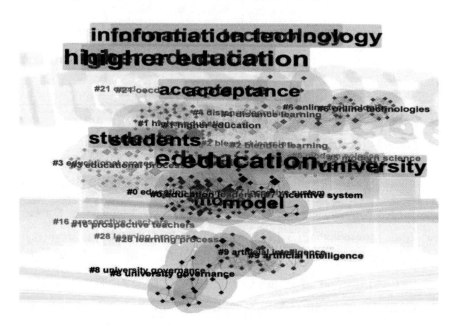

**图1-2　英文文献现代大学制度研究关键词可视化图谱**

**3. 文献聚类分析**

如表1-4所示，communication technologies是当时关于现代制度研究的前言热点。comparative study、modern japan、earning retention、first year university student、communication technologies、modern science是文献聚类。comparative study、modern japan、earning retention、first year university student、communication technologies、modern science的轮廓系数分别是0.895、0.953、0.870、0.900、0.888、0.912。

**表1-4　　　　　　　　　　　英文文献聚类分析**

| 聚类编号 | 数量 | 平均轮廓值 | 算法 | 文献的平均发表年份 |
|---|---|---|---|---|
| 0 | 34 | 0.895 | comparative study | 2012 |
| 1 | 33 | 0.953 | modern japan | 2014 |
| 2 | 32 | 0.870 | learning retention | 2015 |

续表

| 聚类编号 | 数量 | 平均轮廓值 | 算法 | 文献的平均发表年份 |
|---|---|---|---|---|
| 3 | 25 | 0.900 | first year university student | 2015 |
| 4 | 22 | 0.888 | communication technologies | 2019 |
| 5 | 19 | 0.912 | modern science | 2012 |

（四）总体述评

文献梳理结果显示现代大学制度是高等教育研究的热点之一。从文献上看，既有涉及学术权力和行政权力、大学内部治理等的大学内部关系，也有涉及大学自治等的外部关系。学者对现代大学制度的关注呈下降趋势，研究量也在逐渐减少。另外，国内外对现代大学制度的研究关注点也有很大的差异。比如，国内研究注重与中国国情结合起来，与传统文化融合，偏重规范性的分析。国外研究注重描述性研究和规范性研究。在研究方法上，国内研究比较偏思辨和理论研究，实证方面的研究比较少，案例研究也比较少。国外针对现代大学制度的研究既有理论研究也有案例研究。因此，在中国语境下，继续探讨现代大学制度研究，特别是关于实证研究显得尤为重要，那么其具体研究内容呈现怎样的状况，则需要进一步介绍。

**二 现代大学制度研究的内容分析**

有关现代大学制度研究的内容主要集中在内涵、特征与特性，有关现代大学制度建设方面的研究，以及有关现代大学制度理论的基础研究等方面。

（一）现代大学制度内涵、特征与特性

现代大学制度内涵、特征与特性的研究是研究的起点，已有文献表明这个主题的研究十分丰富。

1. 有关现代大学制度内涵的研究

现代大学制度的内涵是什么？在阐释其内涵之前，先对"现代"做一个简单的解释。"现代性是指从文艺复兴，特别是自启蒙运动以来的西方历史和文化。这不仅仅是具体的历史阶段，还代表着一种'精神'。"[①] 也有

---

① 李碧平：《现代性意义与局限》，上海三联书店2000年版，第2页。

研究者把"现代"看作一种理想的象征。基于此，学者把现代大学制度界定为适应经济发展需要和推动社会政治进步是一种进步的大学制度所应具有的①，其核心是在政府的宏观调控下，面向社会依法自主办学和实行民主管理②。有关现代大学制度内涵的解释非常丰富。

第一种解释：继承和发展中世纪大学的现代大学制度。这主要是以西方大学制度发展为参照的，认为现代大学制度是以 19 世纪洪堡建立的德国大学制度和美国建立的现代大学制度为基础的。③ 其实质是一种西方中心主义观点，如德国洪堡创立的柏林大学，确立"教学与科研相结合"，以全面的人文教育为办学宗旨，开启了现代大学的发展历程，大学自治和学术自由是大学的基本组织原则。除了德国大学的大学制度，美国提出了多元巨型大学形成的大学制度，如克拉克·克尔提出的现代大学是多元巨型大学，其特点是规模化、多元性和综合性。多元巨型大学的大学制度则要与该大学相吻合、相匹配。"多元巨型大学是与知识经济社会相适应的新型大学。"④ 他认为，多元巨型大学不再是一个有机体，没有统一的固定机构。⑤ 服务于这种多元巨型大学的制度就是现代大学制度。现代大学制度是在大学自治、学术自由理念下所形成的一种业已存在的制度。比如，韩水法认为，洪堡 1810 年主导建立柏林大学，从那时起就奠定了现代大学制度。⑥ 黄芳和蒋莱也认为，现代大学制度是以洪堡创办的柏林大学为代表的新型大学的制度，是在启蒙运动后，经过理性主义改造形成的大学制度。⑦ 对于中国现代大学制度而言，持这些观点的学者认为中国建设现代大学制度就是恢复和仿造那种所谓的制度设计。

第二种解释：借鉴现代企业制度的理论来解释现代大学制度。现代企业制度的设置是为提高企业的效率和效益，在此过程中处理协调好企业与政府、市场的关系，以及规范调整企业内部管理制度。这与现代大

---

① 丛长福：《现代大学制度的办学原则和管理模式》，《中国高教研究》1995 年第 2 期。
② 袁贵仁：《建立现代大学制度推进高教改革和发展》，《中国高等教育》2000 年第 3 期。
③ 张继明：《我国现代大学制度研究述评》，《黑龙江高教研究》2012 年第 2 期。
④ ［美］克拉克·克尔：《大学的功用》，陈学飞译，江西教育出版社 1993 年版，第 12 页。
⑤ 刘明生：《构建中国现代大学制度探析》，《邯郸学院学报》2007 年第 4 期。
⑥ 韩水法：《大学制度和学科发展》，《中国社会科学》2002 年第 3 期。
⑦ 黄芳、蒋莱：《现代大学制度研究综述》，《复旦教育》2002 年第 4 期。

学所面临的环境具有较大的相似性。因此，现代大学制度借鉴现代企业制度理论，也是为了提高大学组织的效率和效益，处理学校与政府、学校与市场、学校与社会的关系，以及规范调整学校内部的管理制度，具体包括大学的组织制度、管理制度和产权制度等，且确立现代大学制度就是实现专业化管理，实现大学自主办学权，这与现代企业制度中实现所有权与经营权的分离是相似的。① 把现代企业制度理论移植到大学，有其重要的借鉴意义。

第三种解释：从市场经济体制角度来界定现代大学制度的内涵。经济体制一般有计划经济体制和市场经济体制。计划经济体制下的传统大学制度对中国高等教育的发展起到了一定的促进作用，传统大学按照政府的指示运作，无自主权，② 极大地制约了大学的创新和发展。随着计划经济体制向市场经济体制转型，传统的大学制度已不能适应当前的社会经济环境，于是建立了与市场经济体制相适应的现代大学制度。市场经济体制下的现代大学制度能体现大学本原精神，快速适应和回应社会环境，实现自身发展，培养发展的人。

第四种解释：从发展角度来界定现代大学制度的内涵。这种角度在于促进社会发展和人的发展。以促进社会发展和人的发展为目标的现代大学制度为解释现代大学制度含义更加全面、清晰提供了理论基础。现代大学制度既是"现代"的，也是"历史"的，是在长期发展中逐渐积淀形成的；现代大学制度不仅是"某一国"的，更多的是"国际"的和"世界"的，是多种制度的总和。③ 或者说，现代大学制度不是目前西方国家的大学制度，其具有指向未来的理想特性，是普适性和多样性的统一，是一直在发展变化中的制度。④

第五种解释：从目的角度来界定现代大学制度的内涵。这种解释对现代大学制度的界定具有很强的目的性，就是为解决问题而产生的制

---

① 杨望成、熊志翔：《现代大学制度的基本特征》，《佛山科学技术学院学报》（社会科学版）2004 年第 1 期。

② 董云川：《现代大学制度中的政府、社会、学校》，《高等教育研究》2002 年第 5 期。

③ 周川：《"现代大学制度"及其改革路径问题》，《江苏高教》2014 年第 6 期。

④ 张应强、蒋华林：《关于中国特色现代大学制度的理论认识》，《教育研究》2013 年第 11 期。

度。比如，为解决现存大学制度积弊而建立起来的新的大学制度，[①] 适合中国经济社会发展与教育需要的大学制度，[②] 强调的是为克服现存大学制度中的一些弊端，需要用一种新型或全新的制度模式来替代。[③]

当然，还有在这几种解释之外的观点，如从伦理关系角度来阐释现代大学制度，并提出有关大学伦理关系呈现、解析与建构理论解释框架。[④]

2. 现代大学制度的特征与特性

现代大学制度除了具有适应性的核心特征，[⑤] 还表现为其他特征：大学自治、学术自由、教授治校、以人为本，[⑥] 自主管理、民主管理和法治化管理。[⑦] 关于现代大学制度特性的描述也是纷繁多样的，诸如现代性、相对性、开放性、适应性、动态性、时代性、自主性、参与性和自律性等；[⑧] 在结构上还具有开放性、适应性、民族性和国际性等基本特性。[⑨] 现代大学制度要体现现代性，[⑩] 这种现代性并不排斥古典性，是大学制度传统性的不断延伸和发展。[⑪] 根据诸多学者的观点，我们可以把现代大学制度特性的共性归结为现代性、适应性、发展性。

（二）有关现代大学制度建设方面的研究

以上对现代大学制度的内涵、特征与特性进行了介绍，关于现代大学制度的建设研究，本书将从构建现代大学制度的原因、价值取向和内容以及具体的策略和建议几个方面进行阐述。

1. 构建现代大学制度的原因

对这个主题的探讨，涉及两个方面的研究，即现代大学制度建设现状和影响因素。现代大学制度的起点是学术自由，而学术权力是保障学

---

① 别敦荣：《我国现代大学制度探析》，《江苏高教》2004 年第 3 期。
② 王洪才：《现代大学制度建设的根本在于创造》，《中国高等教育》2012 年第 24 期。
③ 王洪才：《试论现代大学制度建设的价值导向》，《复旦教育论坛》2005 年第 3 期。
④ 罗志敏：《现代大学制度问题研究：当代挑战与路径转换》，《清华大学教育研究》2012 年第 6 期。
⑤ 王洪才：《论现代大学制度的结构特征》，《复旦教育论坛》2006 年第 1 期。
⑥ 李巧林等：《试论现代大学制度的构建》，《合肥工业大学学报》（社会科学版）2005 年第 4 期。
⑦ 黄永军：《现代大学制度的本质是自组织》，《国家教育行政学院学报》2005 年第 5 期。
⑧ 刘明生：《构建中国现代大学制度析探》，《邯郸学院学报》2007 年第 4 期。
⑨ 王洪才：《论现代大学制度的结构特征》，《复旦教育论坛》2006 年第 1 期。
⑩ 魏洪沼：《建立现代大学制度的几点思考》，《国家教育行政学院学报》2007 年第 7 期。
⑪ 别敦荣：《论现代大学制度之现代性》，《教育研究》2014 年第 8 期。

术自由的正统力量。当前学术权力运行不规范是因为集权式管理体制强化了行政权力，儒家传统观念弱化了学术权力，学术权力运行缺乏制度保障。① 政治、经济、科技、文化等因素影响现代大学制度的建立。② 中国大学制度建设持续推进，大学内部权力运行不够均衡，人才培养、科学研究、社会服务和文化传承创新需进一步深化，具体来说就是大学决策、执行与监督制度体系建设不完整，机制不健全，教代会、学生会作用发挥不足或较难发挥作用等，而产生以上问题的原因在于中国社会利益格局发生变化，大学没能主动紧跟时代发展，大学宏观管理和内部治理不协调等。③ 地方院校在建立现代大学制度中存在领导管理者的错位带来经济上的障碍问题。④ 从大学治理角度看现代大学制度建设，存在治理理念模糊、政校关系不顺、内部治理权力失衡、大学与社会关系失范等状况。⑤ 高校办学权不自主、学术权不自由和校长领导权不完善等发展困境阻碍了中国现代大学制度创新。⑥

2. 现代大学制度建设的价值取向和内容

对现代大学制度建设的价值取向方面的研究，其实质是要讨论现代大学制度的本土性与国际性的关系问题。把中国"外儒内道"的哲学思想与西方"大学自治、学术自由、教授治校"的理念融合。⑦ 汲取国外大学制度的体制机制和大学精神，做好本土化和国际性的统一；⑧ 结合中国的国情以及借鉴发达国家的成功经验，现代大学制度建设需要多

① 张江琳、徐伶俐：《现代大学制度：学术权力回归的必然逻辑》，《教育学术月刊》2021年第12期。
② 马修水等：《影响现代大学制度的外部因素分析及改革建议》，《教育与现代化》2006年第4期。
③ 刘伦、施丽红：《积极构建具有中国特色的现代大学制度》，《中国高等教育》2016年第22期。
④ 沈爱琴：《地方本科院校建立现代大学制度的外部制约因素及其消弭》，《江苏高教》2013年第2期。
⑤ 徐长青：《制度文明、大学善治与现代大学制度创新》，《现代教育管理》2015年第7期。
⑥ 王宝义、方晨晨：《去行政化背景下现代大学制度的创新研究》，《黑龙江高教研究》2019年第12期。
⑦ 程悦：《基于大学学术属性的现代大学制度建设研究》，硕士学位论文，河北科技大学，2012年。
⑧ 张应强、蒋华林：《关于中国特色现代大学制度的理论认识》，《教育研究》2013年第11期。

校联动，加大制度创新的步伐。① 总体上，在现代大学制度建设上，应立足中国国情和实际，借鉴和汲取西方现代大学制度，融入中国特色。

另外，关于现代大学制度建设的主要内容既有共性，也有差异性，如包括政府与大学之间的伙伴关系、大学积极面向社会、大学内部治理、大学章程落实四个方面的内容，② 改善政府宏观管理、完善大学领导体制、优化大学组织结构、保障大学民主管理、制定和落实大学章程、推进大学专业评价六个方面的内容；③ 或者平衡大学与政府间的关系、完善大学与社会间的关系、规范大学与大学间的关系。④

3. 现代大学制度建设的策略和建议

关于现代大学制度建设策略和建议的探讨，其根本目的就在于理顺应当如何建设现代大学制度。梳理对现代大学制度建设策略的相关文献，归纳如下⑤：首先，需要厘清大学与政府的关系、大学与社会的关系、大学内部之间的关系。其次，拟定规范性的章程。再次，通过建设"现代学院制度"来推进"现代大学制度"建设，学院（系）应构建以教授委员会为主导的教师共同体，学校与院系之间通过学校学术委员会对学院学术决策予以指导和制衡。最后，从法治角度探讨现代大学制度

---

　① 龚放：《现代大学制度创新的"应为"与"可为"——一流大学建设的题中应有之义》，《高等教育研究》2006 年第 7 期。

　② 张江琳、徐伶俐：《现代大学制度：学术权力回归的必然逻辑》，《教育学术月刊》2021 年第 12 期。

　③ 钟秉林等：《中国特色现代大学制度建设——目标、特征、内容及推进策略》，《北京师范大学学报》（社会科学版）2011 年第 4 期。

　④ 张俊宗：《现代大学制度：内涵、主题及主要内容》，《江苏高教》2004 年第 4 期。

　⑤ 马陆亭：《现代大学制度建设重在完善治理结构》，《中国高等教育》2012 年第 24 期。

　王洪才、赵琳琳：《现代大学制度：缘起、界定与突破》，《江苏高教》2012 年第 3 期。

　王洪才：《现代大学制度建设的根本在于创造》，《中国高等教育》2012 年第 24 期。

　周川："现代大学制度"及其改革路径问题》，《江苏高教》2014 年第 6 期。

　马陆亭：《当前现代大学制度建设的两个着力点》，《苏州大学学报》（教育科学版）2015 年第 4 期。

　胡建华：《略论大学去行政化》，《中国高教研究》2014 年第 2 期。

　赵俊芳：《现代大学制度的内在冲突及路径选择》，《高等教育研究》2011 年第 9 期。

　钟秉林：《中国特色现代大学制度建设——目标、特征、内容及推进策略》，《北京师范大学学报》（社会科学版）2011 年第 4 期。

　方晓田、王德清：《关于现代大学制度建设的三维思考》，《江苏高教》2013 年第 6 期。

建设需要以法律的形式明确大学与政府之间的关系，做到有法可依，要有比较完备的法律条文，做到有法必依，法律必须得到执行与落实；[①] 大学要完善内部治理结构，协调大学与政府和社会的关系，使其在法律框架下良性运行，依赖"有限政府"的"依法行政"[②]。

以上研究从不同角度对现代大学制度建设提出了相关的策略和建议，这对我们探讨现代大学制度建设有一定的借鉴意义，对本书构建现代大学制度提供了一些启发。

（三）有关现代大学制度理论的基础研究

通过梳理文献，我们主要把现代大学制度的理论基础研究分为三种，即哲学理论基础、文化理论基础和经济理论基础。

哲学理论基础是 J. S. 布鲁贝克的二元理论（认识论哲学和政治论哲学）和伯顿·克拉克的四元理论（正义、能力、自由和忠诚）。[③] 但有学者认为现代大学存在的哲学理论基础仅有认识论和政治论，前者是大学的"内在价值"，后者是"外在价值"，它们分别掌握高深学问和大学对国家、社会的深远影响，这两个方面是统一的。[④]

在现代大学制度的文化理论基础上，研究者认为对现代大学制度的研究和讨论必然涉及其文化理论，除了大学精神、大学理念等，也包括大学制度文化。[⑤] 大学制度文化是大学文化的一个内容，大学制度文化建设是大学文化构建的主要任务。[⑥]

现代大学制度的经济理论基础。高等教育属于准公共产品，提供的是知识产品和教育服务。[⑦] 借鉴现代企业制度，主要体现在对经济理论、经济机制的直接运用上，包括企业理论在内的经济理论。[⑧] 这些成

① 胡建华：《从文件化到法律化：改善大学与政府关系之关键》，《苏州大学学报》（教育科学版）2015 年第 4 期。

② 祁占勇：《现代大学制度建设应体现法治精神》，《复旦教育论坛》2022 年第 1 期。

③ 王冀生：《现代大学制度的基本特征》，《高教探索》2002 年第 1 期。

④ 王冀生：《建立有中国特色的现代大学制度——攻坚阶段我国高教体制改革的重点》，《高教探索》2000 年第 1 期。

⑤ 彭江：《国内关于现代大学制度的研究综述》，《现代大学教育》2005 年第 2 期。

⑥ 范跃进：《论制度文化与大学制度文化建设》，《山东理工大学学报》（社会科学版）2004 年第 2 期。

⑦ 李祖超：《建立现代大学制度的经济学分析》，《教育与经济》2005 年第 4 期。

⑧ 彭江：《国内关于现代大学制度的研究综述》，《现代大学教育》2005 年第 2 期。

为现代大学制度的经济理论基础。

（四）现代大学制度的构架和功能的研究

根据不同的标准把现代大学制度的构架分为宏观和微观[1]，外部机制和内部机制[2]，根本制度、一般制度和具体制度[3]，技术性和价值性两重属性（既对立又统一）[4] 等。

关于现代大学制度的功能体现：第一，保障功能。保障功能体现在外部机制和内部机制上。现代大学制度确认了大学的法人地位和办学自主权。现代大学是知识传授、知识创新、知识服务[5]的重要场所，这就要求现代大学不仅要适应社会，而且要保持自身的独立性，同时还需要制度能确保现代大学发展的方向。实现现代大学的学术自由，也需要制度保障。现代大学制度为维护大学正常秩序和各项工作的顺利开展提供了重要的保证；另外，建设和执行现代大学制度，能够促进现代大学的生机和活力，这些都离不开现代大学制度的保障。第二，规范功能。大学承载着多方利益相关者，要对这些利益相关者进行制约，规范政府和社会的行为。比如，法国在《高等教育方向指导法》中确定的"大学自治、参与和多科性"三大原则，成为法国现代大学制度的根基。同时，还规范着大学的治校行为。大学的治校行为体现在大学的治理行为、学术活动上。[6] 第三，调节功能。现代大学制度通过文本行使表现出来的行为规范和准则，调节着大学与内外部各种关系，更重要的是对文化要素的协调，这对大学功能的实现非常重要。第四，提升功能。现代大学制度具备的开放性、适应性等基本特征与特性，对大学各方面具有提升作用，既可以提升大学的学术水平，又可以守护大学精神，同时

① 王恒：《权变理论视角下的高校管理》，《集美大学学报》（哲学社会科学版）2012 年第 4 期。

② 马廷奇：《大学组织的变革与制度创新》，博士学位论文，华中科技大学，2004 年。

③ 宋旭红：《"现代大学制度"概念综述》，《江苏高教》2005 年第 5 期。

④ 唐世纲：《现代大学制度的两重属性及其中国境遇》，《国家教育行政学院学报》2019 年第 3 期。

⑤ 陈德敏、林勇：《初论建设有中国特色的现代大学制度》，《中国高教研究》2001 年第 3 期。

⑥ 邓环：《英国高校遏制学生学术不端行为制度概述》，《学位与研究生教育》2014 年第 4 期。

也可以提升大学的竞争力。①

（五）对西方国家现代大学制度建设方面的研究

对西方国家现代大学制度建设方面的研究，主要关注：一是比较方面的研究。这一方面在我们之前对现代大学制度研究总体状况上有所体现。既有把中国大学制度建设与西方国家大学制度建设进行比较，如通过与美国大学制度建设的比较，中国现代大学制度建设应该在内部建设中完善和构建大学行政权力架构模型、学术权力架构模型，在外部制度建设中转换政府功能、发展教育中介；② 也有把美国、英国等大学制度进行比较。二是通过分析个案和实践发现，文化影响着西方大学制度的发展③；还有通过研究国外实践经验，对国外现代大学制度的建立与完善进行思考并提出建议④。

现代大学制度发展至今，出现了诸如德国模式、英国模式、法国模式、美国模式等，这些模式支撑了各自国家高等教育的发展，影响着其他国家的现代大学制度。德国、英国、法国、美国四国属于西方文化体系，它们之间易相通相融，现代大学制度具有共同的内核，展现出高度的"家族相似性"——大学的法人地位得到保障，大学能够自主地发挥人才培养、科学研究和社会服务功能，大学的多样性得到发展并受到尊重，在民主平等的基础上发展了新型的师生关系等。⑤ 尽管如此，四国现代大学制度也具有鲜明的国家特色。⑥ 对美国、德国、英国的现代大学制度建设，本书将在后面章节中详细阐述。

（六）简要评述

现代大学制度研究是一个理论性与现实性都很强的学术问题，对它的研究非常丰富。这些研究为本书奠定了坚实的理论基础。然而，由于

① 赵彦云、宋东霞：《提升大学竞争力，建立现代大学制度》，《中国高等教育》2003 年第 18 期。

② 张雅静：《我国现代大学制度建设的历史发展与现实选择》，硕士学位论文，兰州大学，2012 年。

③ 高桂娟：《论现代大学制度研究的文化视角》，《南京航空航天大学学报》（社会科学版）2006 年第 4 期。

④ 王守伦等：《现代大学制度的建立与完善——基于国外实践经验的启示》，《国家教育行政学院学报》2011 年第 3 期。

⑤ 别敦荣：《现代大学制度的演变与特征》，《江苏高教》2017 年第 5 期。

⑥ 别敦荣：《现代大学制度的典型模式与国家特色》，《中国高教研究》2017 年第 5 期。

现代大学制度本身的复杂性以及大学涉及利益主体的多元性，对现代大学制度研究在如下领域需要拓展。

第一，研究趋热性，缺少持续性。通过梳理有关现代大学制度文献发现，相关研究非常丰富，但这种研究具有明显的趋热性。如图 1-3 所示①，如果以时间发表的量作为标准，我们可以简单地把对现代大学制度研究的时期归纳为三个：1983—2001 年，对现代大学制度的研究处于非常缓慢时期；2001—2014 年，研究量呈现上升阶段，尤其是2014 年研究量达到顶峰；2015—2022 年，对现代大学制度的研究开始逐渐下降。这表明研究者在前期进行了较强的探索，但后期的研究从量上开始减少，对现代大学制度的研究关注减少，缺少持续性。

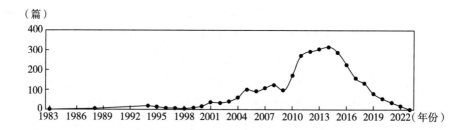

**图 1-3　现代大学制度研究的发展趋势**

第二，研究零碎化，缺少系统性。根据国内外研究总体状况可以发现，研究呈现零碎化，内容基本上是对前期研究的重复，研究成果大多只是从某个侧面反映现代大学制度某个问题或某类问题，并没有形成系统的研究成果。②

第三，研究浅层化，缺少创新性。对现代大学制度的相关研究进行梳理发现，多数研究还处于研究的表面。比如，对现代大学本质的深入分析仍需加强，还需要再进一步准确把握；大学组织与其他组织的本质区别仍需进一步分析。对现代大学制度的探讨，在涉及现代大学制度的

---

①　通过中国知网，在主题中输入"现代大学制度"进行检索，共检索出 3115 篇文献，检索时间 2023 年 5 月 20 日。

②　吉明明：《三十年来现代大学制度研究的回顾与反思》，《南通大学学报》（社会科学版）2016 年第 4 期。

本质和改革的关键问题上固定在一个僵化的框架中进行研究，缺乏创新精神。

第四，研究理论化，缺少实证性。梳理文献发现，对现代大学制度的研究更多的是从理论层面进行探讨。尽管很多研究提出了现代大学制度建设的相关策略和建议，但这些研究只是从理论上探讨策略，并非理论研究不重要，而是涉及的具体案例研究和实证研究相对较少，即使有案例研究，也只是对经验进行总结，缺乏系统的调研和分析，缺乏更深层次的思考和普遍的解释力。另外，对现代大学制度试点改革的关注度不够，无法形成自成体系的、科学性的、有针对性的，并且具有可操作性的实践体系。

第五，研究偏狭化，缺少多元性。对现代大学制度的研究涉及教育学、管理学、社会学、政治学等多学科领域知识。而现行的研究对其他学科知识的借鉴度和运用度不够，对现代大学制度的研究不能仅停留在教育学领域或政治学领域，需要从其他学科视角研究现代大学制度，综合运用多学科的知识进行交叉和综合研究。在研究方法上，除了理论分析，还需要实证研究或案例研究。

## 第五节　研究的主要内容与技术路线

### 一　主要研究内容

本书从绿色包容性治理入手来剖析现代大学制度的构建，既探寻现代大学制度实践中存在的问题和挑战，又探寻绿色包容性治理理念与现代大学制度建设中生成的关系。从绿色包容性治理视角探讨现代大学制度对中国高等教育的发展和改革有着重要的指导意义。因此，本书通过文献研究法、比较法、实质性研究法（扎根理论）、调查法等研究方法来了解现代大学制度实践中存在的张力和具体问题，以及影响现代大学制度建设的因素，提出构建现代大学制度的策略。

第一，绿色包容性治理与现代大学制度的基础理论研究。何为绿色包容性治理，其价值诉求是什么？绿色包容性治理的理论基础是什么？何为现代大学制度，其价值追求何在？通过对现代大学制度的内涵、价值、范畴的探究，揭示现代大学制度的本质。为什么用绿色包容性治理来探讨现代大学制度是一个新的视角？等等。通过对这些问题的分析，可以对当前现代大学制度的理论基础有一个较为全面的认识和理解。

第二，现代大学制度的发展历程。从历时性角度探讨当下现代大学制度建设的合理性，应植根于传统的生长和再造。从历史的角度，纵向梳理大学制度发展、嬗变的轨迹，从中捕捉现代大学制度发展的递演脉络。中国现代大学制度的历史演进逻辑。中国的现代大学经过一百余年的发展，逐渐形成了具有中国国情的现代大学制度。历史是与现在相联系的，而且还具有很强大的现实意义。这一部分主要是为了厘清当前中国现代大学制度建设的历史依据是什么？中国的现代大学制度建设的理念指导是什么？主要影响因素有哪些？通过对这些问题的分析，可以对现代大学制度有一个较为全面的认识和理解。

第三，国外现代大学制度建设的比较分析。重点选取具有代表性的、不同文化类型的现代大学制度作为参照，以发掘共性，并吸取经验教训。主要以国外发达国家现代大学制度建设成功的大学为典型案例。在分析现代大学制度历史演变和思想基础上，阐述西方现代大学制度建设的经验。拟以德国、英国和美国为参照分析国外现代大学制度建设的历程，为建设中国现代大学制度提供借鉴和启示。

第四，现代大学制度建设存在的问题与挑战。比如，目前大学组织运行和发展存在什么困境、表现在哪些方面，以及现代大学制度建设中遇到什么矛盾与挑战等。对现代大学制度建设存在的问题和挑战有一个大致的了解，为下一步探寻影响因素奠定基础。

第五，现代大学制度建设的影响因素分析。采用定性研究和定量研究相结合的方法探寻现代大学制度建设的影响因素，以及现代大学制度建设的影响因素是如何作用的，又是如何影响学术的。通过分析调查数据获得现代大学制度的影响因素，对现代大学制度影响因素有一个整体认识。

第六，现代大学制度的构建。如何立足又超越现实，实施可行性的制度建构是本研究的重点。根据前面分析的现代大学制度建设面临的制度困境和制约因素，绿色包容性治理视角对现代大学制度建设进行全面的现实路径分析，提出包含大学内部和外部及它们之间的各种关系建构在内的现代大学制度建设的路径、方法。

### 二 本书研究的技术路线

根据本书研究目的，本书研究的技术路线如图1-4所示。

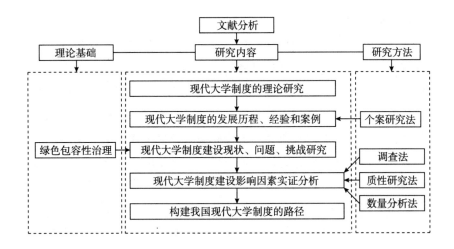

**图1-4 本书研究的技术路线**

对现代大学制度和绿色包容性治理进行文献分析，确定本书研究的理论基础、研究内容和研究方法。

本书研究的理论基础为治理理论、自由主义理论和多元主义理论。这三个理论为绿色包容性治理提供了理论渊源。绿色包容性治理对现代大学制度建设提供了新的研究视角。

在研究内容上，一是现代大学制度和绿色包容性治理的理论研究。二是对中国和国外现代大学制度的发展历程进行梳理，分析现代大学制度学术属性价值和历史发展脉络；通过个案研究，了解案例中呈现的现代大学制度建设状况，以及国外现代大学制度建设经验，这些为构建中国特色现代大学制度提供经验支持。三是分析绿色包容性治理下的现代大学制度建设现状、问题和挑战。四是运用定性和定量相结合的方法了解现代大学制度运行的困境，探寻现代大学制度建设的影响因素。五是在绿色包容性治理视角的基础上，提出中国现代大学制度建构的路径。在研究方法上，本书主要运用个案研究法、调查法、质性研究法（扎根理论）和数量分析法等。

## 第六节　研究思路与研究方法

### 一　研究思路

绿色包容性治理下的现代大学制度研究思路如下：一是通过对现代大学制度的文献研究和文献计量分析，对国内外现代大学制度研究的具体内容有一个总体的认识，以及对历史发展轨迹有深层次的了解；同时对绿色包容性治理的文献进行研究，为界定此概念内涵提供理论支持。二是现代大学制度的比较研究，为构建中国特色现代大学制度提供经验支持。三是讨论在绿色包容性治理下现代大学制度建设面临的问题和挑战。四是进行实证分析，了解现代大学制度建设面临的影响因素，并进行讨论，为构建现代大学制度提供实证依据。五是在基于理论构建的实证分析和借鉴国外现代大学制度建设成功的基础上，提出中国特色现代大学制度建设的方案。

### 二　研究方法

现代大学制度研究在整个高等教育发展过程中处于基础性地位。根据研究的需要，本书的具体研究方法包括文献研究法、历史研究法、问卷调查法、比较研究法、访谈法和质性研究法（扎根理论）等。

#### （一）文献研究法

任何一项研究都是建立在梳理和分析文献资料的基础之上的。通过对现代大学制度的文献梳理，既能了解当前对现代大学制度研究的关注点，又能为本书研究探讨现代大学制度的动态提供理论基础，使其研究更为有效。本书将广泛收集和查阅国内外有关大学理念、大学精神、大学治理和现代大学制度的相关资料，从大量资料中获取有用的信息，通过对这些文献进行分析，把握现代大学制度的研究水平和前沿研究动态，为研究顺利进行提供文献支持。具体到本部分而言，主要通过对有关现代大学制度研究的现状，分析现代大学制度建设中大学内部和外部各种关系中的价值冲突和伦理困境，以揭示本书的重要性和必要性。

#### （二）历史研究法

"历史从哪里开始，思想进程也应当从哪里开始，而思想进程的进一步发展不过是历史进程在抽象的、理论上前后一贯的形式上的反映。"① 从历时性探寻现代大学制度的历史演变和发展。具体来说，一是了解现代大学制度的历史发展，主要是对西方国家的现代大学制度的历史演变和发展进行梳理，基于西方国家现代大学制度建设的经验，为中国现代大学制度建设提供参考。二是了解中国现代大学制度的历史发展，结合当时的社会背景，梳理中国现代大学制度建设的整个发展历史，追溯现代大学制度政策发展的轨迹，分析和归纳现代大学制度在不同时期所呈现的特征，揭示中国现代大学制度演变的内在理论逻辑和实践逻辑，解释现代大学制度在中国形成结果。历史研究是本书的一个基点。

（三）问卷调查法

调查问卷一般使用的是研究者和被调查者能够理解的语言，向被调查对象调查询问研究者认为重要的问题。将问卷调查作为收集数据的方法，在教育研究中的运用很普遍。问卷调查法具有适用范围广、效率高等优点。本书从中国现代大学制度建设的实际出发，参考国内外的相关理论和实践，编制现代大学制度的调查问卷。在编制调查问卷的过程中，征求和听取了专家、学者的意见和建议，并在此基础上对问卷进行了预调查，尽力保证调查问卷具有较高的内容效度。

（四）比较研究法

现代大学制度将时间作为其研究变量，对不同历史时期、不同国家、不同社会背景和不同发展水平的大学制度进行比较，借助不同阶段的纵向比较研究，以期把握不同历史时期研究对象的独特形态与特征。在分析过程中，把中国与国外的现代大学制度进行对比，借鉴西方国家现代大学制度建设经验，探寻适合中国现代大学制度建设的模式。因此，比较研究法也是本书研究必不可少的研究方法。

（五）访谈法

通过访谈可以直接询问受访者对研究问题的看法，使受访者有机会用自己的语言和概念表达他们的观点。② 另外，在条件允许的情况下，

---

① 中共中央马克思恩格斯列宁斯大林著作编译局编译：《马克思恩格斯选集》（第二卷），人民出版社1995年版，第3页。

② 陈向明：《质的研究方法与社会科学研究》，教育科学出版社2000年版，第170页。

研究者还可以采用追问的形式与受访者针对某些话题做深入的探讨，从而能够对某个研究问题获得更为丰富的一手资料，也为研究者提供了一个更为开阔的视角，促使研究者对研究问题进行"深描"。这是其他方法所不能具备的优点。

（六）扎根理论

扎根理论的哲学基础是建构主义，主张结合客观和主观。定量研究无法呈现其本研究内容的内在机理，需要结合已有的理论和实际情况进行对照研究，因此，扎根理论适合本书的研究语境。本书通过对全国不同本科高校教师、学生、行政人员、教辅人员等进行深度访谈，采用开放性编码、轴心式编码和选择性编码对收集的资料进行编码和分析，以便能提炼影响现代大学制度建设的构成要素，构建影响现代大学制度建设的因素模型。

# 第二章

# 绿色包容性治理的内涵、
# 理论渊源和必要性

绿色包容性治理属于一种新概念、复合概念。目前，国内外学界虽有一定的探索性研究，但关于绿色包容性治理的定义还未完全统一。本章将从绿色包容性治理的内涵、理论渊源和必要性三个方面进行阐述。

## 第一节 绿色包容性治理的内涵

绿色包容性治理不是单一的治理，而是综合的治理。绿色包容性治理属于治理理论，是在治理基础上的进一步延伸，有其自身的内在逻辑。绿色包容性治理需要多主体的参与，实践过程中通过协商对话、遵循相关制度等才可以实现。

### 一 绿色包容性治理的内涵

本书认为，绿色包容性治理是指中国现代大学制度建设以人的发展为中心，秉持制度公正思想，在制度建设过程中必须加强党的领导，营造风清气正的政治环境，形成良好的育人和学术文化氛围，让学生和教师拥有均等的发展机会，最终实现人的自由和全面发展。我们认为，绿色包容性治理概念应包含以下几个方面的内容。

（一）和谐统一

黑格尔讲："和谐一方面呈现出本质的差异面的整体，另一方面也清除了这些差异面的纯然对立，因此它们的互相依存和内在联系就显现为它们的统一。"① 这些差异要素之间相互作用，消除了它们之间的对立，融合成一个新的整体，呈现出差异世界的统一。和谐统一不仅强调人与自然、人与人、人与社会之间的和谐统一，也强调大学与环境的和谐统一。将环境纳入系统，使现代大学制度与所处的环境构成一个相互联系、协同进化、不断发展的动态网络系统。

（二）公平正义

绿色包容性治理秉持公平正义思想，以实现人的自由和全面发展为落脚点。在治理领域中体现公平正义，这既是治理过程中的价值取向，与治理有着内在的逻辑关系，又是现代大学制度建设的价值要义。以绿色包容性治理视角探讨现代大学制度，能够彰显公平正义。

在大学场域里，多元主体有平等参与学校事务的权利，有平等享受资源分配的权利。大学要体现其本原精神，体现其学术价值，实现人的全面发展，治理方法就要通过制度安排对利益相关者之间的关系不断重构，对资源配置和权利格局不断优化，使多元主体平等参与决策，从而营造一个公平正义的环境。"正义是社会制度的首要价值"②，绿色包容性治理以公平正义为标杆，对那些存在阻碍现代大学制度建设的政策、制度等进行调整，以促进制度安排更好体现社会主义公平正义原则，有利于实现、维护多元主体的根本利益，实现大学高质量发展。

（三）共治共享

共治共享与治理同步，是一个问题的两个方面。现代大学制度的制定与执行，向利益相关者开放并吸取不同利益主体的意见，强调协商的重要性以及不同利益相关者的角色和作用。大学是一个非常典型的利益相关者组织。利益相关者所处的位置、角色不同，其出发点、立场也会有所差异。因为这种差异，可能会产生冲突。在这种情况下，绿色包容性治理需要多元性利益的共存，需要利益相关者之间有包容的心态，各主体能够讨论协商，这就要求具有不同目标和价值观的利益相关者共同参与，能够理解、尊重不同利益相关者的立场，能够相互支持、相互包容、相互信赖，共建共治共享资源和所取得的成果。

---

① 黑格尔：《美学》（第一卷），朱光潜译，商务印书馆 1979 年版，第 180—181 页。
② ［美］约翰·罗尔斯：《正义论》，何怀宏译，中国社会科学出版社 1988 年版，第 3 页。

（四）全面发展

党的十九届六中全会指出，"必须坚持以人民为中心的发展思想，发展全过程人民民主，推动人的全面发展"。① 每个人的发展不是某些人的发展或牺牲一部分人的利益而实现的发展；人的发展，是个体最大限度的自由自主的发展；人的发展是作为一个完整的人，全面占有自己的本质。绿色包容性治理是实现人的自由和全面发展的重要治理理念，为人的自由全面发展提供了更加充分的思想指导。人的自由全面发展是绿色包容性治理的价值尺度，为绿色包容性治理价值导向提供支持。

**二 绿色包容性治理的特征**

基于对绿色包容性治理概念的阐释，本书研究认为绿色包容性治理有以下特征。

（一）*绿色包容性治理的共同体性*

绿色包容性治理同治理一样，都要求治理主体的多元性，以便能够聚集更全面的利益诉求。在绿色包容性治理中不仅强调了直接利益相关者，还强调了间接利益相关者。按照中国构建"五位一体"治理格局的要求，以及人与自然、人与社会和谐共处的要求，这些成为绿色包容性治理的多元主体，在治理实践中，走向绿色包容性治理共同体。在绿色包容性治理中，党的领导是必不可少的主体，处于领导核心地位，领导其他主体开展绿色包容性治理活动。

（二）*绿色包容性治理的合作性*

绿色包容性治理尊重多样性，包容差异性。在处理多元主体利益冲突时，绿色包容性治理采用协商对话方式，加强多元主体的相互合作。以法律为准绳，以协商、对话、合作为绿色包容性治理的应对方式，促进大学治理体系和治理能力现代化，实现人的全面发展。

（三）*绿色包容性治理的高质量*

绿色包容性治理不仅是治理谈治理，也不是停留在具体治理问题的处理上，它把治理问题纳入所处的政治环境、经济环境、文化环境等进行综合考虑和处理。绿色包容性治理的高质量，既有治理方式的高质

---

① 《中共中央关于党的百年奋斗重大成就和历史经验的决议（2021 年 11 月 11 日中国共产党第十九届中央委员会第六次全体会议通过）》，《人民日报》2021 年 11 月 17 日第 1 版。

量，也有治理效果的高质量。绿色包容性治理方式的高质量体现为多主体积极参与、协商合作、平等对话的良性互动，资源的合理配置，与环境的和谐共生。治理效果的高质量体现为推动高等教育治理体系和治理能力的现代化，推动高等教育高质量发展以及实现人的自由和全面发展。

（四）绿色包容性治理的成果共享

绿色包容性治理是保障大学多元主体共享发展成果，推动大学高质量发展的治理模式。绿色包容性治理的本质要求与高等教育高质量发展要求一脉相承。有效保障多元主体分享发展成果，增加各主体的参与感、获得感和幸福感，实现成果共享，实现各主体的广泛支持。坚持成果共享，为大学高质量发展注入信心和动力。

## 第二节　绿色包容性治理的理论渊源

真正理解把握绿色包容性治理内涵，需要在理论与实践的结合中理解理论渊源。本书重点从新发展理念、自由主义理论、治理理论和多元主义四个理论探讨绿色包容性治理的理论渊源。

### 一　新发展理念

新发展理念即创新、协调、绿色、开放、共享的发展理念，是习近平总书记于 2015 年 10 月在党的十八届五中全会上提出的。① "五大发展理念"作为习近平新时代中国特色社会主义思想的重要组成部分，是引领中国社会各方面发展的重要指南。绿色包容性治理理念是集五大新发展理念于一体的治理理念，是绿色包容性治理的理论基础。

（一）创新发展理念是绿色包容性治理的动力支持

创新是引领绿色包容性治理的第一动力。习近平总书记在看望参加政协会议的医药卫生界教育界委员时强调，"围绕建设高质量教育体系，以教育评价改革为牵引，统筹推进育人方式、办学模式、管理体制、保障机制改革。要增强教育服务创新发展能力，培养更多适应高质

---

① 习近平：《论把握新发展阶段、贯彻新发展理念、构建新发展格局》，中央文献出版社 2021 年版。

量发展、高水平自立自强的各类人才"①。"必须把创新摆在国家发展全局的核心位置，不断推进理论创新、制度创新、科技创新、文化创新等各方面创新，让创新贯穿党和国家一切工作，让创新在全社会蔚然成风。"② 绿色包容性治理的创新包括两个方面，一是构建制度本身的创新，二是创建制度创新的环境。绿色包容性治理为学校办学自主、党委领导下的校长负责制等措施提供研究基础，积聚创新活力。

（二）协调发展理念是绿色包容性治理的内在要求

协调发展是指要正确处理集合体内部各要素和外部环境之间的关系，营造合适的发展空间，把握最佳发展时机，最终实现集合体的目标。③ 协调是绿色包容性治理的内在要求。协调发展理念就是绿色包容性治理需要协调各相关主体的关系，以达到共同治理的目的。比如，绿色包容性治理下，如何处理大学与政府之间的关系是治理的主线，也就是说，如何充分发挥大学和政府两个主体的积极性体制机制，理顺大学和政府的权责关系，是绿色包容性治理的内容之一。严格落实学校章程，处理好行政权力和学术权力的边界，协调大学内部各个方面的关系，使其相互促进、相互适应，形成教授治学、教师教学的良好氛围。

（三）绿色发展理念是绿色包容性治理的必然选择

马克思指出"人靠自然界生活"④，"只要有人存在，自然史和人类史就彼此相互制约"。⑤ 以绿色发展理念为指导，绿色包容性治理需要科学处理人与人、人与自然、人与社会的关系，需要构建良好的氛围，使各主体充分共享资源，让学生愿意学，教师愿意教。所以，绿色包容性治理必须走可持续发展的道路，发挥育人价值，形成人与人、人与自然、人与社会最大的包容，促进人与人、人与自然、人与社会和谐共处。

---

① 《习近平看望参加政协会议的医药卫生界教育界委员》，https://www.gov.cn/xinwen/2021-03/06/content_5591047.htm，2023 年 6 月 3 日。

② 《中华人民共和国国民经济和社会发展第十三个五年规划纲要》，《人民日报》2016 年 3 月 18 日第 1 版。

③ 夏茂林、夏贤苗：《习近平总书记"五大发展理念"的教育意蕴探析》，《教育理论与实践》2020 年第 13 期。

④ 中共中央马克思恩格斯列宁斯大林著作编译局编译：《马克思恩格斯文集》（第一卷），人民出版社 2009 年版，第 161 页。

⑤ 中共中央马克思恩格斯列宁斯大林著作编译局编译：《马克思恩格斯文集》（第一卷），人民出版社 2009 年版，第 516 页。

（四）开放发展理念是绿色包容性治理的必由之路

"中国人民正在为实现中华民族伟大复兴的中国梦而奋斗，需要从历史中吸取智慧，需要博采各国文明之长。"① 当前中国已形成对外开放的新格局，治理也是如此。以开放发展理念为指导，强调绿色包容性治理既要关注学校的外部环境，把外部环境的变化作为决策的重要依据，也要关注学校的内部环境，加强资源建设。加强和深化与社会的联系，对社会开放，加强各相关利益主体之间的交流，相互支持、相互依托，是绿色包容性治理的必由之路。

（五）共享发展理念是绿色包容性治理的本质体现

"共享是中国特色社会主义的本质要求，共享发展注重的是解决社会公平正义问题，必须坚持全民共享、全面共享、共建共享、渐进共享，不断推进全体人民共同富裕。"② 绿色包容性治理坚持以人为本，共同治理，为学习者提供适合的、有质量的教育，共同分享所取得的成果，以促进人的全面发展。我们用绿色包容性治理概念整合创新、协调、绿色、开放、共享五大发展理念，符合概念演进逻辑和现实要求。绿色包容性治理，一是在于五大发展理念最集中地承袭和反映了绿色包容性治理最主要的内涵。二是为促进中国现代大学制度高质量建设，最鲜明、最直接地反映了构建中国现代大学制度所呈现的立足国内、紧跟世界潮流的决心、信心和勇气。

**二 自由主义理论**

自由主义理论包括古典自由主义理论、现代自由主义理论。古典自由主义理论强调的是个人自由，崇尚以理性为基础的个人自由。③ 换句话说，每个人对其天然的自由所享有的平等权利，不受制于其他任何人的意志或权威，为权利平等、机会平等提供了理论基础。④ 从个人与社会关系来探讨公民自由，即"社会所能合法施用于个人权利的性质和

---

① 中华人民共和国中央人民政府：《习近平致信祝贺第二十二届国际历史科学大会开幕》，https://www.gov.cn/2016govweb/guowuyuan/2015-08/23/content_2918448.htm，2023年6月3日。

② 中共中央宣传部编：《习近平总书记系列重要讲话读本》，学习出版社、人民出版社2016年版，第91页。

③ 尹利民、田雪森：《包容性治理：内涵、要素与逻辑》，《学习论坛》2021年第4期。

④ 洛克：《政府论》（下篇），叶启芳、翟菊农译，商务印书馆1996年版，第34页。

限度"。① 当然这里的自由不是指随心所欲的那种自由，而是指在其所受约束的法律许可范围内，个体的自由不受另一个人意志的支配，个体可以自由遵循自己的意志。② 对此，在古典自由主义中，个人自始至终都是社会和历史的"主体"，所有个人的价值组成了社会的价值，社会的价值在于个人的价值；相对应的是，个人自由的发展应当有利于增进社会的整体福利，个人价值的实现同样不能损及社会价值。③ 尊重个人的性格、生活方式，容忍那些不可容忍的行为，也许这是自由的价值所在。

现代自由主义主张政府在私人领域保持价值中立，宽容各种互不相同甚至互相冲突的生活方式，宽容是现代自由主义的重要主张。④ 现代自由主义虽然强调权利优先于善，但仍然继承了古典主义的基本思想，个人独立的精神置于首位，但也强调人与人在精神上是平等的。⑤ 现代自由主义虽然仍以维护个人自由为核心，把理性、个人自由看成人类普遍的永恒的本性，认为自由是个人、社会组织和政府行为的最高目标，但现代自由主义反对绝对自由，需要建立必要的环境和制度，保障公民的自由。⑥

马克思自由观。尽管马克思的所有著作中并没有专门论述自由观的文章，但在其著作中可以发现，人的自由和解放是一条主线，这条主线贯穿于马克思全部理论形成和发展的过程。马克思所理解的自由是具有双重含义的。既要克服客体对主体发展的束缚，又要以客观必然性为基础从事主体的创造性活动。实现人自由全面的发展，是马克思所有理论的最高价值导向。马克思自由观的价值取向是人与自然的和谐统一。人在现实中的自由首要表现为人与自然界之间的和谐共处，在与自然相互成就中实现自由。⑦

---

① ［英］约翰·密尔：《论自由》，徐宝骙译，商务印书馆 2007 年版，第 1 页。
② 洛克：《政府论》（下篇），商务印书馆 1996 年版，第 35—36 页。
③ 雷雨：《论约翰·密尔对古典自由主义的现代改造》，《天津社会科学》1998 年第 6 期。
④ 马华灵：《现代自由主义的困境：施特劳斯的极权主义诊断》，《学海》2017 年第 3 期。
⑤ ［英］约翰·格雷：《自由主义》，曹海军、刘训练译，吉林人民出版社 2005 年版，第 9 页。
⑥ 徐海宁：《现代自由主义对人们认识大学学术自由的影响》，《江苏高教》2008 年第 3 期。
⑦ 刘洋：《马克思的自由观研究》，博士学位论文，吉林大学，2021 年。

自由主义为绿色包容性治理提供了思想营养，如平等、宽容、人与自然的和谐统一、人与自然的和谐共处。绿色包容性治理在充分吸收自由主义理论营养的同时，与现代大学制度内涵也是相吻合的。自由主义理论为绿色包容性治理提供了理论参考，是绿色包容性治理理论的思想来源。

### 三 治理理论

治理理论作为社会科学理论是具有解释力的。治理最早是用来解决城市和地方出现的问题。20世纪90年代末开始，治理（Governance）理论在批判和继承新公共管理和重塑政府理论范式基础上，从统治（Government）走向治理（Governance），成为公共管理新模式，[①] "治理"是当前社会科学界使用较频繁的词汇，它已经渗入社会各个领域。不同学者对治理的界定有不同的解释。比如，治理理论的主要创始人之一詹姆斯·罗西瑙将治理定义为一系列活动领域里的管理机制，它们虽未得到正式授权却能有效发挥作用；[②] 是一种上下互动的管理过程，通过诸如多元、合作、协商、伙伴关系、确立认同和共同的目标等多种方式实施对公共事务的管理。[③] 通过对治理概念的介绍，对治理的特征可以理解为治理是一个过程，其主体具有多元化，且强调主体之间的互动。治理所关注的问题是如何在有限的财政资源下以灵活的手段回应社会的公共需求。[④] 治理的过程，就是资源的分配过程，就是如何在有限的资源下保护公共利益，回应公共需求，它体现了公平正义。治理就是通过制度的不断调整、利益管理的不断重构以及分配格局的不断优化，确保所有的群体都能够参与资源的分配，营造一个公平正义的环境。[⑤]

通过梳理治理的概念，我们可以发现，治理意味着统治的含义有了变化。环境的变化，成为治理衍生的重要动力。治理主体多元化，包括教育行政机构、学校、企业等各种社会力量元素，能够汇集更全面的利益诉求，实现公共利益的最大化。这些也成为绿色包容性治理的多元

---

[①] 俞可平：《全球治理引论》，《马克思主义与现实》2002年第1期。

[②] 魏涛：《公共治理理论研究综述》，《资料通讯》2006年第7期。

[③] 陈振明：《公共管理学》（第二版），中国人民大学出版社2017年版，第59页。

[④] 陈振明、薛澜：《中国公共管理理论研究的重点领域和主题》，《中国社会科学》2007年第3期。

[⑤] 尹利民、田雪森：《包容性治理：内涵、要素与逻辑》，《学习论坛》2021年第4期。

主体。

公共治理理论包括多层级治理、多中心治理、网络治理。多层级治理理论主要是治理结构中权力配置、角色关系、规则运作和政策结果具有多层性，表现为权威来源多元化，权力运作主体多中心化、非等级化，治理主要通过合作、协商以及确立共同目标等方式实施；[①] 多中心治理理论强调治理主体的多元化；网络治理提供了一个相互依赖的行动者之间的互动及利益的水平协调的框架，实现它需要网络成员之间建立起信任机制和协调机制。[②] 不管是多层级治理、多中心治理还是网络治理，都强调治理合作、协商、多主体等元素。

大学是一个涉及多主体的利益相关者组织，多方参与式的共同治理成为一大趋势。各方利益相关者，经过合作、协商、包容、互动，达成价值理念和制度上的共识，将差异性主体统一，进而相辅相成，实现自治基础上的共同治理。[③] 20 世纪 90 年代初兴起于西方发达国家的治理理论，充分挖掘各主体的治理潜力，整合社会资源，促进政府、市场、公民社会积极参与互动与合作，并承担相应责任。[④] 治理理论为绿色包容性治理提供了理论阐释。

按照中国构建的"五位一体"治理格局的基本要求，要将治理问题的思考和解决纳入所处的政治、经济、文化、社会、制度等环境。中国共产党作为中国改革开放和社会主义现代化事业的领导核心，在绿色包容性治理中居于领导核心地位。党的领导是绿色包容性治理的最大特色。

### 四 多元主义

绿色包容性治理与多元主义，尤其是温和多元主义的关系紧密相关。多元主义（Pluralism）是从英语 plural 演变而来的，按照英语解释，plural 意为多的、复数的、多于一个的。[⑤] 以哈贝马斯等为代表的思想家提出了温和多元主义的观点。哈贝马斯认为需要通过交往、对话

---

① Gray, et al., "European Integration from the 1980s: State-Centric v. Multi-level Governance", Jcms Journal of Common Market Studies, No. 9, 1996, pp. 356-371.

② 任声策等：《公共治理理论述评》，《华东经济管理》2009 年第 11 期。

③ 刘慧：《我国现代大学治理模式研究》，《中国高等教育评论》2017 年第 1 期。

④ 林琼：《包容性治理：生态公共治理变革新向度》，《江西社会科学》2013 年第 12 期。

⑤ 常士訚：《当代西方多元主义发展基本取向分析》，《教学与研究》2003 年第 8 期。

和共识实现社会的整合。

温和多元主义以宽容为前提，以对话为手段。对于温和多元主义而言，多元并不意味着对抗，更大程度上意味着宽容和对话。宽容意味着彼此平等，相互尊重。按照温和多元主义的观点，多元和统一不是各自独立的，它们互为前提。

用温和多元主义理论解释现实社会，也就是不同组织之间并不因为差异而封闭，需要不断对话，这种对话是平等的、相互尊重的。通过对话不断改变原有的看法而形成一个新的认识。

显然，温和多元主义的观点为绿色包容性治理提供了思想源泉。大学场域里有其纷繁复杂的学校事务，需要绿色包容性治理的多元主体采取宽容的态度，以对话的方式来处理现代大学制度建设的各类问题，以期促进大学高质量发展，实现人的自由和全面发展。

## 第三节　绿色包容性治理的必要性

绿色包容性治理为更好地构建现代大学制度提供了一个新视角。马克思一篇比较著名的政论文章中说道："你们赞美大自然令人赏心悦目的千姿百态和无穷无尽的丰富宝藏，你们并不要求玫瑰花散发出和紫罗兰一样的芳香，但你们为什么却要求世界上最丰富的东西——精神只能有一种存在形式呢？"马克思的这段话告诉我们应包容"千姿百态"。绿色包容性治理是众多治理的一种方式，对推动现代大学制度建设很有必要，有着重要的促进作用。

### 一　绿色包容性治理为现代大学制度建设提供了合法性基础

有两种关于合法性理论，即经验性合法性理论和规范性合法性理论。顾名思义，前者是基于经验事实对合法性进行分析的，后者是以价值判断为依据、以理性为标准进行分析的。在全球化的国际背景下，这两种理论都不能全面解释当前复杂多变的环境。外部环境的变化，包括外部制度的变化，成为治理的重要动力。对于现代大学组织来说，现代大学所处环境的变化，需要现代大学制度做出相应的调整和改变。绿色包容性治理的出现，使传统治理方式因不能适应环境的变化而出现的弊端能够及时得到纠正。合法性是获得社会认可的基本条件，合法性也是多主体参与相关政策的动力源泉①。要使现代大学制度具有合法性，就需要采用合理、合法的手段和方式。这些手段和方式需要从构建现代大学治理体系的现代化和提升大学治理能力着手。

（一）绿色包容性治理与多主体利益

绿色包容性治理与多主体之间是一种平等互动的过程，绿色包容性治理能够满足多主体的利益需求从而获得认同、支持，还能够通过合法的途径使多主体获得参与治理的权利。

合法性如果仅依靠个人品质、传统、意识等单方面的努力是不可能实现的，绿色包容性治理的合法性是治理主体之间协商对话的良性互动的结果。在互动过程中，绿色包容性治理主体可以发挥自身的积极作用，通过满足各方的利益需求以获得各主体的支持和信任，促使各主体遵守既定的规章制度以获得权威。那么各主体将会根据自身的满意程度对绿色包容性治理的合法性作出最终的评价。

绿色包容性治理的合法性在于它满足了现代大学各主体的利益需求，进而获得各主体的认同和支持。绿色包容性治理是一项复杂的、综合性的工程，其治理主体涉及多领域的人员，知识内容包含各学科领域，治理的手段和方式也需要在协商对话、相互合作基础上最大限度地实现各主体的利益需求。

（二）绿色包容性治理与民主、公平正义

绿色包容性治理体现着民主与公平正义，既维护着各主体的权利，也控制和监督着相关的权力，是现代大学治理的必然要求。

绿色包容性治理在一定程度上体现了一种还权于民的意向。绿色包容性治理认为大学治理应当多元化，是对行政权力主导的挑战。绿色包容性治理的根基源于民主。绿色包容性治理的权力必须受到民主机制的制约，以能够对权力实施的对象负责。绿色包容性治理权力合法性的依据必须与民主原则紧密联系。

**二 绿色包容性治理的理念为现代大学制度建设提供了理论价值**

在绿色包容性治理中"绿色包容"倡导以人的发展为中心，公正思想与现代大学制度建设的高质量发展是内在一致的。通过绿色包容性

---

① 尹利民、田雪森：《包容性治理：内涵、要素与逻辑》，《学习论坛》2021 年第 4 期。

治理，加强党的领导，营造风清气正的政治环境，实现人的自由全面发展。绿色包容性治理能让绝大多数人的权利得到尊重和保护，让个体能自由选择，激励主体创新，兼顾社会公平，促进发展。绿色包容性治理坚持共治共享，坚持以人为本，坚持以人的全面发展为核心。

从绿色包容性治理角度来理解现代大学制度：一是多元共治。学校、政府、社会组织、企业、社会公众等共同构成了绿色包容性治理的多元主体。[①] 主体所处的立场、角色不同，任何一个主体都可能发挥重要的作用。各主体相互依赖，相互沟通与互动，彼此交换有限资源，实现多元共治。二是和谐共生。主要体现在大学与环境，大学内部诸要素之间的和谐共生。大学与环境，大学内部诸要素之间，是相互依赖，互促互补，呈现出共生共进的和谐局面。政治、经济、文化和制度环境为建设现代大学制度建设提供外部支持和动力。同样，建设现代大学制度，能够有效协调和处理好大学与环境，大学内部诸要素之间的关系，保障其"和谐"目标的实现。三是协商合作。协商合作是绿色包容性治理的核心行为。因为现代大学是一个利益相关者组织，存在多主体多利益，所以需要采用协商合作的方式。针对现代大学制度建设问题，适切的政府与大学的关系、合理的组织架构和权力配置，这些都为各方利益相关者实现平等对话、协商合作提供了组织保障，为大学有效运行和高质量发展奠定了基础。四是公平正义。它主要体现为学术自由、大学自治、民主管理，为现代大学制度建设提供了合理性支持并指明了建设方向和路径。五是利益共享。发展成果上的利益共享，是现代大学制度建设的最重要目标之一，是现代学校制度建设的必然要求和结果，有其重要的地位。现代大学制度建设中所涉及的知识资源、人力资源、财力资源、物力资源为其提供坚实的保障。

**三 绿色包容性治理的技术属性为现代大学制度建设提供了路径保障**

从技术属性上看，绿色包容性治理强调协商、合作、多元等方式方法，从主体来看，绿色包容性治理包括政府、学校、社会，这些主体之间地位是平等的；从治理对象来看，绿色包容性治理涉及学校外部治理

---

① 林琼：《包容性治理：生态公共治理变革新向度》，《江西社会科学》2013 年第 12 期。

和内部治理等更为广泛的范畴；从治理方式来看，绿色包容性治理强调利益相关者之间的协商、合作。[①]

多元主体的平等参与是绿色包容性治理的前提条件。在绿色包容性治理实践中，大学多元主体之间的良性互动成为推动绿色包容性治理的驱动力。多元主体通过协商、对话等多种方式，形成良性互动。由于忽视了教师、学生等主体的作用，导致在现代大学制度建设和落实中缺乏一定的协同性。现代大学制度建设的复杂性，要求将多元主体联合在一起，共同应对新的挑战。这意味着原来单一主体的输出方式将面临难题，其他多元主体也要参与制度、政策制定，合力推进现代大学制度建设。绿色包容性治理，从大学内部而言，有利于激发教师和学生的潜力和活力，从外部而言，有利于厘清政府、社会和大学的各自职责。建立和谐的共同体，多元主体协同合力建立现代大学制度。

在现代大学制度建设中，多元主体以五大发展理念为导向，通过平等合作和协调互动的方式，实现成果共享以及人的全面发展。绿色包容性治理是"复合"性概念，作为一种现代大学治理理念和方式，从多维度、多层次、综合性地推动现代大学制度建设，使现代大学制度有效发挥其作用，实现大学治理体系和治理能力现代化。

---

[①] 程志高、李丹：《后全面小康时代绿色治理助推乡村共富的逻辑进路》，《西北农林科技大学学报》（社会科学版）2022 年第 6 期。

# 第三章

## 现代大学制度的时代内涵、价值意蕴与基本范畴

现代大学制度是维持大学正常运行，支撑现代大学存在，促进大学职能实现的制度体系。《国家中长期教育改革与发展规划纲要（2010—2020 年）》提出"建设依法办学、自主管理、民主监督、社会参与的现代学校制度"。众多学者从概念内涵、特征、范畴、理论基础、逻辑起点和现代大学制度建设等方面对现代大学制度进行多方面的研究，取得了丰硕的研究成果。这些成果为中国现代大学制度建设奠定了扎实的理论基础，提供了实践逻辑。梳理文献发现，已有的研究没有对现代大学制度概念形成统一的认识，学者基于本身的研究立场，如现代性与大学制度、现代大学与制度和大学文化与大学制度的关系等，对现代大学制度的内涵进行了分析，也从教育学、经济学、管理学、社会学、政治学和价值哲学等学科角度对现代大学制度进行研究。对此，本章将从时代内涵、价值意蕴和基本范畴对现代大学制度进行阐述。

### 第一节　现代大学制度的时代内涵

现代大学制度的出现不是偶然的，而是紧跟时代不断变化和发展的。现代大学制度是为了坚守大学精神和学术本质使大学职能得以实现的制度总称。前文我们对现代大学制度内涵的相关研究进行了梳理，主要集中在四个领域的研究。这些研究为中国特色现代大学制度内涵提供了理论支持。在中国，现代大学制度得到人们热切的关注并成为热点则

是在《国家中长期教育改革与发展纲要（2010—2020 年）》被颁布实施以后。至此，它成为学术界研究的热点和重点课题。这里对中国特色现代大学制度意蕴进行阐释。

现代大学制度是为了保证大学的学术属性和实现大学的理想，以中国式现代化为推进方略，构建起来的协调和规范大学各种行为和活动的一系列制度规则的总称。主要处理大学内外部关系的行为规范体系，是保障大学的学术性，并促进大学职能实现的制度体系，不是单纯的具体的某一个或者几个制度。中国特色现代大学制度建设的内涵丰富，具体体现在制度理念、价值追求、制度目标和治理结构四个方面。中国特色的现代大学制度建设，必须强化党的全面领导。

**一　党委领导下的校长负责制**

中国现代大学制度的核心是党委领导。党委领导是党和国家为探索合理的大学内部高等教育管理领导体制而提出的。在相关的法律、条例和意见中都有所提出。比如，《中国共产党普通高等学校基层组织工作条例》第三条指出：高校实行党委领导下的校长负责制。[1] 2014 年在《中共中央关于坚持和完善普通高等学校党委领导下的校长负责制的实施意见》中对党委的职责做了明确规定：高等学校党的委员会是学校的领导核心，履行党章等规定的各项职责，把握学校发展方向，决定学校重大问题，监督重大决议执行，支持校长依法独立负责地行使职权，保证以人才培养为中心的各项任务完成。[2]

法律、条例、工作意见等对党委领导职责的规定，既为党委落实对学校各项作用的领导权力做了界定，又为党委与校长之间的权责厘清了关系，权责分明，有利于提高学校管理活动中决策的效率和效果。需要进一步说明的是，党委领导不是指党委书记的领导，而是党委整套班子的集体领导。党委领导有利于党委决策的正确性、科学性，有利于学校民主制度的开展，有利于把握学校的政治方向、社会主义办学方向和宏

① 中华人民共和国教育部：《中共中央印发〈中国共产党普通高等学校基层组织工作条例〉》，http：//www.moe.gov.cn/jyb_xwfb/s6052/moe_838/202104/t20210422_527716.html，2023 年 6 月 3 日。

② 中华人民共和国中央人民政府：《中共中央办公厅印发〈关于坚持和完善普通高等学校党委领导下的校长负责制的实施意见〉》，http：//www.gov.cn/zhengce/2014-10/15/content_2766861.htm？isappinstalled=0，2023 年 6 月 3 日。

观决策方向。

**二　大学本原精神是现代大学制度的核心理念**

大学自治、学术自由是现代大学的本原精神，也是现代大学制度的核心理念。目前，对现代大学制度的基本内涵还是有一个比较一致的看法的。1998 年的《世界高等教育宣言》指出："21 世纪高校发展的核心是大学自治与学术自由。"由此可见，大学自治和学术自由是现代大学制度的本质特征。落实大学自治和学术自由有利于在学校内部营造良好的学术氛围和民主环境。一切现代大学制度的构建都离不开这个最根本的大学精神。

大学自治源于近代大学的产生过程，指大学保持相对的独立性，不受大学外部干扰，独立地处理大学内部事务，它是最有价值、历史最悠久的大学制度。大学自治制度对大学的发展起到了十分重要的作用，不仅为大学在近千年的发展历程中处于相对独立发挥了积极作用，还为大学组织有别于其他行业组织提供了组织保障，它有效抵御了大学外部各种因素对大学发展可能带来的消极影响，保障了大学内部学术自由的实现。

学术自由作为现代大学制度追求的目标之一，主要指教师和学生在学习和探索科学知识与真理的过程中，自主解决学术上的各种问题，不受学术以外其他因素的干扰，其核心是教师和学生有保卫其独立思想、研究及表达的权利。[①] 历史上真正践行学术自由理念的是柏林大学。柏林大学第一任民选校长费希特就将"自由探索真理作为大学的办学宗旨"。同时，德国还是人类历史上第一次将学术自由进行法制化，表现为把"学术自由"写进宪法中，从国家法律和实践层面践行学术自由这一大学理念，促使德国成为世界科教中心。当今世界一流的大学也几乎都是践行学术自由理念的，这是一流大学的重要标志。学术自由理念是大学发展思想上的促进大学发展的特殊自由，主要包含"教学和学习自由"和"尊重自由的科学研究"，是大学人的一项基本自由形式。在这个前提下，大学教师可以充分进行科学研究、自由传递文化知识、探寻真理和自由探讨高深学问。就其内涵来说，学术自由包括两个方

---

① 孙雷：《现代大学制度下的大学文化透视》，光明日报出版社 2010 年版，第 14 页。

面：外在的自由和内心的自由。外在的自由更倾向于保障和条件方面的自由，主要是为学者进行自由研究提供基础；内心的自由则是主体本身精神层面的自由，它意味着实现学术自由是学者一种内在的高层次、高境界的追求，是超越物质、超越社会功利而与社会保持一定距离的自由，彰显的是学者的尊严与独立。

### 三　以立德树人为制度目标

习近平总书记指出："要把立德树人的成效作为检验学校一切工作的根本标准"，在《习近平总书记关于教育的重要论述》中提出要"坚持把立德树人作为根本任务"，这也是现代大学制度建设的目标，是党和国家基于时代和教育发展的根本需要，针对中国教育发展的历史经验和现实状态所作出的正确判断，是呼应"教育是国之大计、党之大计"的根本要求，为现代大学制度建设提供了根本遵循。党的十八大以来，党和国家积极推进高等教育发展，强调"高校立身之本在于立德树人"。党的十九届五中全会也指出，要全面贯彻党的教育方针，坚持把立德树人作为当前高等教育改革与发展的主要目标和根本任务，全面推进高等教育事业的高质量发展，培养和造就能够承担民族复兴大任的时代新人。可见，中国特色的现代大学制度体系必须以"立德树人"作为制度目标。深入围绕高等教育发展中的基本问题，切实落实好高等教育在国家各级各类人才培养中的重任，以推进高等教育治理体系现代化。①

坚持立德树人的制度目标，具体来说是要坚持立德树人的思想导向，落实好高等教育立德树人的具体任务，强化立德树人的理念目标，坚持为党育人、为国育才，紧扣培养时代新人的任务，努力形成现代大学制度体系，全面培养党和国家所提出的具有创新精神和实践能力的现代化建设人才，进而以知识动力推动中国社会经济的强有力发展。

### 四　民主管理是现代大学制度的本质要求

民主管理是现代大学制度的本质要求和重要组成部分。美国政治哲学家科恩（Robert S. Cohen）就认为："民主是一种社会管理体制，在

---

① 曹晓婕、阎凤桥：《政令统一与因地制宜：高等教育领域"放管服"改革九省市政策文本分析》，《国家教育行政学院学报》2021 年第 10 期。

该体制中社会成员大体上能直接或间接地参与，或可以参与影响全体成员的决策。"① 对民主管理内涵的解释有三个层面：代表一种政治制度，代表一种管理制度，代表一种管理方式。② 从现代大学制度角度探讨民主管理，有两种解释。一种解释是从学术自由、学术自治和学术中立出发，强调的是现代大学制度本身的"自由、独立"，另一种解释是从《中华人民共和国高等教育法》角度出发，主张"面向社会，依法自主办学，施行民主管理"，运用"加法"的方式，对现代大学制度进行完善。③ 尽管角度不一样，但对民主管理在现代大学制度建设中的作用和地位是相同的。

根据《中华人民共和国高等教育法》第十一条规定：高等学校应当面向社会，依法自主办学，实行民主管理。④ 这一规定为高校实施民主管理提供了合法性依据。民主管理是现代大学的内在需求，是大学内部治理过程中的必然选择。民主管理是现代大学制度的本质要求，是其重要的组成部分，发挥着重要的作用。首先，提升利益相关者的满意度。发挥广大师生的智慧，使其参与学校管理，监督学校行政工作，以保障学术自由，保障学生权利，提升师生对学生的满意度，从而实现大学组织目标。其次，平衡大学内部的权力结构。充分发挥学校学术委员会、校务委员会等校内组织的作用，发动教师和学生对学校实行民主监督，以保障行政领导者能够全心全意为师生服务。民主管理本质上可以使高校权力结构发生重新调整，平衡高校内部各利益相关者的权利，使学生权利和行政权力、学术权力置于同等地位，实现三者权力的制衡，从而有效地预防权力的绝对化。⑤ 最后，提高大学的凝聚力。民主管理，鼓励学校成员积极参与，满足他们受尊重的需要，提高师生对学校的认同感和归属感。

---

① ［美］科恩：《论民主》，聂崇信、朱秀贤译，商务印书馆1988年版，第10页。
② 刘松年：《论大学内部治理结构中的民主管理》，《国家教育行政学院学报》2013年第6期。
③ 何晓芳、周秀华：《现代大学制度框架下高等学校民主管理的理念与机制研究》，《黑龙江高教研究》2010年第9期。
④ 《中华人民共和国高等教育法》，http：//www.gov.cn/xinwen/2015–12/28/content_5028417.htm，2023年6月3日。
⑤ 梁瑜：《大学参与高校民主管理的价值和原则》，《教育与职业》2012年第14期。

### 五 治理结构是现代大学制度建设的重要内容

现代大学制度的结构划分为内部治理结构和外部治理结构。

（一）内部治理结构

现代大学的内部制度主要解决两个方面的问题：第一，解决学术权力与行政权力的边界问题，即如何通过现代大学制度的内部制度的设计，让大学回归学术本质，明确学术权力的范围，解决大学运行的最本源的问题，因为大学是学术组织，大学的运行是以学术性为根本的。而行政权力是为学术权力更好运行服务的，行政权力有自己的边界，要实现大学治理的现代化，必须解决学术权力与行政权力的关系。第二，通过现代大学内部制度来提高现代大学治理的效率问题。随着高等教育的发展，大学组织变得越来越复杂，大学由中世纪之初的只具有单纯的职能的组织发展到现在的多职能的复杂组织，大学治理也变得越来越复杂，效率也就成了大学治理的重要内容。

在大学内部的权力关系中，行政权力和学术权力之间的冲突是最重要的表现形式，并且大学内部的关系也是围绕这一冲突展开的。大学是探讨高深学问的地方，是学术组织，大学的一切活动理应围绕学术进行，因为这是大学得以存在和永续的理由所在，离开了这一点，大学也就不称其为大学了，其根本价值也就丧失了。行政权力是大学在历史演变过程中，随着组织的复杂和大学日益走向社会轴心而产生的重要的职能，它为大学学术生产和人才培养的效率保驾护航，为学术顺利进行提供条件。随着大学的日益发展，二者冲突也就在所难免了。二者的冲突的表现形式主要有三种：第一，行政权力大于学术权力，大学成为行政或者政府的附属。第二，学术权力大于行政权力，行政权力为学术服务，尊重学术规律和大学作为学术活动的本质，秉承的是一种服务理念，即行政是为学术服务的，现在世界一流大学基本是秉承这种理念的，但是，随着实践的深入和大学运行过程中学术依赖的增强，各国的行政权力在呈现加强的趋势。第三，基本平衡的关系，这是一种理想的模式，二者各司其职，相互做好各种定位。因此，要处理学术权力与行政权力的关系，需要设计适合大学的内部制度。

1. 教授治学

教授治学是现代大学制度的核心内容。教授治学的核心在于"学术"。教授治学意味着以教授为核心的群体在大学内部对聘任、评价、责任、职业道德等领域有一定的审议决策权。[①] 或者说，教授治学是教授对大学教育的学科建设、专业设置、科研和教学改革等学术领域行使其决定权力，充分体现大学办学以教师为本的思想。[②]

关于教授治学包括的具体内容，也是众说纷纭。教授治学既包括个人治学，以及对公共学术事务管理行使学术权力，[③] 也包括治学科（专业）、治教学、治学术、治学风。[④] 其实可以把教授治学的内容归纳为两个方面："治"和"学"。"治"，是治理的"治"。调动教授参加学术管理、学术咨询和学术决策的积极性、主动性[⑤]，教授行使和落实学术权力，即教授在参与学校内部管理过程中，落实和行使其学术权力。"学"，即广义上的大学学术事务，包括以教学为主，以学术为上，以学科为纲，以学风为要，以学生为本。[⑥]

教授治学是教授参与大学管理的重要制度设计，是保障大学内部学术自由的制度设计，极大地促进了学术的自由探索。教授群体是代表一所大学最高学术水平，教授参与管理，意味着学术权力参与大学治理，通过教授治学可以将学术自治与学术自由紧密联系在一起，为构筑学术共同体打下基础，从而形成基础的组织制度。大学教授治学制度的确立，可以提高大学教授在大学治理中的学术地位，凸显学术在大学发展中的核心作用，保持大学本原精神本色，为大学去行政化提供实践价值。

2. 校长治校

校长治校是党委领导下校长负责制的重要组成部分，是中国现代大学制度的关键部分。其与前文所呈现的党委领导下的校长负责制是紧密

---

① 赵凤娟、毕宪顺：《依法治校背景下教授治学的机制改革》，《教育研究》2018 年第 6 期。

② 陈奇：《论现代大学制度下高校内部治理结构的构建》，《漳州师范学院学报》2011 年第 4 期。

③ 张笑涛：《"教授治学"的内涵及落实路径》，《江苏高教》2016 年第 3 期。

④ 尹晓敏：《利益相关者参与逻辑下的大学治理研究》，浙江大学出版社 2010 年版，第 185—189 页。

⑤ 姚红等：《新形势下我国大学"教授治学"的内涵及本质》，《职教通讯》2015 年第 17 期。

⑥ 张笑涛：《"教授治学"的内涵及落实路径》，《江苏高教》2016 年第 3 期。

联系的，在相应文件中也有所体现。在 2014 年《中共中央关于坚持和完善普通高等学校党委领导下的校长负责制的实施意见》中，校长的职责是学校的法定代表人，校长在学校党委的领导下，贯彻党的教育方针，组织实施学校党委有关决议，行使高等教育法等规定的各项职权，全面负责教学、科研、行政管理工作。① 对校长治校的理解从以下几个方面进行：一是校长所具备完善的知识、能力、素质，并拥有自己的办学理念，能够成为学校行政管理的指挥者和行政系统的执行中心。二是校长是在党委领导下，全面落实和执行党委的决策和部署，是学校的落实者和执行者。党委领导下的校长负责制，校长与党委相互促进、相互结合、相互监督，发挥学校的整体功能，向共同的目标奋斗和迈进。随着社会的发展变化和高等教育事业发展，高校逐渐出现办学主体多元化、办学形式多样化的趋势，大学的功能也不断扩展到了学术、经济、政治、社会等更为广泛的领域。②

校长治校对大学校长的素质和学术影响力要求很高。校长首先是一位在学术界的学者和教育家，作为学者和教授的校长，必须在其所在领域内有着学术影响力；作为教育家，校长要深刻理解教育理念，遵循教育规律办学，形成独特的办学理念，具有很强的教育管理能力，善于处理好大学内部和大学外部的各种关系。

面临这些新形式、新环境，要求对现代大学的管理更加专业化，也就要求校长不仅要具备丰富的知识和高超的能力素养，更要善于治学育人，根据学校的实际条件和实际状况，从教学、科研等办学活动中，总结出自己学校的办学特色、理念和独特的管理思想，以便于能更好地处理学校内部事务，更有效地协调学校与政府、社会、市场之间的关系，促使学校健康、稳定、有序地高质量发展。

杰出的大学校长对于大学的发展起着关键性的作用。随着大学组织日趋复杂，大学的内部分权越来越明显，大学治理的复杂程度比以往任何时候都高，需要大学众多利益相关者相互协调沟通，处理大学内部的

---

① 中华人民共和国中央人民政府：《中共中央办公厅印发〈关于坚持和完善普通高等学校党委领导下的校长负责制的实施意见〉》，http：//www.gov.cn/zhengce/2014-10/15/content_2766861.htm? isappinstalled=0，2023 年 6 月 3 日。

② 孙雷：《现代大学制度下的大学文化透视》，光明日报出版社 2010 年版，第 13 页。

各种关系，而大学校长在其中的作用更加凸显。当然，实现校长治校的关键在于确保大学校长拥有充足的办学自主权。在现代大学制度中加强校长治校的内部制度设计对大学治理现代化意义重大。

3. 学生自主权

学生是现代大学众多利益相关者中最重要的利益相关者之一，属于核心利益相关者，是学校教育的主体和客体，是大学中最活跃、最具创造力的群体，也是大学赖以存在的理由，因此，学生理应是大学治理结构中的重要权利主体。但在中国现在的大学治理中，学生没有应有的自主权，相关调查显示，超过 20% 的大学生所读的专业不是自己高考的第一志愿，进校以后不能自主选择自己感兴趣的专业，导致对所学专业的认同度不高；在课程设置、培养方案制订选择上学生只有被动接受，学生参与学校的决策权力十分有限；学生在自由发展中的选择和学校决策管理参与上的自主权有限。

4. 教学个性化

目前，中国大学教学还是沿袭传统的以讲授为主的灌输式的教学模式，还停留在西方发达国家一百多年前的教学模式阶段中，与现代大学的人才培养宗旨不相适应，没有贯彻"以人为本"的教学理念，来实施"因材施教"，没有体现教学个性化。《国家中长期教育改革与发展规划纲要（2010—2020 年）》就明确提出以"以人为本"和"提升质量"为指导思想，这就需要在大学制度的设计中贯彻教学个性化，在课程设置、教学方法选择和学分制改革中，尊重学生的个性化，真正形成学生学习自由的大学制度，为培养高质量的人才奠定制度基础。

5. 科学的管理制度

引入科学的管理制度，创新大学管理体制，提高办学效益。科学的管理制度是现代大学制度中的重要制度安排，包括战略管理、质量管理和民主管理的内部制度设计，这也是大学发展至今各种管理制度建设与社会发展相适应的要求，或者说大学管理制度安排也应该与时俱进，以应对复杂的组织环境的需要。

（1）战略管理。随着战略管理思想被广泛运用于教育领域，大学开始重视战略管理，期望通过战略管理实现大学目标，提高管理效率，是大学这一复杂组织的运行适应于社会经济发展的需要，特别是大学组织由社会边缘走向社会中心以后，社会需求与大学办学之间的矛盾变得突出，促使大学不断反思自身，不断满足社会的需要，这就需要大学加强战略管理，以战略管理思想为办学理念，不断提高大学的办学效率，提升竞争力。

（2）质量管理。教育领域引入质量管理主要在于质量控制和质量改进，对于人才培养质量和大学运行的效率十分重要，大学的质量管理包括学校内部的教学、科研等各项工作的管理，是现代大学质量管理的核心。大学质量管理的关键是要逐步建立以大学质量保障体系和监控机制为核心的现代大学质量制度。在大学规模扩张和高等教育进入到大众化的阶段，质量管理在大学发展中更加重要，建立适合大众化时期高等教育的质量标准，确立多元的质量评价标准是质量管理的关键。

（3）民主管理。民主管理是指以"以人为本"为管理思想，实施的一种群众参与下的多数人管理多数人的管理。通过民主管理来唤醒人的主体意识，弘扬人的主体精神，发挥人的主体能力，是管理者追求的一种管理艺术。民主管理是中国政治民主建设的重要内容，是推动现代大学制度建设的必然要求。从大学发展的历史和现代大学的管理现状看，民主管理是现代大学进行科学管理的基本准则。《中华人民共和国高等教育法》第十一条规定："高等学校应当面向社会，依法自主办学，实行民主管理。"① 在现代大学制度建设过程中，民主管理是现代大学内部制度建设的基本原则。大学是学术组织，其根本属性是学术性，大学成员在学术共同体中民主平等探讨高深学问，在大学的各项决策中也应当民主决策，充分发挥以教授为主的学术委员会和以管理干部为主的校务委员会的民主决策机构的作用，努力建立大学人员积极参与大学管理活动和监督活动的民主管理制度。

（二）外部治理结构

现代大学制度的外部制度是协调大学与政府、大学与社会和大学与大学之间关系的制度。现代的大学处于社会中心，必定会与大学的外部环境发生各种联系，大学在处理好与外部的关系时应该遵循什么原则、

---

① 《中华人民共和国高等教育法》，http：//www.gov.cn/xinwen/2015－12/28/content_5028417.htm，2023 年 6 月 3 日。

内容是什么等涉及现代大学制度的制度安排。

大学与政府之间的关系是现代大学必须要面对的事实。大学与政府之间是什么关系？它们之间的距离有多大？在二者的关系中，政府和大学分别扮演什么角色等问题是建设现代大学制度中必须解决的问题。大学与政府的关系经历了对抗、控制到合作的过程，自治与控制是大学与政府关系永恒的主题，只是在不同的时期，这一矛盾的表现程度和表现方式不同。① 政府对大学的干预方式发生了变化，即由直接转向间接，体现为经费资助、交接、通过中介组织进行管理，这些是政府对大学常使用的干预方式。② 但最具体、最显著的干预方式是立法。通过法律的形式明确政府和大学双方的权责。这样就可以使政府和大学之间的关系更加明确，在行使其权责时更具有合法性，减少受到个体或集体主观的、随机的等非制度性因素的影响。

大学与政府、大学与社会之间的关系呈立体状态（三者共存于一个时空下，共生于宏观的社会范畴之中，每个角度都有可能发生关系，随时随地产生新的联系，这些关系的表现形式可能是单一的角色行为，也有可能是角色之间联合以后的行为）。③ 既然是一个立体状态，在立体外部就形成了你中有我、我中有你的紧密关系，在立体内部，则呈现有序特征，自成体系。

在现代大学各个利益相关者中，政府既是主要的利益相关者，又是现代大学外部制度的设计主体。因此，大学外部制度的设计必定需要考虑大学的各个利益主体参与程度，并满足利益主体的合理需要。

现代大学制度的外部制度涉及法人制度、产权制度、中介制度等。在此对法人制度进行阐述。现代大学制度的核心之一是大学面向社会自主办学。目前，在大学与政府关系的重构中，大学办学自主权的落实情况是现代大学制度建设的关键，而能否落实办学自主权，则直接取决于大学是否为独立的经济利益主体和办学主体。《高等大学法人制度》的

---

① 赵婷婷：《自治、控制与合作——政府与大学关系的演进历程》，《现代大学教育》2001 年第 4 期。

② 许士荣：《对政府管理大学权能的历史考察》，《现代教育科学》2007 年第 11 期。

③ 董云川：《三位一体：对大学与政府和社会关系实质的认识》，《复旦教育论坛》2003 年第 6 期。

出台，意味着大学拥有法律赋予的地位和权利，是拥有独立的权利、责任和利益的法人实体。[①]

# 第二节　现代大学制度的价值意蕴

作为对大学学术属性进行保障的内外部制度安排，现代大学制度对现代大学发展的理想模式设计具有明显的价值导向，反映了现代大学的精神与理念、大学的学术价值和大学的创新价值。

## 一　现代大学精神与大学理念

对于现代大学精神的精髓可以概括为坚持科学精神与人文精神的统一、坚持学术自由与服务社会的统一、开放与包容的胸怀和大学的创新精神。现代大学精神是指引大学前进的灯塔。现代大学精神是在近代大学精神基础上发展形成的具有时代价值和古典精神的统一体。大学精神具有独特的价值追求，是一个大学的文化在大学发展中的内在气质的体现。

具体来说，现代大学精神包含学术自由精神、科学精神、人文精神、开放包容精神。学术自由精神是大学的灵魂，是大学区别于其他组织的本质属性。中世纪以来，学术自由是大学秉持的核心原则和价值导向。学术自由概念既继承了古典大学的传统与理念，也加入了现代化的意义。学术自由包括两个层面：个体层面的自由，包括教师的教学和研究自由，学生的学习自由；组织层面的自由，包括独立自主权。[②] 现代大学发展和高等教育高质量发展需要主体不断超越自我，实现内心自由。

要实现学术自由，必须保持大学与社会的适当距离，不受外界的干扰，营造具有浓厚学术氛围的环境，自由充分进行教学和研究。要实现学术自由，必须突破在追求学术的过程中大学外部给学术人带来的限制。这种限制主要表现为外在的限制和内在的限制，要突破外在的限制就必须进行大学制度的建设，而大学自治是实现这种自由的条件。当然，大学自治是指大学在运行的过程中不受大学外部因素的影响，包括不受政府和社会各种力量的干扰，独立自主进行办学。大学自治的目标

---

① 夏兰：《民国时期现代大学制度演变研究》，博士学位论文，复旦大学，2012 年。

② 王洪才、刘隽颖：《学术自由：现代大学制度的奠基石》，《复旦教育论坛》2016 年第 1 期。

是学术自由。学术自由是大学自治的指导思想，大学自治是实现大学学术自由的制度保障。当然，大学自治并非要求大学完全独立于政府和社会，它受到政府和社会的影响。尽管如此，现代大学精神仍要有其坚定的价值要求。

## 二　以人民为中心的价值取向

中国特色的现代大学制度建设必须始终强调和坚持"以人民为中心"的价值理念，把人民群众的根本利益放在突出位置。习近平总书记在党的十九大报告中指出，我们"必须始终把人民利益摆在至高无上的地位"。① 纵观我们党百年奋斗历史，党和政府始终坚持把人民的利益摆在第一位，党和政府所制定的各项教育方针政策，始终坚持充分反映和体现广大人民共同的利益要求，重视和维护人民群众最现实、最关心、最直接的利益，使人民群众在国家不断发展的同时，共同享受到经济社会发展的成果，使人民群众的利益在社会发展的各个环节和不同层面均得到体现。因此，要构建能彰显中国特色的现代大学制度体系，其价值追求必须以人民为中心，坚持教育为人民服务，办好人民满意的高等教育。

## 三　学术价值

"学术属性是大学的本质属性，也是大学发展的灵魂。"大学之所以发展到现在依然保持常青，就是在于其学术性。学术自由是大学维持和发展的根基，它需要现代大学制度为其保障，于是，大学自治也就成了现代大学的基本管理和治理理念。所以，发扬学术精神，维护学术自由，推进学术进步，成为大学发展的永恒主题，更成为影响大学兴衰成败之关键因素。

学术性是现代大学制度建设的核心理念和根本原因。我们要进行现代大学制度建设，就必须坚持学术根本。从认识论的高等教育哲学中我们也知道，大学存在的原因在于高深知识，也就是说知识生产是大学的根本，现代大学制度必须围绕这一根本进行，不断适应学校内外环境的变化，并随时做好调整和变革的准备，不断加强自身的建设，以保障现代大学健康发展和运作，更好地实现学术目标。

---

① 习近平：《决胜全面建成小康社会　夺取新时代中国特色社会主义伟大胜利——在中国共产党第十九次全国代表大会上的报告》，《党建》2017 年第 1 期。

#### 四 大学的创新价值

创造性价值是大学本体存在的价值，是大学制度建设的核心。"创造性"价值表现在大学对知识活动的负责态度上，表现在一种思想的严谨作风上，表现在对生存意志的思考上。[①] 大学创新价值主要从大学的三大职能上得以体现，即教学创新价值、科研创新价值、社会服务创新价值。

教学创新价值是指在人才培养活动过程中，以及师生在教与学的互动中，在知识和技能等方面所取得的创新能力。大学的首要职能是人才培养，因此，人才培养的质量高低是衡量大学教学创新力的核心要素。

科研创新价值是指大学从事科学研究的能力。科研创新能力是衡量一个大学原创力的主要因素，是真正体现大学学术性的核心，大学通过科研创新，实现推动人类社会向前发展的目标，在科研中还需要处理好科研与教学的关系，将科研的成果应用于教学，为培养创新人才打下基础。

社会服务创新价值主要指大学的社会服务为社会发展创造的价值，包括大学教育对经济发展的贡献、对人类科技发展的贡献、对人类文明发展的贡献等。

## 第三节 现代大学制度的基本范畴

探讨现代大学制度是为了构建适应现代社会经济发展和大学自身运行所遵循的学术自由、制度公正、民主管理、大学法治、具有效率和中国特色的现代大学制度。现代大学制度的终极善是促进人的自由发展。合理的现代大学制度应该是一个具有自由、公正、民主、自治、法治、效率品格的大学制度。因此，探讨自由、民主、公正、理性、法治这五种基本价值，也就自然而然地成为我们研究现代大学制度的基本范畴。

#### 一 自由

自由理念是伴随现代大学诞生的一种大学精神。在大学从中世纪走向近代、从近代走向现代的过程中，大学的职能在演变和扩展。从大学

---

① 王洪才：《试论现代大学制度建设的价值导向》，《复旦教育论坛》2005 年第 3 期。

的发展历程看，中世纪大学的世俗化过程和近代大学走向现代的过程就是科学思想摆脱宗教思想走向自由思想的过程。大学的自由精神和理念一直伴随大学的发展而发展，即使在现代大学从社会的边缘走向社会的中心并成为轴心，大学本原精神的本质也没有改变，大学的自由理念一直引导人们不断思索从而激发出人类社会不竭的创新活力。现代大学制度建设坚守自由之精神和独立之思想，将自由精神融入大学制度建设的多重关系之中，如大学与政府的关系、大学与社会的关系和大学与大学的关系，使大学职能更加彰显，大学的功能得到有效实现。在大学自由理念之中引领大学前行的最重要的是学术自由。学术自由，现代大学最核心的理念，起初是作为欧洲中世纪教授的封建特权而存在的，旨在保证大学教授在教学和真理阐释方面的权威。① 如果说学术自由是为了强调教学和科研免于教会、政治势力等外部因素的干预，那么大学自治则是推崇学术自由的必然结果。② 大学自治使大学相对独立，较少受外界干扰。大学自治和学术自由都是现代大学发展的思想精髓，大学自治是学术自由的内涵延伸和制度保障。回顾大学发展历史，大学自治是近代大学与生俱来的传统。现代大学在变迁的历程中也在积极继承了这一文化传统，这是大学历经近千年盛而不衰的原因所在。现代大学制度在充分继承了自治传统的精神基础上，根据社会环境条件的变化，在自治上与时俱进。现代大学在发展过程中，融入了现代大学与政府等内部关系的合理元素，保证大学不成为政府的附庸、政治的奴仆，从而保护了现代大学的尊严。

## 二 民主

"民主"一词源于古希腊语，它的本义是人民的治理，即每个人都具备同等的治理能力，能够对事关共同体的各种事务做出自主的判断和决定；每个人都同等地具有共同体治理所需要的各种行政能力；共同体所有公民共同议事、共同处理行政事务等。③ 现代大学的发展其实是一

---

① Lenhardt G., "Europe and Highereducation between Universalisation and Materialist Particularism", *European Educational Research Journal*, No. 1, 2002, pp. 274-289.

② 袁本涛、朱贺玲：《自由、自治与自律：现代大学治理体系的核心要素》，《北京教育（高教）》2019年第1期。

③ 韩水法：《民主的概念》，《天津社会科学》2007年第5期。

部民主发展历史，从近代意义上的最早的大学，无论是实现以学生为中心的大学，还是实现以教师为中心的大学的制度安排，其本质就是一种民主制度。

针对现代大学制度而言，民主既是一种手段，又是一种目的。但大学发展到现代，由于政府控制和干预，大学的民主精神缺失，且随着学术专业化日益加强，大学规模的扩大，少数知识精英控制大学的模式已经不适应大学的发展。于是，民主精神融进大学，大学制度设计和安排将民主理念作为现代大学制度建设的重要理念。在大学治理结构中体现了民主的精神和理念，以实现大学办学效益的提高。

### 三 公正

罗尔斯在《正义论》的开篇就提出："正义是社会制度的首要价值，正像真理是思想体系的首要价值一样。"[①] 美国著名伦理学家 J. P. 蒂洛也指出："人们很难看到不关心公正的道德体系。"[②] 中国伦理学家周辅成对古代的"三纲五常"思想进行考证后认为，其中的"义"的本质就是"公正"，"义行"就是"公正行为"。[③] 学者詹世友持基本相同的观点，他认为："在当代社会中，制度具备美德是一种普遍的诉求，正义是社会制度的美德，而且是首要美德。"[④] 温家宝同志特别强调在社会治理中要遵循公正思想，"推进社会的公平与正义，特别是要让正义成为社会主义制度的首要价值"[⑤]。

现代大学制度的范畴包括现代大学制度精神、现代大学法人制度、现代大学行政制度和现代大学职能制度。[⑥] 它是现代大学运行过程中的一整套机制、制度体系，其功能是保障现代大学的正常有序运行和大学职能的实现。由于现代大学具有准公共性，现代大学制度也具有公共性、全局性和相对稳定性等特点。制度体系和现代大学制度特点决定核心价值应该是公正的，公正是现代大学制度的首要价值和核心理念。因为大学是依靠制度维系其存在和秩序的，制度对于大学是不可缺少的，

---

① 赵文华等：《论现代大学制度与大学校长职业化》，《复旦教育论坛》2004 年第 3 期。
② 别敦荣：《论现代大学制度的现代性》，《教育研究》2014 年第 8 期。
③ 孙雷：《现代大学制度下的大学文化透视》，光明日报出版社 2010 年版，第 8 页。
④ 孙雷：《现代大学制度下的大学文化透视》，光明日报出版社 2010 年版，第 11 页。
⑤ 孙雷：《现代大学制度下的大学文化透视》，光明日报出版社 2010 年版，第 13 页。
⑥ 孙雷：《现代大学制度下的大学文化透视》，光明日报出版社 2010 年版，第 14 页。

制度的公平正义是衡量社会文明进步的基本准则，是大学得以永续的前提和基础，是大学精神和大学理念在制度正义方面的反映，公正的大学制度能保障大学的良性发展。大学制度公正是大学的价值选择，它对于弘扬大学精神，坚守大学使命具有重要意义。

**四　理性**

何为理性？"第一，与感性相对，属于判断、推理等活动；第二，是指从理智上控制行为的能力。哲学界普遍认为，理性概念至今仍未必可以称为广为知悉并达成共识。"[①] 歧义纷呈，故一般以理性主义概括之。一般来说，西方哲学史对理性的理解和解读基本具备认识论、本体论和价值论三个不同层面的意蕴。在认识论上，理性是人类所特有的认识能力与手段，是追求未知领域、探索客观世界的内在规律。典型代表包括欧洲大陆唯理论的天赋理性和英国经验论的经验理性。在本体论上，理性是存在于人脑外的客观精神，是万物的本质和共性。把理性实体化、本体化，把理性局限于纯粹思辨中，是理性化的上帝。而从价值论上讲，理性是人的本质与道德的基础，是评判一切事物的准绳。它们把理性作为衡量一切的尺度，并把人性与自由、平等以及其他的社会政治理想融入理性之中，作为理性的基本内容。[②]

现代大学制度是在现代性与古典性演变过程中产生的，阐述现代大学制度离不开现代性，现代性与大学制度的制度理性息息相关。因此，现代大学制度的制度理性体现在其价值理性和工具理性两个方面。[③] 现代大学制度的价值理性是基于对大学组织的一种信仰、理念和价值判断而做出的维护大学组织的行为，这种行为是在大学所认可的大学理念和信仰指导下所做出的。现代大学制度的工具理性是指大学组织纯粹从管理效果最大化的功利性目的出发，制定出的各种大学制度具有典型的目标明确、手段和程序精准、操作上可计算性强和可衡量性强等实用性特

---

① 张学文：《大学理性失范：概念、表现及其根源》，《北京师范大学学报》（社会科学版）2010 年第 6 期。

② 赵文华：《建立大学制度　加快我国研究型大学建设》，《上海交通大学学报》（社会科学版）2002 年第 2 期。

③ 杨望成、熊志翔：《现代大学制度的基本特征》，《佛山科学技术学院学报》（社会科学版）2004 年第 1 期。

征。① 现代大学制度的工具理性具有一定的客观性，是与日益复杂化的现代社会结构在管理上相适应的一种选择。

## 五 法治

法治是现代大学制度伦理中的价值性命题。法治是目的，不是手段。法治不是建设现代大学制度的手段而是现代大学制度本身。就法律地位而言，大学章程是大学自治的总纲领，是学校内部制定规章制度所依据的法律依据。②

大学章程是现代大学制度的载体，即有大学必有章程，这是建立现代大学制度的前提。大学章程的目的是保证学校正常运行，对学校的办学宗旨、内部管理体制、财务活动等做出规范的自律性或规范性文件。③ 大学章程是学校的"宪法"，关系着学校运行的合法性。大学章程法律性质已越来越被认可。作为政府颁发给大学的"特许状"，大学章程不是简简单单的"校规"，它是具有法律效力的，是中国现代大学"去行政化"的重要法律保障。④

西方大学章程的历史演变与发展。意大利的大学章程的出现具有里程碑意义。中世纪大学的章程主要是法人资格的确立。大约在12世纪50年代，意大利的博洛尼亚大学为了自保发起了相应的倡议，从而出现了第一个"大学章程"。在1158年，皇帝通过发布法令的方式承认了博洛尼亚的大学地位。13世纪中叶，大学法人化的进程启动，大学章程的主体产生。随着现代大学的发展，大学治理变得越发复杂，大学章程的作用更为重要，大学所在的市镇议会就开始颁发大学章程。1810年柏林大学建立后，中世纪大学转向现代大学，德国大学在章程上进行了创新，体现学术自由和教授治校。1819年，著名的达特茅斯学院诉伍德沃德案发生，大学章程的历史发展迈向一个新纪元。到19世纪末期，从《莫雷尔法案》到威斯康星思想、康奈尔大学计划，美国大学章程进一步创新，确立"社会服务"职能。西方大学章程顺应了时代

① 朱平：《现代大学制度的制度理性》，《现代教育管理》2013年第4期。
② 陈立鹏：《关于我国大学章程几个重要问题的探讨》，《中国高教研究》2008年第7期。
③ 陆俊杰：《论大学章程的形式合法性》，《现代教育管理》2009年第9期。
④ 曹文泽：《基于法治的现代大学善治》，https://news.12371.cn/2015/02/05/ARTI 1423091512910266.shtml，2023年6月3日。

和社会的发展和需求，对社会环境做出了积极的回应，体现了西方大学转型的内在逻辑。

中国大学章程的历史演变与发展。中国真正意义上的高等教育的发端是清末。大学的呈现是政府在外辱和西学东渐的背景下产生的。当时的高等教育机构基本都是政府统一设立的，在此过程中，政府为了便于对大学进行管理，制定了一系列关于高等教育的制度，大学章程也就成为顺理成章的事情。在此之后，国家不断出台各种政策性文件和纲领性意见以推动各校制定大学自治章程，同时，也间接推动了大学依据章程自主管理的进程。《国家中长期教育发展和改革规划纲要（2010—2020年)》明确提出，要进一步完善各校的章程建设，不仅要在总体上符合国家的各项方针政策的要求，切合社会主义新时期高等教育发展和现代大学制度建设的部署和要求，同时也必须根据各地区的实际情况，依据地方实际情况，按照教育规律制定本校章程。我们要深入推进体制机制改革，优化大学结构，将大学自治和大学章程建设持续推进。

大学章程反映了一所大学的大学精神、办学理念、管理体制、发展目标和愿景等一系列关于大学发展的总的规定。它是在大学法治建设中进行依法治教的法律基础，是一所大学办学和运行的法律和制度保障。

# 第四章

## 现代大学制度的发展历程与思想渊源

　　研究现代大学制度的当前形态，就有必要梳理历史上的现代大学制度样态，以便提供借鉴的历史依据。"无古不成今"，从历史的角度审视现代大学制度很有必要，因为现代大学制度的发展并不是一段无根无由的"新历史"，正如费孝通所说，"任何变迁过程必定是一种综合体，那就是：他过去的经验、他对目前形式的了解以及他对未来结果的期望"。① 从历史变迁中是最能发现事物的本质及规律的，这对深刻地揭示现代大学制度的认识和研究具有非常重要的历史意义与价值。探索国外现代大学制度发展的历史经验及其背后的深层原因，实事求是地探究中国现代大学制度的历史发展脉络，不仅是从历史角度了解现代大学制度发展，更对中国特色现代大学制度建设具有重要的借鉴与启发意义。中国现代大学制度发展是伴随中国现代大学的诞生而建立起来的，是贯穿着中国大学发展的文化历史性过程，是基于强国梦的理想，以中国式现代化为推进，以人才培养、学术自由、国家利益、大学法治等基本思想为指导而逐步建立起来的。

## 第一节　国外现代大学制度的发展历程

### 一　现代大学制度的形成

　　大学制度的历史演变与大学的历史发展息息相关。大学在成立之

---

① 费孝通：《江村经济——中国农民的生活》，商务印书馆 2004 年版，第 21 页。

时，就有相应的制度安排适应大学的发展。纵观近代大学的发展史，可以发现中世纪大学是现代大学的源头。巴黎大学、意大利的博洛尼亚大学以及英国的牛津大学和剑桥大学是中世纪著名的大学，它们成为学者探讨学术的场所，成为新思想、新文化和科技的发源地。卢梭曾说："没有什么法国、德国、西班牙甚至英国模式，只有欧洲模式。它们有着同样的品位，同样的感情，同样的道德，它们没有一所学校是从其自身出发形成了一种国家模式。"① 这是柏林大学创办之前，欧洲大学模式所出现的状态。

在这个过程中，大学里的学者为捍卫学术本质，建立了学院制和导师制等大学制度，中世纪大学的很多制度成为现代大学的基本形式。从中世纪大学创立以来一直影响到现代大学，为世界高等教育发展在制度上作出了重大的贡献。直到 1810 年德国柏林大学的创办，这标志着人类历史上第一所现代大学的出现。②

柏林大学是根据章程办学的典范，1817 年，施莱尔马赫负责起草的《大学章程》奠定了现代大学的基本框架。柏林大学不同于之前欧洲大学的办学理念、办学模式、办学制度，将"大学自治、学术自由"确立为现代大学的根本理念，提出"教学与科研相结合"的大学原则，形成了大学的第二职能，为德国成为世界科学中心奠定了坚实的基础。"大学自治、学术自由"也成为影响世界高等教育发展的基本价值和基本准则。柏林大学的成功撬动了德国大学的现代化转型，成就了 19 世纪光辉灿烂的德意志文明。③ 19 世纪是现代大学和现代大学制度概念在世界得到普及的时代，世界其他国家以柏林大学为样板，引发了其他国家大学及其制度的现代化。这里需要说明的是，其他国家以柏林大学为楷模创建的现代大学主要是借鉴柏林大学的理念、精神。④ 现代大学的这些基本制度成为现代大学的标志，现代大学制度也就从此形成了。

**二 现代大学制度的延续**

现代大学始于欧洲中世纪大学，从最早的博洛尼亚大学诞生至今，

① Walter Ruegg, *A History of the University in Europe*, Cambridge：Cambrudge University Press，2004，p. 4.
② 别敦荣：《现代大学制度的演变与特征》，《江苏高教》2017 年第 5 期。
③ 孙承武：《聚焦全球十大名校——巨人摇篮》，京华出版社 2003 年版，第 81 页。
④ 别敦荣：《现代大学制度的演变与特征》，《江苏高教》2017 年第 5 期。

西方大学已先后经历了宗教改革、文艺复兴、启蒙运动、工业革命、全球化等诸多社会变革的洗礼，大学地位也在更替中几经沉浮。比如，在德国现代大学运动大潮的搅动中，英国大学及其制度现代化引发了广泛的讨论，不仅掀起了人文教育与科学教育的论争，而且引发了保守派和改革派之间的博弈。英国大学及其制度现代化继续艰辛前行，而此时英国古典大学也步履蹒跚地走上了现代化之路。① 建立新式大学和改革古典大学是英国为适应现代大学制度所选择的应对之策，而美国几乎在整个 19 世纪都处于借鉴、学习和探索阶段。

大学自治、学术自由的制度理念，大学治理的现代化理念在世界范围内迅速扩散，从而导致世界各国大学的组织制度越来越相似，大学制度出现同质化倾向。从另一个层面解释，现代大学制度不是一成不变的，而是随着社会的变化而不断发生改变，但这并不意味着现代大学制度是不可捉摸的，相反，世界各国现代大学制度都具有共同的内核，展现出高度的"家族相似性"。② 东方国家现代意义上的大学的建立与发展主要移植自西方大学，这也和当时的政治环境、文化传播等因素密不可分。以学术为本建立的"学术自由、民主管理、大学自治"等理念没有因为社会的变化而发生变化，现代大学制度在不断适应内部和外部环境变化的同时继续延续。

### 三 现代大学制度的发展

第二次世界大战结束后的 70 余年里，随着全球高等教育总规模大幅扩张，现代大学制度建设取得了新的突破。现代大学的精神如学术性、开放性、人文性在逐渐加强，大学向着卓越性发展。比如，美国大学不仅在大学内部建立了具有现代性的制度，而且在外部也界定了既相互联系又相互制约的大学与政府的关系，即实现了大学的事情由大学负责，政府的事情由政府负责。同时，现代大学制度的发展正趋于内涵化。目前，现代大学已经趋向于内涵型发展，注重大学章程和法制大学建设，确立大学法人地位，赋予大学获得更大的自主权，发挥大学的主观能动探索建设适合自身发展的制度。同时，全世界都在关注高等教育

---

① 别敦荣：《现代大学制度的演变与特征》，《江苏高教》2017 年第 5 期。

② 别敦荣、徐梅：《论现代大学制度的公正性及其实现》，《山东社会科学》2012 年第 8 期。

质量，进一步推进大学评估工作，让现代大学制度更加能够体现大学理念和大学精神。

20世纪下叶是世界经济全面进入现代化的时期，这个时期也是世界高等教育大发展的时期，大学制度的突破在法国、德国以及其他欧洲国家得到实现。现代大学制度走到今天，呈现出比较完整、多样和开放的状态。现代社会的发展需要大学制度开放化。这种开放不仅包括对硬件条件、学术人员交流、学术上互动的制度设计，更包括在大学管理、科学研究、学生培养等各个层面的制度设计。以包容的态度、开阔的胸襟，在开放的环境中交流建设经验，博采众家之长。

## 第二节　中国现代大学制度的发展历程

中国现代大学制度是随着现代大学的诞生而建立起来的，现代大学制度的演进是伴随着多元价值的产生、发展，在大学内外部多种利益相关者的博弈中前行的。中国现代大学肇始于清末，即1898年诞生的京师大学堂。现代大学诞生以后就按照大学的精神理念，结合中国的特殊国情，建立健全中国的现代大学制度。现代大学制度在中国的发生、发展融合了西方的制度文化同时又贯穿着中国特殊的国情。借鉴郑登云的《中国近现代高等教育史》和刘海峰的《高等教育史》等对中国高等教育发展历史的划分，本书将中国现代大学制度的历史演变划分为清末大学制度的萌芽与产生、民国时期大学制度的发展与进步、中华人民共和国成立后初创的大学制度积极摸索和改造，以及改革开放以来现代大学制度的深入探索和繁荣等阶段。

### 一　清末新式高等学堂的制度：现代大学制度效率凸显

中国现代意义上的大学制度萌芽于清朝洋务运动和戊戌变法时期。大学发展是以被动方式进行的，即举办大学是在抵御外辱的理念下产生的。举办高等教育的目的是培养国家急需的各种人才。清末新政的教育改革主张以日本的明治维新为模板，改革中国旧的教育制度，提倡废科举，设立新式学校。由此设立了中国近代第一批新式学堂。也就是从19世纪60年代起，洋务派、维新派仿照西方模式开始兴办各类传授学习"西文""西艺""西政"等内容的新式学堂即所谓的"洋务学堂"

和"维新学堂"，并大量介绍西方近代学校制度。① 这对中国现代大学的发展起到了十分重要的作用。1862 年，清政府成立了京师同文馆，这是中国首次借鉴西方模式设立的学校。1866 年，奕䜣提出在京师同文馆里增设天文算学馆。1869 年，美国传教士丁韪良担任京师同文馆总教习。京师同文馆开始了各方面的改革，引进西方的教育体系：在教学内容引进方面，西方的自然科学、社会科学等取代了中国以往的儒家经典，在教学形式和课堂组织方面，采用了班级授课制，取代了中国以往的私塾式教学，并革新了人才培养模式和培养目标，从这些意义上来说，它标志着中国近代高等教育的出现。② 1895 年，北洋西学学堂在天津创立，1896 年，南洋公学在上海创立。1898 年 6 月 11 日，在戊戌变法的过程中，颁布了一系列有关教育改革的法令，并设立"京师大学堂"。③ 同时，清朝军机大臣与总理衙门请梁启超代拟《京师大学堂章程》。这是首次以制度化和法律化的形式，对中国大学的性质、宗旨、任务、管理体制、业务关系等进行了明确规定，它不仅是京师大学堂的办学章程，也是清政府关于整个大学制度的政策性文件，是此后"学制的雏形"。④ 新式学堂的相继成立和京师大学堂章程的颁布直接促成了清末的学制诞生。1900 年发生了"庚子之乱"，八国联军侵占北京，京师大学堂被迫停办。⑤ 张百熙任管学大臣后，于 1902 年恢复开办京师大学堂，并颁布了由他拟奏的《钦定学堂章程》。《钦定学堂章程》是中国近代第一个学校系统文件，于 1902 年 8 月正式公布，因此又称"壬寅学制"，该学制并未在现实中实施，但推动了后来新学制的建立。⑥ 1904 年 1 月，清政府颁布由张百熙等拟定的《奏定学堂章程》，即"癸卯学制"。《奏定学堂章程》包括《奏定高等学堂章程》《奏定

---

① 张传燧、李卯：《晚清书院改制与近代学制建立的本土基础》，《华东师范大学学报》（教育科学版）2012 年第 3 期。

② 霍益萍：《近代中国高等教育》，华东师范大学出版社 1999 年版，第 19—22 页。

③ 《西北师大校史》编写组：《西北师大校史（1902—2002）》，https：//www.docin.com/p-564975537.html，2023 年 6 月 3 日。

④ 霍益萍：《近代中国高等教育》，华东师范大学出版社 1999 年版，第 55 页。

⑤ 《西北师大校史》编写组：《西北师大校史（1902—2002）》，https：//www.docin.com/p-564975537.html，2023 年 6 月 3 日。

⑥ 璩鑫圭、童富勇：《中国近代教育史资料汇编·教育思想》，上海教育出版社 1997 年版，第 414 页。

大学堂章程》《奏定通儒院章程》《奏定进士馆章程》《奏定译学馆章程》等。①"壬寅学制"属于初创,比较草率、粗略、单一的"癸卯学制"经过完善后,情况大为改观。② 这些制度的基本内容主要包括国家统辖高等教育、政府分级举办高等教育、高等学校"学"与"术"分离、大学兼有研究职能等。"癸卯学制"在全国范围内得以普遍实施,结束了长期以来大学堂办学的混乱局面,使大学堂的办学有章可循、有规可查、有法可依,使全国高等教育的发展有了统一的体现国家意志的法律保证。③ 它基本上确立了中国大学制度的框架。

清末的大学制度源于在中国社会、政治、经济、教育近代化的过程中国家对人才的渴求,是在对培养人才机构(如师范学校)有着强烈需求下应运而生的,是中国传统教育向近代教育转型中形成的。高等教育的迅速发展对近代科技发展与社会近代化的人才培养起到了巨大的推动作用。而现代大学制度对高等教育的发展作出了重大贡献。因此,这个阶段现代大学制度以培养急需的大量人才为目的,效率是制度设计的首要价值。

**二 民国时期大学制度:学术自由与制度民主凸显**

清政府制定的"癸卯学制"还未来得及推行和完善,辛亥革命的爆发便推翻了清王朝的统治,中国进入民国时期。其间,随着新制度的实施和人们对高等学校认识的深化,一系列新制度先后颁布,"癸卯学制"所形成的新型大学制度得到进一步完善,并最终确立。

(一)多种学制的探索:大学制度的改革

1911 年 10 月 10 日,辛亥革命取得伟大胜利,标志着中国 2000 多年的君主专制制度的结束,社会发展的新历程开始了。中国的教育发展揭开了新的历史篇章。南京临时政府成立以后,教育界根据新的社会需求,对清末"新政"中所建立的教育的各个方面进行了改革。1912 年,南京临时政府教育部先后颁布的《大学令》《专门学校令》《大学规

① 蒋映洪、李江源:《论清末"新政"期间中国高等教育制度的变革》,《高教探索》2009 年第 3 期。

② 李剑萍:《20 世纪中国学制问题的历史研究》,《华东师范大学学报》(教育科学版)2002 年第 3 期。

③ 蒋映洪、李江源:《论清末"新政"期间中国高等教育制度的变革》,《高教探索》2009 年第 3 期。

程》《专门学校规程》等学校制度，意味着清朝的教育制度宣告终结。① 1917 年 9 月 7 日，教育部公布《修正大学令》，标志着中国近代高等教育体制的演进进入一个新的阶段。《修正大学令》规定：设二科以上者得称大学，但单设一科者得称为某科大学。② 该制度一直实行到 1922 年政府颁布《壬戌学制》。《壬戌学制》理性汲取美国学制的先进经验，格外关注儿童和社会发展实际需求的显著成果。③ 随后，1924 年颁布了《国立大学条例》。

纵观近代中国教育的发展历程，这个时期对大学制度建设进行了多种探索和改革，顺应了当时社会发展趋势，促进了大学制度发展。

（二）现代大学理念的形成：现代大学制度的学术自由和大学自治确立

近代教育迈入新纪元的两个标志是 1922 年新学制的颁布，以及北京大学在五四运动时期形成了学术自由、兼容并包的大学制度与大学精神。

确立现代大学理念，构建现代大学制度，需要重新定义大学的性质、功能、使命、制度组织等，恰当地定位大学和政府、学术和政治之间的关系；全面统一协调国家的发展目标与人的发展目标；在大学的价值理性与工具理性之间找到平衡点。在此方面，蔡元培功不可没。

"1917 年蔡元培担任北京大学校长，提倡教育独立，主张学术至上，学术至上表现在学术思想自由和兼容并包两个方面，这是现代大学保持其生命力的根源所在。建立了民主管理体制，即'教授治校'制，学校具有较强的宏观管理权力的大学制度。"④ 北京大学的制度改造为中国新型大学制度改革提供了一个具体的样板。此外，清华大学在大学制度上也进行了完善与确立，1911 年，清华学堂正式建立，1928 年，清华学校更名为国立清华大学，由教育部直接管辖。1931 年，梅贻琦任清华大学校长，将学术自由、通才教育、教授治校作为大学的核心理

---

① 杜小燕：《简述民国时期颁布的新学制与教育立法》，《兰台世界》2011 年第 16 期。

② 田正平：《关于民国教育的若干思考》，《教育学报》2016 年第 4 期。

③ 周洪宇、曾嘉怡：《壬戌学制颁行的内在逻辑及其启示》，《教育研究与实验》2022 年第 3 期。

④ 费迎晓、丁建弘：《洪堡与蔡元培教育思想比较研究》，《世界历史》2004 年第 4 期。

念，在这个理念指导下，清华大学在 10 年时间迅速发展成一流大学。梅贻琦指出，大学教育"重心所寄，应在通而不在专"，通识为本，而专识为末，社会所需要者。通才为大，而专家次之，以无通才为基础之专家临民，其结果不为新民，而为扰民。① 他非常重视教授的作用，当时的清华和西南联大荟萃了各学科的学术大师，"师资为大学第一要素，吾人知之甚切，故亦图之亟也"②。梅贻琦提出："所谓大学者，非谓有大楼之谓也，有大师之谓也。"③

除北京大学、清华大学确立了大学制度外，郭秉文对中国现代大学制度的确立也做出了贡献。他在执掌东南大学期间，对大学的治理进行了改革，引入了董事会。董事会主要负责、决定学校的重大事务，审核学校的预决算，议决学校各系科的废举，向教育部推荐校长人选等。④ 董事会是该校最高领导机构，由政府官员、工商业人士、学校教授以及社会其他方面的教育专家组成。⑤ 东南大学的董事会体制为中国大学创立了另一种管理模式。

在新文化运动自由主义思想的影响下，中国许多大学学习与借鉴欧美大学，形成了学术自由、教授治校、学生自治、通才教育的理念与制度。⑥

1929 年，国民政府颁布了《大学组织法》《大学规程》《专门学校组织法》《专门学校规程》，这一制度体系既是对原有制度主体内容的进一步巩固，也是在移植不同大学制度的基础上，对原有制度的进一步完善，标志着中国大学制度的完全确立。⑦ 此后，国民政府颁布的一些关于大学的制度，都只是对 1929 年颁布的制度体系的补充，本身并无多大的内容。这一制度一直延续到中华人民共和国成立前，并直接影响了中华人民共和国成立之后大学制度的进一步发展。

---

① 杨东平：《浅议中国近现代大学的教育目标》，《高等教育研究》2000 年第 6 期。
② 黄延复、刘述礼：《梅贻琦教育论著选》，人民教育出版社 1993 年版，第 70 页。
③ 黄延复、刘述礼：《梅贻琦教育论著选》，人民教育出版社 1993 年版，第 10 页。
④ 石猛：《郭秉文与中国高等教育近代化》，《高教探索》2010 年第 1 期。
⑤ 卢彩晨：《中西大学制度理念比较分析》，《中国教育政策评论》2012 年第 00 期。
⑥ 杜小燕：《简述民国时期颁布的新学制与教育立法》，《兰台世界》2011 年第 16 期。
⑦ 张俊宗：《现代大学制度》，中国社会科学出版社 2004 年版，第 232 页。

### 三 中华人民共和国成立初期的大学制度：效率与理性凸显

中华人民共和国成立后，废除了国民党时期的宪法和各种法律法规，包括大学制度在内。但废除不意味着割断，对这一制度的废除，在很大意义上只是对其阶级性也就是意识形态领域内容的废除，而不是全部。中央政府采取批判继承的态度，对中华人民共和国成立前的大学制度进行改造和发展，"以老解放区新教育经验为基础，吸收旧教育有用经验，借助苏联经验，建设新民主主义教育"①，可以说，中华人民共和国大学制度是在继承原有大学制度的同时，以解放区高等学校管理制度为基础，并借鉴苏联经验而建立的。② 这一制度是国民党时期的大学制度、解放区高等学校管理制度和苏联大学制度三种模式的结合物。

1950—1958 年，这个阶段主要是对旧中国大学制度进行宏观改造，并继承和确定新中国大学制度框架的时期。在这个阶段里，高等学校的领导制度、运行机制以及高等学校结构体系等宏观制度基本建立。

1958—1963 年，主要是调整中央政府和地方政府在管理高校的权限和改造高等学校内部管理制度。在《教育部直属高等学校暂行工作条例》中，提出了高等学校实行党委领导下以校长为首的校务委员会负责制。改革开放后，中国大学制度的改革实际上是以这一制度为起点的。

### 四 改革开放以来中国现代大学制度：民主管理与大学法治凸显

改革开放以来，中国高等教育改革主要在两个方面展开：第一，逐步确认高校自主办学的主体性。1985 年，中共中央在《关于教育改革体制的决定》中明确表示，要扩大高等学校的办学自主权，随后出台的《高等教育管理职责暂行规定》《普通高等学校设置暂行条例》等一系列行政条例则进一步界定了政府与高校的职责。1992 年，《中国教育改革与发展纲要》指出，要逐步建立政府宏观管理，学校面向社会自主办学的体制。《中华人民共和国教育法》和《中华人民共和国高等教育法》（以下简称《教育法》和《高等教育法》）明确了中国高等教育管理体制以及高等学校的自主办学问题，使高校自主办学的思想意志

---

① 教育部办公厅：《教育文献法令汇编》，转引自康永久《教育制度的生成与变革——新制度经济学论纲》，教育科学出版社 2003 年版，第 102 页。

② 何东昌：《中华人民共和国教育史》（上卷），海南出版社 2007 年版，第 219 页。

转变为法律意志。第二，开展了内部管理体制改革。从20世纪80年代以来，基于高校内部特征和对办学规律认识的深入，高校开展了内部管理体制改革。20世纪90年代，先后实施了建设一流大学工程，即"211工程"。该一流大学工程是在国家直接领导下，为提高高等学校的办学水平而建设的。于是出现了高校合并、高校共建，对高校人事管理进行制度改革。通过一系列对高等教育的改革，促使人们对大学享有办学自主权的意义有了更进一步的认识，并且也由此成为大学在管理中处理好学术权力和行政权力之间关系的重要准则和原则。

中国现代大学制度发展呈现出新的发展方向：一方面，体现在高等教育管理上。以中央政府宏观管理为主，教育行政部门统一管理，探索符合现代大学本质特征的学校内部管理制度。① 中央政府注重宏观管理，即改变中央集权式管理体制，增强地方政府的统筹管理权力。20世纪90年代的改革，中央政府对高等教育的管理权不断下放给地方，相对应的是地方在高等教育的管理权限不断扩大，诸如，将高等学校的大部分专业设置权和部分研究生学位授权单位审批权逐步下放省级政府；② 在高等学校设置上更加注重听取地方政府的意见；中央政府直接管理的大学大量减少，大部分划归地方管理；地方高校除原有的省立学校，市级政府也具有了高等学校的举办权。同时，20世纪90年代后期以来，把中央各行业主管部门管理的高等学校，或划归教育部，或划归省级政府，并且这些部门原则上不再管理和举办大学，而统一由教育行政部门管理。与此同时，通过合作、共建等方式，原有单一隶属观念和模式正在改变，逐步向多渠道投资、全方位发挥作用的条块结合模式转变；《高等教育法》明确高等学校的办学实体地位等原则的确立等，为此改革提供了很大的空间。另一方面，体现在高等学校办学上。在高等学校办学上以政府办学为主，高等学校办学自主权逐步扩大，改变学科单一的学校组织方式。《高等教育法》规定"国家鼓励企业事业组织、社会团体及其他社会组织和公民等社会力量依法举办高等学校参与和支持高等教育事业的改革与发展"。对这

---

① 张俊宗：《现代大学制度》，中国社会科学出版社2004年版，第245—247页。
② 卢彩晨：《中西大学制度理念比较分析》，《中国教育政策评论》2012年第00期。

一规定解读，一方面反映了中华人民共和国成立初期被废除了的私立高校再次得到承认；另一方面通过"鼓励、参与"这两个词，一定程度上表明了高等学校在向社会开放。高等学校的办学自主权逐步扩大。比如，高等学校在专业方向调整、内部机构设置、内部人事管理、科学研究和产业开发、毕业生就业、基本建设以及后勤管理等方面的自主权比过去有了很大提高。

正如前文所述，改革开放以来，中央政府注重宏观管理，高等学校办学自主权不断扩大等，这些内容开始真正触及现代大学制度的核心和本质，这为今后的现代大学制度建设提供了宝贵的经验。

## 第三节 现代大学制度历史发展的思想渊源

前文对现代大学制度的历史发展进行了梳理，那么支撑和指导现代大学制度发展的思想是什么？探究现代大学制度建设面临的悖论与冲突，以及寻找这些悖论和冲突的解决方案，是研究现代大学制度必须面对和思考的问题。同时，由于不同时期不同政治、经济、文化环境的影响，决定了现代大学制度的建设不可能仅依赖历史上曾经出现的某一种价值诉求或论证方式，而是随着不同历史时期、不同规范类型为相应时期的现代大学制度提供不同的价值诉求或论证方式。总体看来，主要有三种思想方法，即自由论、利益论、正义论支配着现代大学制度价值的发展变化。

### 一 自由论

谈论自由，从古到今，思想家、学者对自由给出了丰富的解释。什么是自由？自由是一个最古老、最有价值而又最富争议和纷繁复杂的概念。无论是孔子、洛克，还是卢梭、马克思，都在探究、追问，甚至把它作为自己的思想事业。它使用广泛，有多样化内涵，这恰如阿克顿（Lord Acton）所言，"人们给自由所下的定义多种多样——这表明：在对自由的认识上，无论是热爱自由的人们当中，还是厌恶自由的人们之中，持有相同理念的人微乎其微"。[①]

---

① ［美］阿克顿：《自由与权利》，候健、范亚峰译，商务印书馆2001年版，第307页。

（一）自由和学术自由

古今中外，众多的思想家从不同角度、不同逻辑层次上对自由这一概念进行了诠释。在中国古代就出现了诸如孔子的"从心所欲不逾矩"①、庄子的"逍遥"达到了"自由境界"②，还有冯友兰先生的自由唯在于最高的"天地境界"③。西方学者黑格尔认为"人是自由的"④，在正义的社会规范内，个人的意志行为不受他人干预⑤。这是在界定自由概念时不可或缺的基本方面，也就为现代大学的学术自由奠定了思想基础。自由，强调人的主体性，强调主体的思想自由和不受他人干预。换句话说，自由最基本的标识是人的主体性特性。事实上，人类总是要超越种种偶然性、相对性的认识，通过自身的努力，实现必然性、普遍性的认识，不断提高人的主体性程度，争取更多的自由这一终极善。⑥ 现代大学主体在遵守社会规范（这种社会规范本身是正义的）的前提下，其意志行为不受他人干预，体现为思想和行为的自由。

1849 年，《法兰克福宪法》第 152 条规定"学术及教学是自由的"。这是学术自由最早在宪法中被规定，成为宪法中的基本权利。1850 年，《普鲁士宪法》第 20 条规定"学术及其教学是自由的"。学术自由作为一项基本权利也被写入该宪法。德国《基本法》第 5 条第 3 项规定：学术、研究与讲学是自由的。⑦ 此后，各国纷纷效仿，作为受宪法保障的基本权利之一，学术自由开始呈现其普遍特征。这是国家宪法层面对学术自由的地位作了法律层面的规定，使学术自由有了合法性。在学术界，尽管在不同历史时期依然称呼"学术自由"，但对学术自由内涵的认识和理解却有其差异性。中世纪的学术自由更多的是学术组织自治的自由，现代的学术自由包括学者的研究自由、教学自由和学习自

---

① 朱承：《在规矩中自在——由"从心所欲不逾矩"看儒家自由观念》，《现代哲学》2008 年第 6 期。

② 邓联合：《"逍遥游"与自由》，《中国哲学史》2009 年第 2 期。

③ 冯友兰：《新原人》，河南人民出版社 2001 年版，第 496—509 页。

④ 黑格尔：《法哲学原理导读》，商务印书馆 2010 年版，第 40 页。

⑤ 黄玉顺：《论自由与正义——孔子自由观及其正义论基础》，《四川大学学报》（哲学社会科学版）2023 年第 1 期。

⑥ 左志德：《对大学学术自由合理性德伦理解读》，《现代大学教育》2014 年第 3 期。

⑦ 姚荣：《重申学术自由的内在与外资界限》，《高校教育管理》2019 年第 2 期。

由。当然，学术自由就是按照一定时代的政治、经济、科技、文化的要求，直接或间接形成的对学术自由的认识与理解。学术自由权，不仅单个个体享有，社会组织也享有。

对知识的探索和创造，很大程度上依赖大学。大学学术组织的最终目的是"通过知识的生产、创造和应用，来清除由认识的不自由状态——无知，带给人们的犹豫、偏见、恐惧与激情的欲望，从而达到人的自由和解放"①。大学学术活动在追寻必然性的认识——在获取人类自由的过程中，大学学者所从事的学术活动是基于自己的信仰、兴趣和喜好，遵循知识的内在逻辑规律，研究高深知识，追寻真理，享受着学术自由的权利。② 从此角度上看，大学组织的学术活动是对必然性的认识，实现人类自由本身就是一个践行学术自由的过程。

大学的本质是学术性，是统摄高等教育改革发展全局的根本，也是回归大学之道。这是大学区别于其他组织机构的合理性和正当性的根据。大学的这种学术本质属性决定大学学者自由进行学术研究的逻辑。学术自由是一种工作的条件。大学学者之所以享有学术乃是基于一种信念，即这种自由是学者从事传授与探索他所见到的真理的工作所必需的，也因为学术自由的氛围是学术研究最为有利的环境。③ 大学之所以有生机和活力，与其自身的学术繁荣、发展息息相关。所以，发扬大学的学术精神，维护其学术自由，推进学术进步，成为大学发展的永恒主题，更成为影响大学兴衰成败之关键因素。④

（二）学术自由受到限制

因为学术自由在大学具有合理性，是大学学者的责任，所以大学必须通过制度设计来实现大学的学术自由，确保大学的学术性。中国的现代大学的发展也经历了这个阶段和过程。中华民国时期以蔡元培为首的教育家在大学制度践行的过程中，将学术自由、兼容并包作为大学的核

① 茹宁：《人的自由与学术自由——关于学术自由的哲学解读》，《教育评论》2007 年第 1 期。

② 左志德：《对大学学术自由合理性德伦理解读》，《现代大学教育》2014 年第 3 期。

③ ［英］阿什比：《科技发达时代的大学教育》，滕大春、滕大生译，人民教育出版社1983 年版，第 290 页。

④ 郑浩：《学术自由视域下现代大学制度的局限性及其超越性研究》，硕士学位论文，河北科技大学，2013 年。

心理念来引导大学制度的发展方向，极大促进了中国现代大学学术的发展，在大学里涌现了一大批世界知名的大师。改革开放以后，为了最大限度消除"文化大革命"对大学教育和大学制度建设的消极影响，大学秉持学术性作为大学发展核心的学术自由理念，对中国现代大学制度建设起到了积极作用，使中国高等教育取得了长足的发展。

但是，我们应看到，在现代大学制度发展过程中，现代大学制度与学术自由的距离越来越远，大学学术自由受到限制。表现如下：第一，主体性缺失。大学教育的主体是教师和学生，学术自由的主体是教师和学生，离开了教师和学生，学术自由也就不存在了。大学的职能是探索高深知识、进行学术探讨、培养人才和服务社会，大学的职能从本质上看都离不开人的活动，以人的自由发展为终极善。现代大学制度应该以人的主体性为起点，让大学人免于大学之外的非学术因素的干扰而自由从事学术活动，只有这样才能保证知识的创新具有能动性、主体性。自由是大学之基、大学之魂。没有教师、学生思想和个性自由的制度保障，大学不可能实现其职能。在人才培养和学生研究方面注重效率，忽视对人的自由发展。第二，大学制度的行政化运作逻辑侵犯了学术自由。大学不仅要保障教授最基本的物质供给和人身自由，更重要的是要给予他们最大的学术思想自由，允许他们听从自己理性的召唤，按照自己的意愿进行研究，破除学术权威对学术思想的禁锢。[①] 目前，中国大学制度由政府主导，行政化逻辑主导大学的学术，行政权力侵占学术权力，导致学者将更多的心思投入钻研权术；现代大学制度不是提供学术自由的制度环境和发扬学术自由精神，而是对学术自由间接和无形的诱惑与干扰，对学术精神自由的压制与伤害，在一定程度上行政控制着大学各种学术资源的分配，导致学术人员不能安心于学术。

## 二　利益论

自人类社会产生以来，利益就成为人类社会生活中最普遍、最基础的一种社会现象。所以，利益问题，既是一个哲学问题，又是一个现实问题；既是一个古老的问题，又是一个新颖的问题。[②] 利益问题是严肃

---

① 刘赞英等：《现代大学制度建设的学术困境及其超越——基于学术自由双重属性的分析》，《重庆高教研究》2013年第1期。

② 王伟光：《利益论》，中国社会科学出版社2010年版，第23页。

的理论问题，在于不少思想者都热衷于它，从先秦学者到马克思，从东方学者到西方学者都对利益相关问题进行了探讨。出现了很多利益理论，如出现以个人利益为核心、国家利益为核心、宏观利益为核心、混合利益为核心的利益理论。[①] 利益问题是重大的现实问题，它既是一切经济活动的直接目的，也是一切社会活动的现实基础。正是从唯物史观出发，马克思和恩格斯正确地说明了利益的本质、特点及其历史作用，阐释了追求利益是人类一切社会活动的动因。[②]

马克思利益理论有这样几个观点：人们奋斗所争取的一切，都同他们的利益有关[③]；"思想"一旦离开"利益"，就一定会使自己出丑[④]；每一既定社会的经济关系首先表现为利益，[⑤] 利益的社会本质和社会基础是生产关系。诚然，人的利益问题是其需要问题，但这种需要与动物的需要有本质的区别。马克思主义需要理论有三个最重要的观点：人的需要是人的本质；人的需要是社会的需要，需要产生社会关系；生产决定需要，需要推动生产。[⑥]

1963 年，斯坦福研究中心的研究人员首次给"利益相关者"概念下定义后，利益相关者研究日益受到重视，发展成一种理论。[⑦] 那么对现代大学而言，谁是其利益相关者？张维迎据此认为公立大学的利益相关者包括出资人、教师、校长、院长、学生、校友以及所有纳税人等。[⑧] 在高等教育利益相关者分析中，利益相关者发挥着重要的作用。李平借鉴费孝通的"差序格局"理论，认为大学的利益相关者是一个由里到外、由亲及疏的差序格局网络。属于"亲人"层次的利益相关

---

① 洪远朋：《主持人的话：利益理论和现实的研究方兴未艾》，《复旦学报》（社会科学版）2007 年第 4 期。

② 王伟光：《利益论》，中国社会科学出版社 2010 年版，第 23 页。

③ 中共中央马克思恩格斯列宁斯大林著作编译局编译：《马克思恩格斯全集》（第一卷），人民出版社 1956 年版，第 82 页。

④ 中共中央马克思恩格斯列宁斯大林著作编译局编译：《马克思恩格斯全集》（第二卷），人民出版社 1957 年版，第 103 页。

⑤ 中共中央马克思恩格斯列宁斯大林著作编译局编译：《马克思恩格斯选集》（第三卷），人民出版社 1995 年版，第 209 页。

⑥ 王伟光：《利益论》，中国社会科学出版社 2010 年版，第 42 页。

⑦ 胡赤弟、田玉梅：《高等教育利益相关者理论研究的几个问题》，《中国高教研究》2010 年第 6 期。

⑧ 张维迎：《大学的逻辑》，北京大学出版社 2004 年版，第 4—5 页。

者主要包括高校的教师、学生、管理人员等，即广大师生员工；属于"熟人"层次的利益相关者主要包括与高校存在较多联系的财政拨款者（政府）、校友、学生家长、用人单位、办学和科研经费提供者、产学研合作者、贷款提供者等；属于"生人"层次的利益相关者主要是与高校联系较少的考生家长、当地市民、媒体、企业界、兄弟院校等。[1]

从利益论视角来说，中国现代大学制度历史的发展是基于以下目标进行的。第一，为了国家社会经济发展的需要。中国现代大学是在被动的情况下产生的，清末政府国力积弱，科技水平与社会生产力远远落后于西方发达国家，其中一个重要原因是人才匮乏，传统的科举选拔人才的方式和课程培养体系已经远远不能适应社会的需要，急需建立适应工业革命时代的培养人才的教育机构。有识之士认识到要改变现状，必须发展教育，尤其是高等教育，于是戊戌变法推行，在教育新政中，现代大学发展得以保存，现代大学制度得以初步发展，大学按照现代大学制度的框架运行，为中国培养了一大批适应社会发展的专门高级人才。不论是抗日战争时期，还是中华人民共和国成立以后，直到改革开放，中国现代大学制度建设都取得了长足的发展，现代大学制度得到完善和创新，在借鉴近代大学制度的有机元素的基础上，融合中华民族文化因子，建立了中国特色的现代大学制度。因此，纵观中国现代大学制度的发展历程可以发现，中国现代大学制度的建设是以实现国家的强国梦，国家强大为目的的，即国家利益。第二，为了有效协调大学各个利益相关者的利益关系。大学是一个拥有众多利益相关者的组织。随着社会的发展，现代大学走出象牙塔，具有了人才培养、科学研究和社会服务等职能，与社会联系越来越紧密，拥有了众多利益相关者，因而被看作一个典型的利益相关者组织。[2]围绕大学的本质，让利益相关者分享大学的行政权力和学术权力，以此形成管理者、办学者、评价者和学生等利益相关者对大学监督控制的权力体系。从组织特性上来说，大学是知识组织，是学术共同体，是学者聚集的场所。在大学治理过程中，不仅要

---

① 李平：《高等教育的多维质量观：利益相关者的视角》，《国家教育行政学院学报》2008 年第 6 期。

② 蒋馨岚：《制度伦理视角下的现代大学制度研究》，中国社会科学出版社 2016 年版，第 94 页。

关注不同大学机构之间权力分解、结构性问题，还要重视各利益相关者的权利与义务、责任的落实。要实现不同利益相关者的利益关系，平衡各个利益主体的利益关系，需要建立现代大学制度，让大学组织得以健康运行。例如，在中国近代大学产生之际的清末，大学完全是政府的一个附属机构，行政力量控制大学的发展。在民国时期，基于教育家对大学制度的认识，凸显大学的原初精神，现代大学制度建设坚持学术自由、大学自治和教授治校的理念，为大学的学术属性保驾护航。

**三 正义论**

正义是制度的第一要义，实现大学制度公正必然要求制度正义，正如罗尔斯在《正义论》中所说的，"正义是社会制度的首要价值，正像是真理是思想体系的首要价值一样。一种理论无论它多么精致与简洁，只要它不真实就必须加以拒绝或修正；同样某些法律和制度，不管它们如何有效率和有条理，只要它们不正义就必须加以改造或废除……作为人类活动的首要价值，真理和正义是决不妥协的"。[①] 因此，正义是现代大学制度的核心价值，正义原则是其核心原则。

**（一）现代大学制度正义概述**

对于正义的内涵，不同时代、不同的学者有不同的观点，出现过公平正义观、道德正义观、制度正义观、法律正义观等。本书认为，正义是对社会利益和义务分配的公平观念与安排以及与此相适应的伦理品质。其核心内容是利益、义务与公平三者的内在统一。[②] 正义则包括实质性正义和程序性正义。现代大学制度正义作为大学制度范畴，是正义原则在大学制度构建、运行、创新中秉持的核心价值和具体运用，是大学制度各利益相关者的权利、义务和公平的内在统一。大学制度的价值就在于它为利益相关者从事人才培养、学术自由、大学治理提供了一种合理正当的条件和制度保证，为了达成这一目标，现代大学制度的首要价值是制度正义。

---

① ［美］约翰·罗尔斯：《正义论》，何怀宏等译，中国社会科学文献出版社 1988 年版第 3 页。

② 陈彬：《大学制度正义：旨趣、机制与行动——基于罗尔斯和马格利特正义理论的双重视角》，《清华大学教育研究》2008 年第 4 期。

（二）正义论思想与现代大学制度

大学是学术组织，学术性是大学的本质属性，大学制度的根本目的在于维护大学的正义性，根据现代大学制度正义要求，大学制度安排是要实现最大多数利益相关者的最大利益，以保障大学学术性的彰显。正因为有了正义，大学制度才能够使近代大学从中世纪以来历经历史的洗礼和激荡而屹然不倒，让人类社会在曲折中实现进步，从愚昧走向文明。

虽然现代大学制度正义作为一种核心价值，在实践中有具体客观依据和判断标准，但是从正义属于价值判断本身这一层面上看，它仍然依赖人们的价值取向，属于见仁见智的主观范畴。因此，世界上从来就不会有绝对的、永恒的大学制度正义。也就是说，不同时期、不同国家或同一国家的不同时期，对大学制度正义的标准都会有差异，甚至差异较大，这为大学制度正义的发展与完善提供了发展空间。

由于受非学术因素的干扰，目前，中国现代大学制度建设在维护和保障大学的正义性上需要进一步加强，现代大学制度的正义性存在的挑战主要表现为现代大学制度的正义性理念不到位、程序正义与实质正义相悖等，需要在新发展理念指导下，坚持绿色包容性治理，维护现代大学制度的正义理念、积极调动利益相关者的积极性，在人才培养、科学研究、社会服务、文化传承与创新、国家交流合作等方面实现程序正义与实质正义的统一，促进现代大学制度的正义性。

# 第五章

# 国外现代大学制度建设的
# 经验与启示

德国被认为是现代大学制度的起源地。19世纪的德国大学准确地把握住了时代发展的脉搏，在整个19世纪，乃至20世纪的很长一段时间，都是世界科教中心，都是世界各国大学学习的标杆。[①] 德国大学开风气之先，创立了人类社会发展史上第一种现代大学模式，即经典的现代大学模式[②]，奠定了以"学术自由、大学自治"为核心理念的现代大学制度。后来，英国、美国等国家依据本国实际和需求，对现代大学制度进行了再造，以突出本国的现代大学制度特色，呈现出各不相同的发展样态，如英国传承古典的大学制度理性和自治；美国坚持创新，根据大学与社会的关系，凸显现代大学制度的民主、自由、法治和理性。这种差异归根结底源于国家的国情差异，源于国家实际状况的差异。既然如此，那这些国家的现代大学制度有自身的规律吗？它们的大学制度建设给中国现代大学制度建设带来哪些启示呢？

## 第一节　德国现代大学制度经验

现代大学制度的德国模式是建立在大学自治基础上的联邦与州政府合作治理模式。这种模式是在洪堡提出的现代大学理念基础之上，将科

---

[①] 别敦荣、徐梅：《论现代大学制度的公正性》，《山东社会科学》2012年第8期。

[②] 李工真：《德意志道路——现代化进程研究》，武汉大学出版社1997年版，第52页。

学研究元素引入现代大学形成的。德国现代大学制度的发展大致可以划分为两个阶段：一个是 19 世纪初期到 20 世纪后期的洪堡模式，另一个是 20 世纪后期以来的变革和调整阶段中的《高等学校总纲法》。①

### 一 洪堡模式

19 世纪，德国受外来力量的影响，在农业、军事、经济、政治、教育等领域进行改革。其中，在德国"国兴科教"②的背景下，高等教育改革成为德国改革中一个重要的内容，为后面大学变革做了铺垫，德国现代大学初具雏形。在这次改革之前，德国的高等教育进行了两次改革，出现了具有现代意义特征的大学，即哈勒大学和哥廷根大学。学术自由、科学研究等现代大学所具备的特征已初见端倪。

1810 年，洪堡创建了柏林大学，提出要以"学术自由、大学自治、教授治学、教学与科研相统一"为理念，开创了现代大学制度的先河，为世界高等教育制度建设奠定了基础。"德国大学制度的最大特点或最大优势，是给予了学者充分的学术自由与学术自治权力，为学者提供了'闲逸而好奇的学术环境'。正是得益于这种制度，德国大学成为代表 19 世纪到 20 世纪上半叶世界最高水平的大学。"③ 洪堡模式，首先，它从法律层面赋予大学自治的地位，重塑大学与政府的关系。其次，将大学教授归入国家公务员系列，为大学教授提供保障。再次，明确大学学术自由的合法性依据，将大学的学术使命置于国家责任之上。最后，建立讲座教授制度。给予讲座教授绝对的治校权力，使德国大学有"讲座制教授大学"之称。

另外，德国现代大学制度还呈现了新的组织制度。在这种新的组织制度中涉及大学教师人事制度和研讨班制度。德国现代大学教师人事制度主要包括：严谨的教师聘用制度、"牵一发动全身"的教授岗位体制和严格的教授退休制度。④ 研讨班制度主要是与实验室一起，成为德国

---

① 别敦荣：《现代大学制度的典型模式与国家特色》，《中国高教研究》2017 年第 5 期。

② 李工真：《德意志道路——现代化进程研究》，武汉大学出版社 1997 年版，第 191—192 页。

③ 张俊宗：《德国高等教育改革与建立现代大学制度的探索》，《天水师范学院学报》2003 年第 6 期。

④ 张雪：《19 世纪德国现代大学及其与社会、国家关系研究》，博士学位论文，华中师范大学，2012 年。

大学中教师与学生开展研究性对话和协作研究的重要场所。其实，早在柏林大学之前，研讨班制度就已存在，只是规模不大，是在柏林大学为代表的现代大学观的推动下发展的。[①] 研讨班制度的存在为德国培养了众多的科学精英和诺贝尔奖获得者，为现代大学的教学和科研提供了示范。

柏林大学的创办和洪堡模式的形成，使现代大学具备了第二大职能——学院研究，同时，促进了德国现代大学的快速发展，使德国的高等教育领先世界。高等教育快速发展为国家的社会经济发展提供了支持，同时也为其他国家创建现代大学制度提供了一定的模板。

## 二 德国的《高等学校总纲法》

德国实行的是联邦州分权体制，各联邦州的高等教育立法差别很大，各种制度要素在各联邦州之间的要求有很大不同。为发展高等教育，从 20 世纪 60 年代开始，德国政府便致力于大学制度建设，以学术自由为理念，保障学术自治的地位。在大学制度法治方面，做了大量工作。1976 年，德国政府颁布《高等学校总纲法》，德国的大学制度建设开始向现代化迈进。通过对现代大学制度伦理建设，一方面，增强了大学的办学活力，使德国大学与现代社会的联系更加紧密；另一方面，联邦政府以《高等学校总纲法》为核心加强对大学的宏观调控。加强法律建设是现代大学制度建设的题中应有之义。德国的现代大学制度法治改革的主要举措是加强立法建设。在这部法律中，分别从经费、政府对大学的管理权限、大学的民主管理和大学组织管理等几方面进行了规定。

第一，大学拥有自主使用与分配经费的权力。根据《高等学校总纲法》，政府向大学进行"总合预算"拨款，即先统筹政府按照部门与项目分配给大学财政经费，然后按照大学运行与发展所需经费的总额，"一揽子"划拨给大学。因而，在政府的类别预算中，不再限制大学的经费，大学能够按照自身的实际需要及意愿使用，不再受年度与类别的约束。政府还支持大学向社会各界筹集办学资金，并且不再严格限制与

---

① 张雪：《19 世纪德国现代大学及其与社会、国家关系研究》，博士学位论文，华中师范大学，2012 年。

审查大学从社会上争取到的资金。

第二，增强与巩固校长的管理权限，政府不再对大学进行双重管理。根据《高等学校总纲法》，大学管理在学术及法律上的领导人是大学校长，其任职期限由原来的 2 年增加为 4—8 年。校长评选的主要标准是具有管理学术部门的经验、具备较强的领导能力，担任的人选不一定有教授职称。改革后，政府任命的大学监督管理人员，向校长负责，而不是直接向政府负责。

第三，大学治理形式由教授治校转变为群体共治，促进大学决策的民主化，强化大学的决策责任。《高等学校总纲法》提出，大学承担过去由政府履行的部分职权，不断提高自身的决策能力，吸收各种利益相关者参加人才培养、学术研究和行政管理的决策。在这种情况下，以教授为代表的学术人员、行政管理者、大学生组成新的大学评议会，改变了以往教授的单一构成，并根据比例分别在不同利益相关者中推选代表。

第四，加强组织的管理权限与职责，优化组织结构。根据《高等学校总纲法》规定，大学采用院系管理制度。将大学学部组建为不同的系，系成为大学的主要组成结构，接手了大量原先由讲座教授承担的任务。而研究所的日常工作开始由数名教授共同管理，取代仅由一位教授领导的制度。加强大学管理的核心内容是建立并加强系的管理功能，加强系的管理工作，能够提高大学管理的水平，使系成为承接大学与教授的重要环节。

## 第二节　英国现代大学制度经验

英国是近代大学的起源地之一，大学具有非常稳定的结构和非常深厚的大学精神与文化，传统的、古典的大学受传统文化影响，现代化的过程相对缓慢，大学在与社会和环境的互动中进行现代大学制度建设。由于在传统上政府不能直接干涉英国大学的制度建设，大学具有较大的自治权，英国现代大学制度的发展不局限于政府的调控与监督，而是围绕政府和大学两个方面而展开的。

**一 现代大学外部治理：协调大学和政府、市场、社会的关系**

第二次世界大战以后，英国政府对大学制度改革实施了两次有深远影响的措施。[①] 通过市场竞争机制来影响大学发展的方向。[②] 针对大学制度建设的主要举措有以下几个方面。

本书在分析英国大学制度建设时，将两者有机地统一起来。英国对大学的拨款制度进行改革，以鼓励大学之间的良性竞争。英国的高等教育向来有高度自治的传统，政府不直接插手高等教育，政府通过成立高等教育拨款委员会这一中介组织机构来对英国高等教育施加影响。[③] 英国高等教育拨款委员会属于半官方公共组织机构。目前，英国共设有四个相对独立的高等教育拨款委员会，即英格兰高等教育拨款委员会（HEFCE）、苏格兰高等教育拨款委员会（SHEFC）、威尔士高等教育拨款委员会（HEFCW）和北爱尔兰就业与学习部。[④] 这些拨款委员会在政府和大学之间起重要的桥梁作用。下面，我们以英格兰高等教育拨款委员会为例，讨论高等教育拨款委员会及其在高等教育外部质量保障中的作用与标准。[⑤] 英格兰高等教育拨款委员会直接对议会负责，不受大学与职能部门的直接领导与控制，其主要职责是分配高等学校的教育经费、监控高校财务和管理状况、为教育政策的完善与执行提供咨询和支持。[⑥] 在高等教育外部质量保障方面，第一，委托高等教育质量保障署

[①] 第二次世界大战之后，英国的大学进行了两次重大改革：20世纪60年代颁布的《关于多科技术学院和其他学院的发展计划》与《罗宾斯高等教育报告》，20世纪80年代末颁布的《1988年教育改革法》与《高等教育新框架》白皮书。尽管从表面上来看，这两次改革发生在不同的时代背景之下，第一次改革反映了第二次世界大战后英国大学的发展历程，第二次改革体现了英国高等教育的未来发展方向。实际上，第一次改革为第二次改革奠定了坚实的基础，这两次改革之间有着密切的内在关联。

[②] Bagilhole B., "Too Little Too Late? An Assessment of National Initiatives for Women Academics in the British University System", *Higher Education in Europe*, Vol. 25, No. 2, 2000, pp. 139–145.

[③] 蒋馨岚：《英国高等教育外部质量保障体系与牛津大学研究生教育》，《研究生教育研究》2011年第2期。

[④] 蒋馨岚：《英国高等教育外部质量保障体系与牛津大学研究生教育》，《研究生教育研究》2011年第2期。

[⑤] 蒋馨岚：《英国高等教育外部质量保障体系与牛津大学研究生教育》，《研究生教育研究》2011年第2期。

[⑥] 蒋馨岚：《英国高等教育外部质量保障体系与牛津大学研究生教育》，《研究生教育研究》2011年第2期。

对英国所有接受委员会拨款的高校进行整体性的质量评估和保障，并对高等教育质量保障署的工作进行监督与指导；① 英国进行基金委员会的改革，主要目的在于增加大学活动的质量效益，提高经费使用效率，合理使用公共服务设施，倡导创业的精神理念。根据这些原则，削减大学的总经费，激励大学发挥为社会服务的职能，开拓大学多元化的经费来源；新的基金委员会对大学实施分类拨款，放弃了原有的大学经费包干方案；在投资方面，英国政府不再严格地控制与管理，而是通过竞标、订立合同等方式，作为投资者向大学拨款，对经费的使用有一定的绩效要求。拨款改革使传统的大学开始相互竞争，走向市场，走向社会的中心，学术在与社会需要相结合的过程不断得到发展。第二，联合其他三个高等教育拨款委员会对全英所有接受拨款的高等教育机构的科学研究质量进行评估，即英国科研评估考核（RAE）。20 世纪 80 年代以来，通过大学为社会提供的各式各样的服务，社会经费来源在英国大学办学总经费中平均达到 13.2%，而科研委员会与社会资助占据了大学科研经费的 50% 以上。随着时间的推移，这些经费更倾向于产生较好的绩效，而不是学术研究自身的目的。这表明英国的大学和社会已经构建了实质性的联系，而不是过去简单的程序性联系。另外，英国还重新构建大学系统，和传统大学相互竞争，形成多元市场主体。英国大学制度建设的关键问题在于使稳定的大学系统面对时代变革与社会需求作出相应的调整与改变，构建良性的竞争关系。英国政府首先构建与传统大学有所差异的大学制度，以有效解决该问题。第一，政府通过鼓励竞争，形成不同的市场主体，使传统大学产生改革的动机。第二，政府要改变传统大学在高等教育领域的垄断地位，建立一种有效传达政府意愿，同时符合社会发展的大学制度，以不断适应新的形势。20 世纪 60 年代，英国政府推行了一系列措施，将规模较小的高级技术学院升格为高等学校等，设立 30 余所多科技术学院，重组与合并结构单一的专门学院。这些学院以职业性教育为重点，注重实际应用，办学经费源于中央与地方政府，并在其指导下开展学术活动。20 世纪 60 年代末，这些学院均升

---

① HEFCE，"HEFCE Strategic Plan 2006-2011"，转引自蒋馨岚《英国高等教育外部质量保障体系与牛津大学研究生教育》，《研究生教育研究》2011 年第 2 期。

级为大学，其地位等同于传统大学。英国大学拨款委员会改名为大学基金委员会，而多科技术学院基金委员会的工作是向多科性大学拨款。两者都隶属英国教育部，地位相同。到了 20 世纪 90 年代后，英国政府合并了两个基金委员会，两者之间不再存在明显的界限。多科技术学院设立之后，其数量与质量迅速发展。20 世纪 80 年代末，多科技术学院在规模与地位上赶上了其他的高等教育机构。这种发展与变化打破了传统大学在高等教育领域的垄断局面，构建了平等的市场竞争主体。第三，建设与发展中介组织。该实践减弱了市场竞争机制对大学发展的负效应，保障了政府对大学的公正管理。由于有政府不直接干预大学事务的传统，英国政府大力加强中介组织的建设，以间接强化政府对大学的宏观调控。上述两个基金委员会在政府领导下进行前期控制。为了使政府决策更加公平合理，这些基金委员会的成员包括政府人士、专家学者与社会各界人员。高等教育质量委员会则负责后期评估，该委员会是非政府机构，为高等教育机构集体拥有。依据大学统一的质量标准，根据拨款合同的规定，英国高等教育质量委员会对大学进行评估与审计。次年的拨款即以评估报告为依据，来制定分配方案与细节。

**二　大学的内部治理改革：建立现代大学制度调节机制**

英国现代大学制度调节机制包括协调行政权力和学术权力，以及实行竞争机制。权力分配是大学制度建设和大学内部治理中核心和关键所在。大学制度建设要以学术职业为核心，践行学术价值属性。大学必须坚守学术性。英国大学在招生、课程设置、课程评价、学校管理和教职员聘任五个维度上保持高度自治。[①] 剑桥大学原副校长巴特菲尔德曾指出，"我们必须经常保持警觉，以保证大学与工商业之间的联系，不致损害我们的学术水平，或者导致我们不去认真研究问题。大学必须培养学术自由，这是大学实力的源泉，并为他们的学术思想创造应有的机会"。[②] 英国现代大学制度建设遵循这一逻辑，使高等教育在世界享有盛名。

大学实行竞争机制，确立大学的经营理念。英国的大学制度设计在

---

① 和震：《西方大学自治理念的演进》，《学术研究》2003 年第 10 期。

② Ellgel, Arthur, "The University System in Modern England：Historiography of the 1970's and Opportunities for the 1980's", *Review of Higher Education*, Vol. 3, No. 3, 2017, pp. 8-12.

经费、发展战略等方面都是以经营的理念作为指导进行大学制度建设的。1985年，英国校长和副校长委员会颁布了《贾特勒报告》，深刻反映出这一思想理念，指出政府改革旨在平衡大学系部权力结构与经营管理的结构，包括以下内容：组建内阁式政府机构，有效发挥管理职能；吸引更多的高层次人才，使其充分发挥特长，大学教师将自己视为管理决策人员。

## 第三节　美国现代大学制度经验

美国现代大学制度自诞生到现在，一直在发生变化。1915年美国大学教授协会成立，1916年颁发了《关于学术自由和终身制的原则声明》，提出大学教授拥有学术自由的权利，大学应当保障教授工作的稳定性，教授不能因其思想和学术行为而被解聘。大学教授协会的原则声明为美国大学所接受，美国大学制度的现代化迈出了关键的一步。[①] 20世纪以来，美国大学成为世界高等教育发展中心，尤其提出了大学的第三大职能——社会服务职能，高等教育取得长足进步，引领世界高等教育发展的潮流。美国大学的发展可以概括为如下几点：自治、竞争以及对社会需要做出迅速反应的能力，表现在现代大学制度伦理上就是民主、自由、理性、效率、公正和法治等理念，可以说，制度伦理内容既是美国大学制度伦理的主要内容，也是高等教育发展的重要支撑和保障。它全面而准确地展现出美国大学制度的基本特点。美国现代大学制度是一种大学自治基础上的州政府协调治理模式。19世纪中期，美国联邦《赠地法案》的颁布，进一步促成了公立大学制度的普遍建立。教授终身制和学术自由制度逐渐成为美国现代大学制度不可缺少的部分。[②] 进入21世纪，世界高等教育发展出现了新的变化，美国成为世界科教中心。

**一　坚守现代大学制度的精神：学术自由和大学自治**

现代大学有其自身的价值追求，如学术价值和教育价值，这与大学

---

① 别敦荣：《现代大学制度的演变与特征》，《江苏高教》2017年第5期。
② 别敦荣：《现代大学制度的典型模式与国家特色》，《中国高教研究》2017年第5期。

的本质具有内在一致性，是大学追求的永恒目标。从这个意义上说，现代大学制度是一种价值性规范，是一定价值观念的具体化、实体化和制度化。① 学术自由和大学自治是美国现代大学制度坚持的本原精神。在《学术权力》中，范德格拉夫从六个方面阐述了大学自治的核心内容：预算和财政、研究的决策模式、招生和入学机会、规划和决策、高级和初级教师的聘任、课程和考试。② 这也涉及了学术权力的方方面面。

美国的大学与外部之间的联系，是董事会在发挥着积极的作用。州议会负责任命公立大学的董事会。然而，州议会与董事会在组成制度方面有明显的差异，两者在组织原则与程序方面也有所不同，使大学董事会的成员与州议会的组成不可能达到一致，因此造成了这样一种情况，尽管董事会是州议会任命的，但并不完全服从于州议会。对私立大学董事会而言，则完全脱离了州议会的监管，更明显地表达其自身的诉求。与此同时，州议会通过立法与预算对大学施加影响，二者间的权力相互制约。美国大学学术委员会和董事会之间存在权力制衡。

**二 完善的适应市场经济的现代大学制度**

伯顿·克拉克指出，美国的大学之间构建了一种适应市场经济的相互竞争的关系。市场竞争主体之间的活动有两个特点：制度化、规范化。美国社会有着自由市场经济的传统，而市场经济最核心的法则就是竞争，这一点也体现在美国的大学运行之中。无所不在的竞争关系使美国的大学形成了完善的竞争制度系统。这种制度系统涵盖了以下方面：首先，美国政府保护与调节的制度。美国的大学在适应市场经济方面，政府有效履行其保护与调节功能。一是政府凭借财政手段来影响市场行为，使各大学之间的竞争保持健康有序；二是落实大学应有的权利与义务，并通过立法来保障其合法性；三是将了解大学发展的信息视为政府的基本工作之一，定期发布各种最新的统计资料与报告。通过信息获取，美国的大学与政府保持了平等的关系，在进行决策时有了可靠的依据。其次，多元办学主体参与的制度。美国的大学由各州议会负责审

---

① 唐世纲：《论现代大学制度的基本特征》，《重庆高教研究》2015年第1期。
② ［美］约翰·范德格拉夫：《学术权力——七国高等教育管理体制比较》，王承绪等译，浙江教育出版社2001年版，第8页。

批，并不限制社会各方力量来举办大学。通常只要举办方申请，都能够获得办学许可。美国大学的举办方包括政府、企业、社会机构、教会甚至个人，这种制度使大学的举办主体日益呈现出多样化的特征。再次，办学权和举办权相分离的制度。在美国，无论是私立大学还是公立大学，其办学权和举办权都是互相分离的。举办方通过董事会贯彻落实其办学的目标、理念与方向，而不是亲自管理与参与到大学的学术活动之中。最后，公平竞争的制度。美国的大学在寻求经费支持方面拥有平等的机会，都必须通过激烈的市场竞争才能最终获得。美国大学经费的来源主要包括财政拨款、社会科研资助、捐赠、学费等方面。美国大学的评估则由公共媒体和各种社会团体来进行，这些机构和大学之间并不存在隶属关系或者直接关联。这种与市场经济相适应的大学制度使美国大学制度更加具有灵活性，在治理结构中，美国遵循学术组织的特性形成多元化的治理模式。比如，在人才引进方面，按照市场模式大学制度在人才引进方面具有很强的吸引力，尽可能提供优厚的调节和待遇把全世界范围里最优秀的人才聚集起来。另外，美国大学在筹资方面也是比较灵活地按照市场经济模式进行。

### 三 灵活、系统的大学内部治理制度

美国大学制度设计具有很强的灵活性，其治理结构能够适应各种复杂的情况。

首先，建立董事会制度。在美国，公立大学和私立大学都设立了其董事会。可以说，董事会是美国高等教育的典型特征，是美国大学最高的权力机构。这也是美国现代大学制度的基本特征之一。[①] 按照大学制度的要求，大学的内部治理结构中董事会是大学的决策机构，同时对外是法学法人，通过董事会加强与外界的联系。大学董事会的职能有制定学校的方针政策，拥有用人的决策权，选择和聘任校长，筹集资金、监督办学，确保学校财务规范，控制学校预算，等等。大学校长由董事会任命，向董事会负责，负责大学的行政事务的管理和决策。这与中国情况不一样，与其他国家的模式也不一样。校长实行专业化管理，对其管理能力的要求远甚于学术方面的要求，说到底校长是大学的管理者与执

---

① 杨维：《对美国现代大学制度的思考》，《广东商学院学报》2008 年第 5 期。

行者。克尔在《大学的功用》中曾这样描述过人们对大学校长的期许，比如是明智的稳健的管理者、公众演说家、政治家、外交家、新闻发言人等。这些期许表明人们非常看重大学校长在学校的作用和地位，也要求大学校长担任更多的角色和承担更多的责任，同时还反映了大学校长要有很高的专业化水平。大学校长对学校的发展至关重要，必须是专业化的校长。另外，董事会一般会制定本校的章程。章程涉及学校的办学理念、办学目的、培养目标、教师聘任、学位授予等各方面。这些章程是大学自行制定的，章程的自行制定在一定程度上也体现了大学自治的精神。

其次，推进民主管理。民主管理的途径主要是通过建设各种专门的委员会来参与大学重大事情的决策，在大学的重大改革中，这些委员会发挥重要的作用，积极参与管理。一个重要的制度安排是大学中层管理设计，大学的中层起到联系高层和基层的桥梁作用。

## 第四节 国外现代大学制度建设典型案例

在前文梳理的一些国家现代大学制度建设的过程中我们可以看到，现代大学的发展历程使现代大学制度的形成具有内在一致性，一些大学按照大学制度价值对大学进行了改革，或者创新了大学制度，一些改革取得了突出的成效，个别大学制度改革因为没有按照大学制度核心价值进行引领而以失败告终，但不管是成功的典范还是失败的案例都为世界大学制度伦理建设提供了有益的经验和借鉴。

**一 牛津大学治理改革案例**[1][2]

牛津大学是一所不仅对英国，而且对世界和人类历史都产生了重大影响的世界一流大学。"作为世界上最古老的大学，牛津是一个独特而有悠久历史的大学。有学者认为，早在 1096—1167 年，牛津就已经成为一个培养牧师、研究学问的中心。"800 多年来，在泰晤士河畔，这

---

[1] 别敦荣、蒋馨岚：《牛津大学的发展历程、教育理念及其启示》，《复旦教育论坛》2011 年第 2 期。

[2] 蒋馨岚、徐梅：《牛津大学治理改革的行为过程透视——基于支持联盟框架的分析》，《高教探索》2011 年第 3 期。

所大学培养了数以万计的政治家、思想家、科学家、文学家、诗人、企业家和银行家，其中，包括 47 位诺贝尔奖得主，6 位国王，26 位英国首相，86 位大主教和 18 位红衣主教。亚当·斯密、霍金、乔叟、托尔金等文化科学巨人的影响力更是非同凡响。浏览牛津大学各大图书馆和博物馆的馆藏，如同进行一场最完整的文化史巡礼；漫步牛津大学的校园，可以充分体验英国人文精神在建筑话语中的具体呈现；观察牛津大学学子的传统逸趣与严谨治学态度，能感受"大学之所以为大"的深刻内涵；凝视牛津大学名人的生平剪影，可以追寻前人在世界文明史上留下的巨大烙印。

牛津大学始于 1167 年，是一所不仅对英国而且对世界、对人类历史和文明都产生了重大影响的世界一流大学。在长期的发展中，牛津大学形成了大学自治、学者治校的传统。因此，牛津大学对外部社会的变革及要求反应滞后，对外界的干预是极其反感和抵制的。正如泰德·塔玻（Ted Tapper）等学者指出："牛桥信念体系中最持久、最有影响力的信念是大学是自我管理的学者社团。"因此，在 20 世纪 60 年代之前，牛津大学一直保持传统的以学院制治理为主导的模式。最近的治理改革始于 1964 年大学成立的弗兰克斯（Franks）委员会提出的在保持大学自治基础上确保大学管理高效率运行的改革建议。在过去的 40 多年里，牛津大学进行了几次治理改革，治理改革变迁可以划分为三个阶段。

（一）1966 年的弗兰克斯改革方案（The Franks Report）

1964 年，牛津大学成立了弗兰克斯（Franks）委员会，根据英国政府的《罗宾斯报告》对大学进行一次综合性评估，并对大学的治理改革提出建议。1966 年，牛津大学颁发并实施《弗兰克斯改革方案》[①]，改革方案加强了大学在治理中的作用，提出以牛津大学议会全面取代传统的大学校友顾问会，大学议会享有制定、修改和取消法规的权力，加强和巩固牛津大学议会（Congregation）的权力和地位，同时创建了"学院理事会（Council of Colleges）"制度，而实际上运行的是一种咨询性质的"学院联合会（Conference of Colleges）"治理模式，

---

① University of Oxford, *Report of Commission of Inquiry（The Franks Report）*, Oxford：Clarendon Press, 1966.

保障了牛津大学自治、学者治校的传统。

**（二）2000 年的诺斯改革方案（The North Report）**

随着社会经济和高等教育的发展，世界大学的竞争加剧，牛津大学面临着新的挑战，其治理改革再次成为大学发展的中心议题。1997 年，在副校长彼得·诺斯（Peter North）的领导下，牛津大学调查委员会（Commission of Inquiry）对大学的本质、精神、治理等进行了全面而深入的调查，提交的调查报告中建议引入改革机制。1997 年，牛津大学发布了《诺斯改革方案》①，决定在 2000 年正式实施。在《诺斯改革方案》中大学治理改革的主要措施有如下几个：第一，将大学治理中的两个重要治理委员会即赫布多马达尔理事会和教授总会（General Board of the Faculties）合并成为一个理事会——大学理事会（Council），大学理事会接受大学议会的领导。第二，在大学理事会中设立校外理事，并成立规划与配置、教育政策标准、人事、总务四个专业委员会治理大学主要事务。第三，设立四大学部，将大学的院系及附属单位纳入其中，分学部治理内部学术事务和经费。第四，简化大学法规。这轮治理改革引入了清晰的问责体制和决策体制，加强了大学进行长远战略规划和资源分配的能力，并且加强了决策者与利益相关者的联系，但在有关加强大学与学院关系的问题上，诺斯改革未能完全地加以解决，为以后的大学治理改革留下了空间。

**（三）2005—2006 年的胡德（John Hood）改革**

为了缓解大学发展面临的政治和经济压力，加强大学的行政权力，提高大学的治理效率，牛津大学在胡德（John Hood）校长的领导下，利用一年半时间对 2000 年以来"诺斯改革"治理改革成效进行了评估，提出深化治理的新一套改革方案。2005 年 3 月，牛津大学发布了《牛津治理结构》（以下简称《绿皮书》）②，指出大学治理存在的问题，提出大学治理的改革方案。但《绿皮书》一出台，很快便遭到了大学和学院的强烈反对，要求对其进行修订。2005 年 9 月，牛津大学

① *University of Oxford Commission of Inquiry Report*（The North Report），University of Oxford，1997.

② Oxford's Governance Structure， "Green Paper"，*University Gazette*，March，2005，135（Supplement 3）：GP1.

发布《牛津大学治理修改稿》，但是大学和学院持反对意见者还是占据绝大多数，要求进行第二次修订。

2006 年 5 月，牛津大学正式发布了《牛津大学治理修改稿》的修改稿——《牛津治理改革白皮书》[①]（以下简称《白皮书》）。《白皮书》长达 70 页，在《绿皮书》的基础上，更加系统地论述了大学"治理"的理念。《白皮书》中提出的治理改革主要包括：第一，缩减大学理事会的规模和组成结构，将其成员由 28 人减至 15 人。其中校内理事与校外理事的比例为 7∶8。第二，实现大学总体行政事务与学术事务分立管理，加强大学的行政权力。第三，设立学术委员会（Academic Board），负责管理大学学术事务。《白皮书》发布以后，大学和学院的反应强烈，要求继续修改。此后，大学又两次修正了《白皮书》有关大学治理的改革方案。

因为大学和学院对《白皮书》及其修正案没有达成一致结果，牛津大学决定进行投票表决，2006 年 11 月 14 日到 12 月 18 日，牛津大学对《白皮书》的修正案进行三次反复投票表决，投票结果最终否定了胡德校长提出的《白皮书》及其修正案，宣告了此次大学治理改革的失败。

牛津大学一系列治理改革背景是，在 20 世纪 60 年代以来面临社会经济巨变和日益激烈的全球范围内的大学竞争带来的大学运行危机，而进行了三次持续的大学治理改革，其实质就是现代大学制度伦理的建设，希望通过治理改革来保持其卓越的学术品质。大学治理改革触及利益广，涉及权力和权利的重大调整。大学治理改革实质上涉及大学核心制度的重建，这方面的改革是现代大学制度伦理建设中的重点与难点。

**（四）牛津大学制度改革给我们的启示**

牛津大学经过一系列的治理改革，给了我们一些启示。

第一，现代大学制度改革必须坚守"学术自由、大学自治"这一大学精神本原。"学术自由、大学自治"是牛津大学恪守了 800 多年的立校之本。大学特质是以高深学问为价值取向和信念，大学的发展必须遵循学术自由逻辑，大学制度伦理建设不能有损大学自治之根本。在牛

---

[①] *White Paper on University Governance*，University of Oxford，Trinity Term 2006.

津大学新的治理改革方案中提出：一方面，要减少大学理事会人数，将28 位成员代表减少为 15 位成员代表；另一方面，则要增加校外理事的比例，15 位成员中，7 位来自校内，8 位来自校外；同时规定学术委员会的决定必须提交到校理事会，且校理事会有权否决等措施。这在大学人看来，不可避免地会导致大学理事会对学术委员会的干涉，大学理事会拥有对大学进行控制的权力，使行政权力置于学术权力之上，从而对大学的学术发展带来伤害，违背了大学本原精神。但是，三次反复投票表决，宣告了此次大学治理改革的失败。据此，我们清晰地感受到这一本原精神是指引现代大学制度价值伦理建构的核心理念。

第二，从现代大学制度效率来看，大学办学经费不足、财经短缺等资金"瓶颈"影响了大学对世界上优秀教师和学生的内在吸引力，制约了大学"追求卓越"的学术目标实现，"大学—学院"治理模式对学术事务的决策效率不高，造成了包括财务管理在内的治理效率低下，加剧了大学的财政危机，受到了来自政府对大学治理的批评。因此，必须对大学制度进行改革，提高现代大学制度效率。在改革方案中，提出在大学的理事会中增加校外理事和设立学术委员会等在内的大学治理改革的新方案。但新方案一经发布即遭到抵制，因为在学者看来，新方案的措施将大学治理的决策权力交给了大学外部，这与大学的"学者治校"理念是相冲突的。由于大学在日益复杂的多重压力之下，传统的治理模式已经在应对当前的压力方面表现出其滞后性，影响了大学的发展。牛津大学进行治理改革是以提高治理效率，保持其卓越的学术地位为目的的，应该说改革是为了大学的更好发展。但是在学者角度来说，可以同意引入外部理事参与大学治理，但是不能接受外部理事占多数的方式。必须围绕着"大学自治、学者治校"这一核心理念来调节各方面的关系，维护大学自治的传统和精神，并在此基础上做出让步。同时，通过学习认识到大学制度改革过程不可能是一蹴而就的过程，应该是一个渐进的过程。于是，在大学学者与行政管理者进行妥协的基础上认识到，大学自治和学者治校是大学的传统，学术主导是大学发展的内在逻辑，治理改革只有遵循学术主导的逻辑才能进一步推进。因此，从《绿皮书》到《白皮书》及其修正案，一共发布了四次修正方案，提出了显著减少学术理事会规模，由最初提出的校理事会成员全部由校外人士组成到修正后的由校内外人士共同组成等措施。据此，我们知道，现代大学制度建设目标的实现必须是在遵循制度民主和大学学术本质基础上相互融合的过程，也就是说，现代大学制度伦理建设是一个相互协调的系统工程。

**二 沃里克大学现代大学制度的制度建设案例**

沃里克大学是英国政府在第二次世界大战之后建立起的"七姊妹大学"之一。[①] 沃里克大学以其特有的办学之道，一跃成为知名大学。其在 1996 年英国大学基金会（UK Universities Funding Council）对全英大学研究水平的评估中，居第 4 位，在具有权威性的《泰晤士报》"优秀大学指南"（The Times Good University Guide）1999 年的综合评比中，名列第七。[②] 在 2000 年英国高等教育质量控制署（QAA-Quality Assurance for Higher Education）公布的全英国高等教育评估成绩中，该校得分与牛津大学并列第 4 位。[③]

沃里克大学创始人，首任副校长巴特沃思（Jack Butterworth）在办学之初便将沃里克大学的理念确立为"既适应时代需要又是一项以学科为中心的事业"，[④] 使沃里克大学冲破英国大学界传统的反工商业的禁锢。在英国办学是比较困难的，英国的高等教育传统深厚，如牛津大学、剑桥大学办学成本极其高昂，它们实行学院制，分别有 30 多个学院。学院是本科生住宿的地方，或者称学生管理的学院，不承担教学和学科建设任务，为各个学科的学生提供宿舍，学生到学院注册、缴费，有专门管理和辅导人员，帮助学生学习；学院没有专业、没有专职教师，也不上课。学生到大学去听课，学院里设导师，实行导师制。这样培养的成本极高，学费很贵。

---

① 孙小玲等：《高校实施超常规、跨域式发展的体系构建》，《黑龙江高教研究》2004年第 11 期。

② "英国《泰晤士报》与《美国新闻与世界报道》和加拿大的《麦卡林》杂志每年一度进行的大学排行被世界公认为最有影响的大学评价体系。"参见叶通贤、周鸿《欧美创业型大学的辉煌成就及其对我国的启示》，《现代教育科学》2009 年第 11 期。

③ ［美］约翰·S. 布鲁贝克：《高等教育哲学》，王承绪、郑继伟、张维平译，浙江教育出版社 2001 年版，第 32 页。

④ ［美］伯顿·克拉克：《建立创业型大学：组织上转型的途径》，王承绪译，人民教育出版社 2003 年版，第 12 页。

  沃里克大学决心要走一条与传统大学不同的发展之路，它们的基本理念就是建一所学科、学生、学院都集中在一起的集中化的大学，这个模式打破了英国传统的办学模式，取得了成功。在这 50 年左右的发展历程中，沃里克大学已经成为受人欢迎的顶尖级大学之一，跻身于剑桥大学、牛津大学这些有悠久历史的名校行列中，并且学术研究与创收经营得到很好的兼顾。[①] 沃里克大学取得的成就依靠的是什么思想与制度？本书认为，最根本的是沃里克大学在现代大学制度建设上实行了创新，进行了现代大学制度建设。

  第一，进行现代大学制度伦理的价值理念创新。从办学理念和办学实践中可以看出，沃里克大学是将学术与创收经营结合起来，走一条与传统大学制度不同的老路，在办学模式上突破传统，创新现代大学制度，将学术自由与制度效率相融合，走出了一条具有自身特色化的办学之路。

  第二，进行精准定位，坚持现代大学制度的理性。大学定位不明就不能适应经济与社会发展的需要。[②] 大学定位是大学要找到自身的独特价值和地位，根据社会、经济发展的需求提供与之相适应人力资源，并根据人的发展的差异性提供个性化的教育产品。[③] 沃里克大学在学科的设置上，特别重视应用性，办应用性学科。在基础学科方面，牛津大学、剑桥大学的优势是无法超越的，但在 20 世纪五六十年代，应用性学科处于早期发展阶段，学校办应用性学科就同牛津大学、剑桥大学几乎在同等水平上展开竞争，这时候学校就有了竞争力。所以，通过准确定位应用性学科方向和领域，推动了学校的快速发展。在发展道路上走与产业相结合的发展道路。学校创办了科技园和自己的产业公司，开展产学合作，学校的科技园可以同剑桥大学的科技园相媲美，在英国的科技发展中有着重大的影响。

  第三，建立灵活的办学体制，激发学院的办学活力。高等教育的办学体制问题扎根于资源配置问题，而资源配置问题的实质就是如何协调

  ① 夏仕武：《学术研究与创收经营两位一体的大学发展研究——来自沃里克大学的成功实践》，《辽宁教育研究》2006 年第 1 期。

  ② 潘懋元、吴玫：《高等学校分类与定位问题》，《复旦教育论坛》2003 年第 3 期。

  ③ 张风辉：《大学定位》，《河北师范大学学报》（教育科学版）2003 年第 3 期。

利益相关者的利益诉求。① 沃里克大学调动学院的办学积极性，用他们的话讲，就是激活心脏地带。学校的心脏地带在学院，怎么激活学院？它们采取的是单位预算包干的办法，把学校的资金一次性划拨给学院，同时把责任也落实到学院，各个学院拿到钱，就必须承担责任，如果想再上新的项目，学校已经没有资金，就要靠学院自己想办法筹资，自己去开拓。这样，学院就具有了很大的灵活性和自主性，也就具有了很大的创造性，充满活力。

第四，政府与大学协作推进制度创新。促进沃里克大学制度创新的关键在于沃里克大学与政府协同推进现代大学制度建设。根据制度经济学派观点，制度创新是制度失灵与制度均衡交替变化的过程；制度创新的起点是制度僵滞，制度僵滞的程度越深，制度危机就越大，制度创新的机会也就越大。② 制度僵滞往往是由财政危机引发的。③ 政府对沃里克大学的自主制度创新给予了很大的支持，而沃里克大学又在政府的各项政策支持下大胆创新与改革，携手推进沃里克大学的发展和办学水平的提高。④ 大学已不再是游离于社会之外或边缘的组织，相反，大学现在已经走到社会中心。在这里，政府与沃里克大学的相互依赖程度越来越高，彼此之间逐渐形成战略性合作伙伴关系。⑤ 这种伙伴关系是合作关系，不存在由政府完全控制，或者大学完全自治，而是需要政府和大学共同遵守界定好的合作原则和行为规范，发挥各自的优势和价值，以实现两者的利益。

---

① 刘化喜：《高等教育办学体制及模式的革新发展探究——评〈高等教育办学模式改革研究〉》，《中国教育学刊》2020 年第 1 期。
② 周群英、王美琳：《制度创新：大学提升办学水平的有效路径——以英国沃里克大学为例》，《教育理念创新与建设高等教育强国——2010 年高等教育国际论坛论文集》，2010 年，第 156—161 页。
③ 程虹、窦梅：《制度变迁阶段的周期理论》，《武汉大学学报》（哲学社会科学版）1999 年第 1 期。
④ 周群英、王美琳：《制度创新：大学提升办学水平的有效路径——以英国沃里克大学为例》，《教育理念创新与建设高等教育强国——2010 年高等教育国际论坛论文集》，2010 年，第 156—161 页。
⑤ 周群英、王美琳：《制度创新：大学提升办学水平的有效路径——以英国沃里克大学为例》，《教育理念创新与建设高等教育强国——2010 年高等教育国际论坛论文集》，2010 年，第 156—161 页。

## 第五节 国外现代大学制度建设的启示

世界各国的现代大学制度建设经验为我们建设中国特色现代大学制度提供了丰富的参考价值。他山之石可以攻玉，借鉴和学习德国、英国、美国等国家大学制度建设的经验与模式，对推动中国现代大学制度建设具有重大理论与现实意义。

现代大学制度改革必须坚守"学术自由、大学自治"这一大学精神本原，这也是西方国家一流大学恪守了800多年的立校之本。这种本原精神是指引现代大学制度价值伦理建构的核心理念。

学术性是现代大学的本质属性。大学组织是进行学术研究的场所，按照学术自由的大学理念从事学术研究。因为现代大学是发现知识、运用知识并进行知识创新的学术机构。大学制度建设的宗旨和价值理念也应该是遵循学术逻辑展开的，不论是人才培养还是科学研究都需要建设有利于学术发展的、包容性的学术环境，鼓励师生全身心地投入学术研究活动，探究高深学问，培养创新性高级专门人才。因此，现代大学制度应当尊重学术性这一根本属性，充分发挥人的主观能动性，主动探究、激发创新活力，营造有利于人才培养和科学研究的学术氛围，正如阎光才指出的那样："把这些传统大学地位之显赫全部归因于它们自治的传统固然有些牵强或失之偏颇，但我们透过历史的层层密障还是可以辨认出其中存在的某些关联。可以肯定地说，没有800多年的近乎遗世独立的固执，就不可能有今天的牛津、剑桥；同样，如果没有1829年的达特茅斯案的裁定，也不可能有现在的达特茅斯学院，甚至是否存在常春藤联盟都很难说。曾经拥有数所著名中世纪传统大学的意大利在大学被全部纳入国家同一规划范围之后，又有哪一所大学能至今风采依然？在法国、德国，今日大学的情形也与意大利相仿。"[1] 大学制度构建必须以大学的理念为根基进行，否则就是空谈。反过来说，建立现代大学制度的最终目的应该是由实现学术自由到最终实现人的自由而全面发展。

---

[1] 阎光才：《大学的自治传统》，《读书》2000年第10期。

不管是作为手段的学术自由，还是作为目的的学术自由；不管是为学术组织自治的学术自由，还是学者权力的学术自由；不管是 19 世纪德国的柏林大学，还是今天的牛津大学、剑桥大学，这些都不影响学术自由在大学制度中的地位和作用。它是大学制度的根基。综观那些在世界有影响力的大学，尽管处于不同历史时期，但大学在本质上有相通的东西，也就是大学制度的根基是一样的，即凡是坚持大学自治与学术自由这一根基的，大学就能成功，凡是破坏这一根基的大学无不受到历史的惩罚。① 也就是说，建立现代大学制度的最终目的应该是促进学术自由。

## 一　大学自治：大学进行自主办学

在中国大学的发展过程中，政府发挥着无可替代的重要作用。但是，由于管理范围界限不清，政府也会介入大学的正常运行，这可能使大学逐渐丧失办学自主权。因此，政府和大学之间要重新界定权力关系。通过发达国家的制度建设可以发现，使各方的利益达到平衡的状态，政府要正确认识权力与合理配置权力，坚持学术自由、以人为本的现代大学制度的价值理念，将原本应属于大学自身的权力让渡出来，还学术管理的权力于大学，才能够更有效率地进行宏观管理与调控。发达国家在强化大学自主办学的过程中，使学术自由与自主管理很好地结合起来，形成了一种和谐的关系。另外，在赋予大学组织更多的自我管理权力的同时，还应使以教授为代表的学者拥有更多学术自由与学术事务的决策权。英国在批准科研经费方面没有限制学者的自由选择，学者可以根据需要选择自己的研究方向与内容，并且申请与获得研究经费资助。德国在保障大学校长与其领导下行政机构的合理权力的同时，也尊重与重视以教授为代表的学者在大学学术事务上的建议权与决策权。大学拥有更多的办学自主权，能够保障教授的学术权力。在当前的时代背景下，无论大学的自主权如何发展与扩大，都丝毫不会动摇学术权力的根基。如果大学的自主办学实践限制了其自身的学术自由与学术追求，也就失去了意义。也就是说，大学扩大办学自主权和保障大学的学术自由权力相辅相成、相互影响、相互促进，是现代大学制度建设中必不可

---

① 马廷奇：《大学组织的变革与制度创新》，博士学位论文，华中科技大学，2004 年。

少的环节。

## 二 大学法治：在法律层面规范现代大学制度建设

发达国家通过完备的立法来保障现代大学制度的建设，构建大学内外部的和谐关系。尽管在历史上有着悠久的大学自治传统，西方的现代大学制度依然非常重视利用法律手段，对大学的行为进行法律层面上的赋权。发达国家制定、颁布与实施了一系列的法律法规，体现出如下的共性：首先，为了避免法律条文缺失导致的大学无序发展，对现代大学制度建设中方方面面的问题，都通过具体的法律加以明确，以避免由于法律真空而造成的问题。其次，为了避免含混不清的权力制度规范导致的权力矛盾与冲突，合理划分与配置大学不同主体的权力行使范围与内容。最后，为了避免因大学某一主体权力过大而导致权力垄断与独裁，通过系统制衡方法使各权力主体之间构建一种相互制约、相互影响的关系体系。在大学制度不断发展的历史过程中，尽管在理论上大学办学自主权问题为人们普遍接受与理解，并且贯彻到诸多的法律条文之中。然而，在客观现实中，大学的办学自主权难以维系稳定的状态，常常会发生一些变化。当政府赋予大学办学自主权后，可以根据其需要随时削弱甚至收回该项权力。对大学进行自主办学而言，在加强法律规范建设的同时，还要建立一种长效的机制，对其进行切实的保障。不稳定的大学办学自主权力并无意义。在现代大学制度的建设过程中，发达国家坚持系统规范、内容明晰、权力制衡的原则，保障了大学自主办学的稳定性，对中国的大学发展有很大的启发。

## 三 制度主体：协调大学办学的利益相关者

西方国家发达的市场经济，成为宏观层面现代大学制度建设的重要制度环境。大学的发展要积极适应市场化的氛围，构建与市场之间的良好关系，是建立现代大学制度的核心内容之一。各种不同利益主体之间的关系形成了市场，市场的第一要素就是多元化的主体。主体的多元化造就了发达的市场。美国高等教育学家克拉克曾提出院校市场的概念。市场化不仅存在于大学与外界各利益相关者之间，还存在于大学内部。大学不同的办学主体之间的关系同样形成了市场关系。自中世纪以来，大学的办学主体是单一的，只有作为社会重要学术组织的大学与一些具有大学特征的学术机构。随着时代的发展，大学的类型日益丰富而多样。由于大学根深蒂固的传统因素影响，单一的大学模式依然难以改变。范德格拉夫在《学术权力》中以英国为例指出，剑桥大学、牛津大学的悠久历史传统在很大程度上决定了英国的大学理想与管理实践，没有哪所院校能像牛津大学和剑桥大学在英格兰那样，对其他大学拥有巨大的影响力。[①] 根据这种情况，美国、英国、德国三国在建设现代大学制度的过程中，都将大学办学主体的多元化构成视为一项重要的课题。在西方，大学治理始终保持着一种"多元共治"的传统，大学利益相关者参与学校重要事务的决策。美国通过制度建设规范大学办学主体的多元化，如制定大学的市场准入规则。美国的私立大学在高等教育中占据了很大的比例，在现代大学制度建设过程中也获得了政府的财政支持。私立大学和公立大学之间日益走向融合。英国政府构建了高等职业教育系统，和传统大学之间相互制衡，形成了一个完整系统的教育体系。德国通过实行"双元制"教育政策，大力发展职业教育，提升高等专科学校的质量，使高等教育领域出现了多元化办学主体并存的格局。

## 四　制度善治：现代大学制度的目标

在高度发达的市场经济社会，西方发达国家不仅通过制度建设使大学自身更加适应市场化的环境，而且非常注重改革与完善政府的管理方式；不仅转变了政府的管理观念，而且使其更具可操作性，搭建政府、市场与大学沟通的平台。政府管理方式进行了如下改革：首先，加强政府管理的服务意识。政府进行宏观调控，市场进行更加具体的调控。政府不再严格控制大学各方面的活动，而是提供信息与服务，使大学能够把握市场不断变化的需求，更好地与市场进行互动。大学获得信息从政府间接传达转变为直接从市场中获取，缩短了大学与市场的时间与空间距离，提升了效率，增强了真实性。英国高等教育学者威廉斯认为，市场模式使大学主动去适应不断变化的市场经济，具有很大优势。其次，将不应由政府承担的职能交给市场和社会来解决。政府的管理手段根据市场规律进行适当的调整。以大学的经费分配为例，政府不再作为居高临下的管理者对大学发号施令，通过签订合同、契约等市场方式进行大

---

　　[①] ［美］约翰·范德格拉夫：《学术权力——七国高等教育管理体制比较》，王承绪等译，浙江教育出版社2001年版，第204页。

学的经费分配工作，成为积极的合作者。最后，凭借市场手段来规范大学的运行。在传统的实践中，政府通常是通过行政指令来指挥大学的。随着市场经济的深入发展，出现了各种各样的经济手段。美国和德国摒弃了行政命令的方式，通过扩大中央政府投入来加强对大学的影响，推动了现代大学制度的发展。并不是所有大学都能够从政府投入中得益，因此，在政府经费投入范围内的大学，应与中央政府进行积极的交流与沟通。这种制度既坚持了政府对大学的宏观调控，也保障了大学的办学自主权。

### 五 大学自主：中介组织的作用

为避免政府与大学之间的摩擦，各国试图找到一种解决政府和大学之间关系的"缓冲器"，即在政府和大学之间建立一块"中间地带"——中介组织。中介组织在维护大学自主权方面起到了很大的作用，事实上它被证明是在政府与大学之间保持一定程度分隔的最成功的手段。[1] 这对中介组织在建设现代大学制度方面的作用给予了高度的评价。发达国家都意识到社会中介组织具有重要的缓冲功能，在实践中不断完善中介组织，促进大学的改革与发展。美国建立了系统化的中介组织，如大学校长委员会、七大区的基准协会等。由于英国长期以来有着大学自治的传统，1919 年英国成立了大学拨款委员会，是中介组织初期发展的代表。20 世纪 80 年代以来，英国大学拨款委员会改名为大学基金委员会，组织更加完善，管理的事项更加广泛。与此同时，高等教育质量评价委员会等组织在英国民间成立，进一步推动社会中介组织的发展。德国也成立了一些中介组织，如科学与教育审议委员会、大学校长委员会等。[2] 在建设现代大学制度的过程中，非常重视不断地完善中介组织，其更加全面而系统。政府在和大学的关系方面，既是领导管理者，又是合作者，具有双重角色。然而，政府拥有管理社会的权力，基于自身的考虑，在需要之时有可能会打破这种互相合作的关系。为了避免政府弱化大学的办学自主权，中介组织就显得非常重要，它能够形成一个缓冲

---

① ［英］阿什比：《科技发达时代的大学教育》，滕大春、滕大生译，人民教育出版社 1983 年版，第 52 页。

② M. Arena, et al., "Developing a Performance Measurement System for University Central Administrative Services", *Higher Education Quarterly*, Vol. 63, No. 3, 2010, pp. 237-263.

带，使政府对大学的直接管理转变为间接管理，使政府干预大学的行为显得更加缓和，更加容易为大学所接受。

## 六　内部权力：学术权力与行政权力和谐共生

大学内部权力是由学术权力和行政权力两个方面组成的。学术权力与行政权力既有共性，也有差异性。共性即两者共存于大学之中，差异性即两者的价值观迥异，因而遵循着不同的管理原则。在大学的发展过程中，学术权力和行政权力难以达到平衡的状态。在一些历史阶段，学术权力大于行政权力，使学校的行政组织不能有效发挥其功能；在另一些历史阶段，行政权力泛化，学术权力日趋式微，使大学不能发挥其学术特征。协调学术权力与行政权力之间的矛盾与冲突，是建设现代大学制度无法回避的问题。发达国家都对该问题给予了充分的重视，并采取了一系列的措施。德国、英国、美国三国的主要政策导向是协调和统一两种权力，体现在如下方面：一是构建大学的学术系统制度。在大学管理中，划分两大系统，即学术系统与行政系统，使其权责明晰、划分明确。由学术系统来领导学院（系或部）学术机构。学院（系或部）被赋予了更多的管理权力，使大学的管理重心下移，强化了学术权力。二是构建大学校务委员会管理制度，由董事会领导。大学董事会由大学的利益相关者组成。在大学与政府、社会的关系方面，它代表大学的利益，主要表现为维护学术权力。就这方面而言，董事会能协调大学学术权力与政府管理权力之间的关系。董事会主要履行行政管理职责，对大学的重大事务拥有决策权，不能直接干涉大学校长领导的校务委员会所负责具体的学术事务。对于董事会来说，这种组织构成使学术权力与行政权力能够得到很好的协调，和谐共存。三是在决策中体现教授多数制度。在大学决策机构的组成人员里，教授数量有日益减少的趋势，然而，教授仍然具有较大的权力。教授的意见与建议对于决策发挥着重大的影响。在组织的构成方面，实行按比例确定人员数额的原则，但通常教授是不受这一规则约束的。教授在组织中占据多数，是一项根本性的原则。

## 七　民主管理：大学制度建设的重要环节

在现代大学制度的建设过程中，民主管理是必不可少的环节。现代管理的重要原则之一就是民主管理，体现了大学的本质。发达国家大学的民主化管理制度主要涵盖如下方面：一是科学的决策机制。大学的绝大部分委员会建立了委员会集体决策、领导者个人负责的决策机制。这既体现了委员会负责制在制定政策方面的广泛性，也发挥了个人负责制执行方面的优势。[①] 二是多元化的决策组织成员。大学的各种委员会的决策者属于不同的层级，改变了组织中教授的单一构成。现代大学制度的建设需要这类组织有代表各方的人员，一般按照人员的构成比例来确定委员会成员，而和学生工作有关的组织需要吸收学生代表。多元化的机构成员构成使决策组织的代表性更加全面而广泛。三是管理重心下移。依据大学的学科专业组织特征，上层的决策权越大，民主化程度就越低，学科专业的自由度也就越小。发达国家在建设现代大学制度的过程中，不约而同地将管理权力转移至学院与系部，使其具有更多的自主权。四是广泛的咨询机构。在改善决策组织成员构成时，大学的主要决策组织都建立了咨询与参谋部门，对大学的重大决策提出意见与建议。

虽然发达国家的大学制度改革与发展表现出不同的特征，但是同样能够反映出其制度环境的特点。通过认识共性，能够更好地认识大学制度发展的趋势和规律；通过了解个性，能够借鉴建设现代大学制度的经验，从而有针对性地制定自身的发展模式，对中国现代大学制度的建设具有重大理论与现实意义。

---

① 张俊宗:《高等教育管理的现代走向：西方国家的改革与探索》,《天水师范学院学报》2004 年第 6 期。

# 第六章

## 绿色包容性治理下现代大学制度建设的现状、问题和挑战

现代大学的根本是培养人才和发展学术，人才培养是中心工作，是根基，根基不牢，地动山摇。由于各种各样因素的影响，现代大学的人才培养这一根本受到挑战，从根本上看，就是没有围绕大学学术本质建立起适应以人才培养为中心的现代大学发展的大学制度。要建设现代大学制度必须遵循大学发展规律，围绕大学的本原精神。坚守大学学术性理念，遵循学术治理的逻辑，根据各利益相关者的诉求，营造良好的学术生态，共同致力于学术发展，探讨高深学问，培养高素质人才。纵观近代大学发展史，欧洲近代大学的发展就是遵循学术发展逻辑进行，从最初的教学——以师生探讨学术为根本，到现代大学的教学和科研结合无不是坚持学术性的。要体现学术自由、大学自治的精神，就必须以现代大学制度作为保障，彰显现代大学利益主体的诉求，坚持包容性理念，遵循培养人才和发展学术是现代大学制度的使命和任务，加强现代大学制度建设。党的二十大报告指出："贯彻新发展理念，着力推进高质量发展。"[①] 现代大学发展需要在新发展理念下，建立与之相适应的现代大学制度，营造良好的学术生态和人才培养环境，使绿色包容性治理在现代大学制度建设的推进中从"应然"向"实然"转变，改变不利于学术发展的因素，促进大学组织的良性运行和现代大学职能的实现。

---

① 习近平：《高举中国特色社会主义伟大旗帜 为全面建设社会主义现代化国家而团结奋斗——在中国共产党第二十次全国代表大会上的报告》，人民出版社 2022 年版。

从绿色包容性治理来看，现代大学制度建设必须坚持新发展理念，以大学本原精神为指导，以教师和学生的自由全面发展为目的，秉持制度公正思想，以外部与内部协调的治理结构为核心，以包容协调的行动为重点的制度体系和运行机制，保证大学制度运行有序、人才培养质量和效率俱佳，为实现中国大学高质量发展和建设高等教育强国提供制度支持。从绿色包容性治理出发，需要对目前中国现代大学制度建设进行反思，为构建现代大学制度提供参考。

## 第一节 绿色包容性治理下现代大学制度建设现状

从现代大学制度的功能来看，人们对现代大学制度认识或设计一般从四个方面进行：大学对民族国家的意义、对社会经济政治文化的意义、对个体发展的意义和对知识创新的意义。因此，这就意味着必须处理好大学与国家、大学与社会、大学与个体、大学与知识的关系。[①] 这些关系其实是大学与社会之间关系在不同层面的具体体现。中国政府是高等教育制度创新的主体，但以高校为主体的诱致性制度创新是中国高等教育制度创新的现实选择。由于制度创新环境僵滞、政府主导等因素导致制度创新难以深入。[②] 因此，从绿色包容性治理看，在新发展理念下注重良好的学术生态建设，协调各利益相关者的诉求，各利益相关者相互包容，共同促进现代大学的高质量发展，目前，在绿色包容性治理下现代大学制度建设遇到各种挑战，具体体现在两大方面，即大学与社会的外在张力和大学自身的内在张力。大学自身的内在张力可以表现为学术权力和行政权力的冲突、教师和学生的主体性缺失等。大学与社会之间的张力可以表现为大学与政府的关系、大学与社会的关系等。这些张力是理解现代大学制度建设存在的问题的重要内容，也是理解现代大学制度本原精神的基础和前提。

正因为大学制度发展至今，大学组织变得日益复杂，大学组织面临

---

[①] 王洪才：《试论现代大学制度建设的价值导向》，《复旦教育论坛》2005 年第 3 期。

[②] 夏兰：《民国时期现代大学制度演变研究》，博士学位论文，复旦大学，2012 年。

的矛盾和问题纷繁复杂，呈现多元化特征，如大学组织的专业性与多元性、大学产出的不确定性与合作性等，聚合了学术性、自主性、独立性、竞争性与精神性等多元属性，大学制度需要规范和解决内外部各种关系，正是这种复杂多元的属性决定了大学制度应坚持绿色包容性的取向。具体到本书中，绿色包容性制度是指大学制度的实现应遵循的价值准则，核心是为大学组织的核心利益相关者最终实现自由全面发展的制度规范。

大学是一个拥有众多利益相关者的组织，大学制度的发展是为了让利益主体的需求得到发展。从大学制度发展史中可以看到，大学制度在历史发展过程中始终围绕着大学制度自由价值的现实状况和理想形态进行探讨。也正是因为有这种理想形态的追求和向往，出现了现代大学制度应然和实然之间的矛盾，如秩序和自由、大众和精英、专业教育和自由教育、稳定和变革等矛盾。这些矛盾与我们提倡的绿色包容性治理的理念相悖，为我们重新认识现代大学制度提出了深刻的反思，也成为现代大学制度发展的动力之源。因此，有必要从绿色包容性治理视角来探讨现代大学制度建设，正视大学制度运行中与绿色包容性治理不相一致的问题和矛盾，探讨导致这些矛盾背后的深刻原因，为建设绿色包容性的现代大学制度建设提供依据。

根据绿色包容性现代大学制度的内涵，在现代大学制度建设中以大学本原精神为精神内核，秉持公正、民主、和谐、创新的理念，以促进核心利益相关者即学生和教师的发展为宗旨，立足于现代大学制度建设的现状等问题对现代大学制度建设的逻辑进行探讨。

**一　绿色包容性治理多元主体的缺失**

随着大学的发展，大学在主体结构维度上发生了变化，即从一元结构向多元结构、从单一主体向多元主体转变。大学的利益相关者则是大学多元主体的具体指向。中国高等教育受苏联模式的影响，管理体制机制不畅，大学面临"失去自我"的风险。也正是由于各种原因，教师在参与行动上困难重重。[①]

与担任行政职务的教师或学术职务的教师相比较，一般的专职教师参与意识淡薄、缺乏积极性，因而在绿色包容性治理下教师群体主体性缺失。

---

① 任春晓：《教师参与大学内部治理模式研究》，硕士学位论文，东北大学，2012年。

学生作为大学核心利益相关者，是推动多元主体"共治"的主要力量。从对学生的访谈调查中可以看出，在大学制度建设过程中，学生主体是缺失的。

从对教师和学生的调查中还反映出，有些教师和学生对现代大学制度的认知和结构度比较低，参与性很低。认为没有必要参与其相关事务，包括现代大学制度建设。作为现代大学的核心利益相关者，核心主体，其参与度比较低，进而可能导致现代大学制度建设缺乏足够的动力。对教师和学生来说，在认知和意识层面，不太能接受学校管理的方式方法，因而更多的是被动接受。

另外，由于中国大学与社会之间的关系尚未真正理顺，大学与社会的合作也尚未明晰，这些导致了大学组织的外部相关主体的缺失。大学是一个学术性组织，在机制体制上还是比较封闭的组织，大学的决策机制是相对封闭的，大学的治理结构也是相对封闭的，与大学有间接关系的利益相关者在体制上并不能直接进入大学的最高决策机关，在这方面，主体是缺失的。当然，不是说所有的大学相关利益者都要能参与学校的治理，这也是不符合实际、不符合教育发展的，但最直接的、核心的主体还是很有必要参与到学校治理中的。

**二 绿色包容性治理理念认识滞后**

绿色包容性治理理念是集五大新发展理念于一体的治理理念，对指导现代大学制度建设有非常好的指导意义。因此，在现代大学制度建设中需要用绿色包容性治理理念作为引领，指导现代大学制度建设。但是，在实践中对绿色包容性治理理念存在认识误区，影响大学制度的建设。正如已有研究指出的"教师与校长及行政人员主体在理念上皆不同程度地存在误区"[①]。"现代大学制度在建设过程中存在诸如学校内部关系没理顺的问题。学校在现代大学制度建设中仍秉承其仿照苏联的管理模式，行政权力占主导，忽视学术权力。"[②] 在这种情况下，由于对治理理念认识上的偏差，大学相关主体的参与治理不深入，大学多元主体的作用和优势没有得到充分发挥，导致现代大学制度建设的难度越来

① 高永新、沈浩：《教师参与现代大学治理的困境与变革》，《现代教育管理》2016 年第 3 期。

② 王海莹：《以章程为载体的现代大学治理》，《江苏高教》2016 年第 5 期。

越大，不利于大学学术的发展。

这种误区还表现在对理念认识的偏见上。对部分受访者来说，一谈到理念，就感觉非常抽象，路很遥远。理念是行动的先导，这种滞后的理念通过具体实践得到反映。比如，教师教学理念的僵化，没能及时跟上教学改革发展要求和学生发展的需求。学校内部，对于某些教师和学生来说，对理念的认知可能存在一些困惑，更不用说对绿色包容性治理了。

对绿色包容性理念的认识滞后，可能与教师和学生的学科专业背景有关，影响了对其认识和了解。

### 三 绿色包容性治理资源的配置不到位

随着环境的复杂性和变化性，现代大学普遍办学规模比较大，管理事务比较多和复杂，现代大学制度建设需要多元化的配套资源作为支撑，从而实现绿色包容性治理目标。由于现代大学发展的区域不均衡性，缺乏为大学发展提供足够的资源，以及在大学不同机构、不同学科之间进行分配的资源有限，导致大学在发展中差异越来越大，难以实现可持续性发展，进而影响到现代大学制度建设的有效性。另外，在人力资源方面没能激发各主体的内生动力、积极性和创造性，没能促进各学科专业的深度融合，出现资源配置的不合理。由于财力资源配置的不完善，财力资源总量的不足，给学校资金带来压力，加大了现代大学制度建设的难度。基于学科、专业的知识资源，显然难以适应外部社会环境，课程内容陈旧，课程知识跨学科性和综合性缺失。而教师更多关注的是理论知识，忽略知识的应用性。物力资源的总体有缺口，占有不平衡，共享度不高。[①] 在现代大学制度建设中，绿色包容性资源，诸如人力资源、物力资源、财力资源和知识资源存在不配套现象。

### 四 绿色包容性治理的权力包容不够

权力包容表现为多权力主体之间的平等参与和合作分享，存在多元权力主体难以平等参与治理和共享办学利益的制度缺陷。[②] 多主体之间的互动有助于构建现代大学制度。但由于多主体的权力不对等，甚至有些主

---

① 陈军、陆书星：《高校物力资源保障体系构建》，《实验技术与管理》2013年第10期。

② 王务均：《权力包容：德、英、美三国大学治理变迁的历史选择》，《重庆高教研究》2018年第3期。

体权力有限，难以形成上下良性互动的局面，影响现代大学制度建设。

现代大学的不同部门以及管理者只关心自己职责范围内的工作，缺乏合作、对话，这与其他主体的关系有明显的裂化倾向，大学各主体间的良性互动和有效的协商对话对现代大学制度建设起关键性作用。同时，大学长期以来形成的管理模式，大学各主体在各自利益博弈中处于不平等的地位，不利于大学多主体的发展，不利于学校高质量发展。

**五　绿色包容性治理的制度环境的缺失**

"不仅对组织本身所处的技术环境进行考察，还需要参考其所在的制度环境，也就是说一个组织所处的法律法规、社会规范、文化期待、思想观念等是否被人们广为接受。"[①] 制度环境的变化成为治理的动力。绿色包容性治理，是基于传统的治理方式与现实情况不符的状况下出现的，而要在治理方式上有所改变和创新，需要有合适的"土壤"作为基础，需要有塑造创新的环境。

现行的大学制度不但没有很好地维护学者个体和学者集体的基本学术权利，反而成为其学术权利实现的障碍，使学术自由与学校自治缺乏生存环境。[②] 尽管当前很多大学把相关权力下放到二级学术组织，但这种进度在现实中发展依旧缓慢，教代会、学代会等制度发挥作用不够，大学的自主性相对较弱，以人才培养和学术活动为核心的大学制度环境建设不尽如人意，在一定程度上影响了现代大学制度的运行。

# 第二节　绿色包容性治理下现代大学制度建设的问题

大学制度是社会制度体系中的一个子系统。作为一个子系统，大学制度除了面临着自身的复杂性，也面临着社会制度的复杂性。虽然现代大学制度有别于社会的其他制度，但它与一般的社会政治、经济制度一样，都是一种规则或规范体系。

---

① 卢兆彤、瞿振元：《高校二级学院的体制机制建设与完善》，《中国高等教育》2013 年第 22 期。

② 朱艳艳：《高校学院治理困境及其路径选择——基于新制度主义视角》，《高教论坛》2023 年第 1 期。

事实上，在高等教育改革实践中"现代大学制度"命题的提出，实质上正是现代大学所面临的内在矛盾在社会制度层面上的反映，因此化解大学制度内在矛盾，提升大学制度的生命力，就成为一个亟须解决的现实问题。[①] 贯穿于现代大学制度实践和理论的根本问题一直是大学制度研究要解决的基本问题，即大学在自由和解放过程中的地位和意义。需要了解现代大学面临的主要矛盾和现代大学制度在改革实践中是怎样处理主要矛盾的。

为了维护和保障学术价值能够正常运转，现代大学制度要对大学涉及的利益相关者的各种行为进行规范和规定，同时要规避一些不合理的干扰和约束因素，提供公正公平的机会，保障多元主体能够按照自己的发展轨迹顺利进行，如教师能够较自由地教和从事学术活动，学生能够自由地学，最重要的是能够激发大学的学术活力和创造力，提高大学的知识传承力、知识生产力和知识转化力。

现代大学制度既然服务于学术活动并保障学术价值能够实现，那就应当以学术为本位，而不是给学者设置很多障碍。既然这样，现代大学制度又如何为学术目的服务？如何最大限度地保障学者自由地从事学术研究？如何更好地提高大学学术生产力？这些都是现代大学制度建设实践中需要进一步厘清的问题。这些问题成为深入分析现代大学制度的基础。

根据绿色包容性治理内涵，对现代大学制度的治理、目的、理念等进行分析，本书把现代大学制度建设面临的矛盾分为两类，即现代大学制度建设面临的内部张力和外部张力。"张力"现在是一个被广泛运用于多学科、多领域的概念。简单介绍一下"张力"的概念：有学者认为，张力指的是一种建立于力量互动基础之上的紧张关系。[②] 张力状态是由相互矛盾因素组合及其相互作用力所形成的一种动态平衡，[③] 是指

---

① 陈志权：《大学制度的自由价值及其实现》，博士学位论文，西南大学，2018年。
② 黄璇、任剑涛：《在国家体系的转变中突显暴力的内在张力——对吉登斯理念的一个增补》，《中国人民大学学报》2010年第2期。
③ 周红波：《和：一个极富张力的中国古代文论范畴》，《武汉大学学报》（人文科学版）2012年第4期。

同一思想体系中两方面观点互相背离的紧张状态。[1] 从以上对"张力"概念的介绍来看，这些概念是有其共性的，呈现物体的矛盾性和紧张状态。故运用"张力"来呈现现代大学制度存在的变量与变量之间的矛盾状态。

**一 现代大学制度建设面临的内部张力**

（一）自由与秩序的冲突

现代大学制度建设面临着自由与秩序之间的张力，即自由与制度之间的冲突是现代大学制度内在的根本矛盾。这种根本矛盾具体体现在大学领域中寻求自由与秩序的动态平衡。[2] 事实上，大学制度的完善和发展，是在矛盾运动中不断推动下去实现的。自由与秩序的矛盾，就在于它通过大学展现了人类生活本身和对真善美自由的追求，以及在此过程中现实与理想的困惑和冲突。[3]

自由和制度是一对矛盾体。制度表现出来的秩序感，与自由是截然不同的状态。我们所关注的现代大学制度是作为一种行为规则而存在的，这些规则涉及社会行为、政治行为及经济行为[4]，被用于支配特定的行为模式与相互关系[5]，大学制度作为规则彰显的是秩序与自由的统一，正是大学制度的本质的体现。对于大学个体或群体来说，制度能保障个体或者群体自由地学和教、自由地从事学术活动的安排，如果没有大学制度保障，现代大学制度中所体现的本原精神也就无从说起，现代大学制度也就失去了存在的意义。

学术自由既是大学的本质和本原，也是大学制度的基础。从这个意义上说，学术自由是大学得以永续的原因所在。高深知识是其最本质的价值诉求，要保障高深学问，就必须保持大学的学生自由和大学自治。

---

① 徐长福：《论马克思的实践哲学与唯物史观的张力——基于中国语境的一个考察》，《哲学动态》2012 年第 5 期。

② 陈福胜：《法治的实质：自由与秩序的动态平衡》，《求是学刊》2004 年第 5 期。

③ 王晨：《保守主义的大学理想》，北京师范大学出版社 2008 年版，第 4—5 页。

④ T. W. 舒尔茨：《制度与人的经济价值的不断提高》，载 R. H. 科斯《财产权利与制度变迁：产权学派与新制度学派译文集》，刘守英译，生活·读书·新知三联书店、上海人民出版社 1994 年版，第 253 页。

⑤ V. W. 拉坦：《诱致性制度变迁理论》，载 R. H. 科斯《财产权利与制度变迁：产权学派与新制度学派译文集》，刘守英译，生活·读书·新知三联书店、上海人民出版社 1994 年版，第 329 页。

但是，随着大学走出象牙塔，从社会的边缘走向社会的中心，大学越来越受到政府和社会的关注并被给予了更高的价值诉求。大学是探究高深知识的场所，学问本身即是目的。一方面，从大学的这一学术属性看，自由是现代大学制度的价值；另一方面，制度本身就是一种规范，现代的制度是一个规范体系，是由一系列具体的制度组成的，其目的是秩序。这样一来，现代大学制度就势必面临自由与秩序的冲突，产生了自由与秩序的博弈。于是，自由与秩序的张力问题成为中国现代大学制度的困境表现之一。

现代大学制度建设中面临的自由与秩序之间的矛盾问题，归根结底其实是制度特性与自由特性之间的矛盾。制度的特性在于自身的规范性、规定性和稳定性，自由的特性在于主体的无秩序性、选择性和变化性。这两者之间的特性就蕴含着自由与制度之间的矛盾。那么，在这一矛盾体系中，哪种矛盾是主要矛盾？哪种矛盾是次要矛盾？换句话说，是否存在一个主要矛盾主导其他矛盾？其实从人类社会发展的阶段性来看，大学制度的核心矛盾以国家与大学的关系形式表现出来，从而成为大学制度矛盾的主要表现。[①] 这种矛盾推动着现代大学制度不断创新，促使现代大学制度建设处理好自由和制度之间的关系，即处理好人的自由和制度安排之间的关系，使自由和制度之间的关系能够从不平衡状态到平衡状态，再从平衡状态到不平衡状态，循环往复，最终实现现代大学制度的本原精神，实现人的全面发展。

（二）目标与现实的冲突

现代大学制度建设应该守护有利于大学的育人环境和学术研究，培养自由发展的人，即现代大学制度以德性伦理为大学发展的内在形态。在大学，学生的德性养成对于大学的人才培养具有十分重要的意义和价值。由于受市场经济影响，功利性思想渗透到大学，导致了大学在培养人才过程中德性伦理的缺失。

学校管理主体的德性是指学校内部的管理主体在教育实践中不断修养获得的内在精神品质，是一种以理性为基础、以积极道德心理为动

---

① 陈志权：《大学制度的自由价值及其实现》，博士学位论文，西南大学，2018 年。

力、以自觉趋向益己利他行为为存在目的的较为稳定的道德品性。①

现代大学在诞生之初就与宗教有着千丝万缕的联系，在发展过程中以弘扬人性为宗旨，关注人的德性，即在大学从象牙塔走向社会的中心，处在功利性的物欲之中仍不忘大学的本原，坚守学术和培养有教养的人，培养人的自由发展，进而推动社会进步。

人的自由发展需要教育者和被教育者共同努力。对现代大学制度建设中的德性伦理的培养可以在两个方面进行：其一，以学术职业为本；其二，以学生为本。这是相对于以教师为本而言的。而以人为本的大学精神是从学生和教师的发展角度来促进人的发展。

现代大学制度建设守护大学的本体品格是它的责任之所在。以学术和学生为本，这是大学工作的核心。原清华大学校长梅贻琦曾指出："办学校，特别是办大学，应有两种目的：一是研究学术，二是造就人才。"② 这些话道出了大学之所以为大的理由，除了学术，就是人才培养，这也是现代大学制度建设的应有之义。也就是说，现代大学制度是大学核心理念的保障，但在现代大学制度中，并没有将人才培养放在应有的位置上，从而陷入人的自由发展的伦理困境之中。

现代大学制度的德性伦理缺失表现为现代大学对人的培养过分注重规范伦理对人的发展的教育。"德性伦理"关注的是"我应该成为一个什么样的人"。根据大学培养德性的人的要求，必须正视大学制度对人的自由发展的意义。卢梭说过："人是最高贵的存在物，根本不能作为别人的工具。"康德认为，"人是目的"。他说："你的行动，要把你自己人身中的人性，和其他人身中的人性，在任何时候都同样看作目的，永远不能只看作手段。"③ "不论是谁在任何时候都不应把自己和他人仅仅当作工具，而应该永远看作自身就是目的。"④ 这些论断告诉我们，现代大学制度是为培养有德性的人提供保障的。如果承诺"人是目

---

① 王家军：《学校管理伦理论纲》，博士学位论文，南京师范大学，2006 年。

② 杨东平：《大学精神》，文汇出版社 2003 年版，第 8 页。

③ ［德］康德：《道德形而上学原理》，苗力田译，上海人民出版社 2005 年版，第 48—53 页。

④ ［德］康德：《道德形而上学原理》，苗力田译，上海人民出版社 2005 年版，第 48—53 页。

的",那么,现代大学制度建设显然应培养那些实现其自我发展、有德性的人。

在与学生、教师的相关访谈中可以发现,中国的现代大学制度建设中存在德性伦理缺失。我们应该正视我们的不足,在现代大学制度建设中加强德性伦理的建设,培养有教养的人,彰显大学的学术性。现代大学制度困境研究的实践意义大于理论意义。探究现代大学制度困境是为了更好建构完善的现代大学制度。

(三)价值特质和技术主义的冲突

价值特质是一种思想层面的,是多样性和发展性的。现代大学制度的价值特质被忽略,价值出现弱化现象,主要表征为在现代大学制度建设过程中,更多地强调其技术理性和形式化,很少关注和考虑到现代大学制度的价值特质,更不用说去探讨现代大学制度的价值本质。

技术主义是一种形式化、程序化的。现代大学制度建设进程中的技术主义,是指仅注重制度的技术性特质,过于关注制度技术理性强调实用主义;过分关注秩序和效率;极力强调制度体系的系统性和全面性;强调自上而下的行政,忽视自下而上的智力扩散;强调制度的形式化、科学化、规范化和程序化,而忘却制度的价值理性、制度本质的理论与实践。[①]

现代大学制度建设理论上需要先关注其价值理性,随后才是具体的技术性特质。现代大学制度的价值弱化通过技术主义形式表现出来,而技术主义的存在在一定程度上就体现为制度的价值弱化,两者之间是互为因果的关系。在现代大学制度建设中怎样处理、协调价值特质和技术主义之间的关系,是非常重要的。现代大学制度的价值理性影响着大学是为实质而存在还是为形式而存在,是为支持学术而存在还是为阻碍学术而存在。通过厘清这些矛盾,为现代大学制度的建设指明了方向。现代大学制度价值弱化的表现形式主要体现如下:第一,现行大学制度距离学术目的越来越远。偏离甚至背离学术目的的大学制度,尽管在形式上可能相当完备,但它对于大学而言没有太大的实际意义,中国大学是

---

① 唐世纲:《现代大学制度建设中的技术主义及其变革》,《黑龙江高教研究》2014 年第 3 期。

政府或政府部门主导下的产物，是偏离学术目的的①。第二，现代大学制度更多关注技术主义。现代大学是学术组织，这种特殊组织体现为学术性。但是，"中国现代大学制度建设更多的是关注制度的技术性特质，强调制度的形式化、科学化、规范化和程序化，而忘却或很少关注制度的价值性特质，也没有或很少追问现代大学制度的本质"②。

（四）学术权力和行政权力的矛盾

现代大学制度建设中的核心是权力分配。权力是资源配置和制度运行的基础。在大学中存在政治权力、行政权力和学术权力。大学组织的学术属性要求大学组织和大学制度的安排是学术权力主导大学的学术事务。但在实践过程中，因为大学组织规模的扩大，大学组织越来越复杂，行政权力在大学制度运行中的作用变得日益重要。学术权力和行政权力代表的是两种不同的价值取向，大学组织的学术属性和行政属性在价值取向上相互矛盾，在现代大学制度建设上具体表现为学术权力与行政权力的博弈。

现代大学组织既是学术组织同时也是社会组织，具有鲜明的二重属性。作为学术组织以学术为逻辑起点，遵循学术逻辑，制度设计按照学术逻辑进行。作为社会组织，必须按照社会组织的要求与外界进行联系，从外部获取资源来发展自己，适应社会发展需要，在运行中遵循社会组织的逻辑，这样在大学制度安排中就不可避免形成了两种不同权力结构，必然产生内部制度的权力冲突。

本书认为，大学的本质属性是其学术性，且大学的学术属性鲜明存在，一直伴随着大学的发展与演变。大学的学术性体现在两个方面，其一，是学科和专业。大学是从事高深学问的学科和专业性学术组织。其二，是学术自由。布鲁贝克认为学术自由的合理性有三个支点：认识的、政治的和道德的。③ 大学发展至今，大学的功能不断拓展，但其学术属性仍是本质属性。现代大学制度要遵循制度运行的"内在逻辑"，即学术逻辑。从中国近代大学的发展历程中，我们也可看到学术性是大学

① 唐世纲：《现代大学制度建设的价值意蕴》，《高校教育管理》2015年第2期。

② 唐世纲：《现代大学制度建设的价值意蕴》，《高校教育管理》2015年第2期。

③ ［美］约翰·S. 布鲁贝克：《高等教育哲学》，王承绪、郑继伟、张维平译，浙江教育出版社2001年版，第48页。

本质属性。蔡元培在北京大学 1918 年开学仪式上就强调了这一点。[1]
1919 年的开学仪式上他再次强调"大学不是贩卖毕业证书的机关，也
不是灌输固定知识的机关，而是研究学理的机关"。[2] 从这些论断可以
发现，蔡元培改造北京大学时所秉承的是学术至上理念。

大学内部关系中学术权力与行政权力博弈直接导致了大学学术异
化。学术权力和行政权力是大学里面最基本的两种形态，在大学发展中
都具有合理性。但目前中国大学行政权力主导大学的发展，导致了大学
的学术异化。学术权力受制于行政权力，大学的学术生态没有很好地建
立，学术事务被行政化，行政权力在资源配置、学术活动中的主导作用
显现。学术异化的一个重要表现是大学行政化，大学行政化也可称作大
学行政权力泛化，这是大学行政化最为核心的特征。[3] 大学行政化现象
在中国的大学表现也十分突出，违背了大学的运行逻辑。与相关人员的
访谈中也谈到了大学行政化的影响。

从中国大学内部权力的构成来看，由于受计划经济的影响，行政权
力一直主导大学的学术权力，学术自由理念并没有在大学得到真正的落
实，"大学自治""教授治校"等大学普遍精神没有充分体现。在欧美
高校，学术权力神圣不可侵犯。

在中国现代大学的管理中，学术权力重要性被学校管理层忽视，在
他们看来，学术人员就是进行学术研究，何来什么学术权力。同时，目
前的高等教育管理模式导致大学的资源分配是行政导向的，谁的话语权
大，谁就拥有更多的资源，学术权力处于弱势地位。从本质上看，作为
培养人的高等教育组织，大学应以学术和学术人员为主体，但在实践中
学术的主体性远没有得到落实。这就带来了一个怪现象，即学术人员竞
争行政权力，导致几个博士、教授竞争一个处长岗位。

现代大学制度作为大学组织的制度体系，与大学组织一样具有双
重属性，即作为学术组织的制度安排，为学术发展提供帮助，确保学

---

① 蔡元培:《北京大学一九一八年开学式演讲词》,《蔡元培全集》（第三卷）, 浙江教
育出版社 1997 年版, 第 382 页。

② 蔡元培:《北京大学一九一八年开学式演讲词》,《蔡元培全集》（第三卷）, 浙江教
育出版社 1997 年版, 第 700 页。

③ 任增元:《制度视野中的大学行政化研究》, 博士学位论文, 大连理工大学, 2012 年。

术的顺利开展，为人类知识的创新和科学技术的进步提供保障，最终实现人的自由而全面发展。作为社会组织的制度安排，必须适应外部环境的需要，建立起适应外部环境的秩序体系，包括各种规则法律等。

现代大学制度的价值实现是为了人的自由发展，实现人的解放。但在制度建设过程中，由于历史惯性和现实不完善，市场经济无孔不入，也影响到了大学组织，导致大学学术权力和行政权力的博弈，这一系列的冲突和矛盾表现在现代大学制度建设中便形成了人的发展的困境，尤其是培养人的制度环境的困境，包括学术和学生的发展。

**二 现代大学制度建设面临的外部张力**

**（一）大学的自主权与政府的干预**

建立现代大学制度的核心是如何处理大学与政府之间的关系问题。[1] 因为大学与政府之间的关系问题在现代大学制度矛盾中较为突出。现代大学制度存在的自由和秩序的矛盾，具体表现在大学制度的运行过程中，大学内在逻辑与国家外部干预之间的深刻矛盾，在现实的历史发展中往往表现为大学自主权落实与国家干预的矛盾。大学与政府之间的矛盾，一方面大学作为一个专业学术组织需要自主权；另一方面政府又对大学提出了期许，希望大学将社会责任承担起来。在现代社会，"国家通常被认为是现代机构的关键"[2]。

大学外部对大学的权力干预与大学内在的自主权要求之间的博弈一直伴随大学的发展过程。学术界追求的普遍主义和国家主义追求的特殊利益之间的矛盾已成为高等教育发展的主要矛盾。[3]

**（二）大学理想与社会需求**

"任何一种教育制度都是一种活生生的现实，其目的、结构、过程、内容和方法都受到两类因素的影响：外部因素，即社会经济和文化条件……教育的前途更多地取决于外部条件而不是教育系统的内部因

---

① 周光礼：《学术自由的实现与现代大学制度的建构》，《高等教育研究》2003 年第 1 期。

② Tom Nairn, *Faces of Nationalism：Janus Revisited*, London：Verso, 1997, p. 194.

③ 王洪才：《论高等教育的四元结构理论》，《江苏高教》2003 年第 1 期。

素。"① 教育的发展也受到外界环境的影响。外界的这种影响远远超过教育对社会的影响。大学作为其中的一个教育场域，与社会的联系更为紧密，关系更为复杂，发挥的作用也就更为突出。在中国，随着国家经济体制的转变，高校的市场化取向存在一种"市场化不足"和"过度市场化"的悖论。②

大学以生产学生知识为旨趣，学术性是其根本属性，有其自身的学术理想，正如纽曼所说："知识本身即为目的""大学是一个传授普遍知识的场所""培养有文化修养的人是教育的真正的也是唯一的目的"。③ 大学从其产生到现在在社会发展上一直占据着重要的地位。随着现代社会的不断变化和大学条件的变迁，现代大学制度，作为维护现代大学健康有序运作的制度体系，为了更好地体现其本原精神，以及更好地适应外在环境的变化，其自身也在不断地进行调整和变革，不断地加强自身建设。社会则遵循市场逻辑需要大学培养适应经济社会发展的各种各样专业的实用性人才，这与大学理想产生了矛盾。

以上是对现代大学制度存在的张力状态，诸如自由和秩序、政府和大学关系进行阐释。了解现代大学制度存在的矛盾，用绿色包容性治理理念，帮助我们在构建现代大学制度中能够更加妥善地处理和平衡这些矛盾。

# 第三节　绿色包容性治理下现代大学制度建设的挑战

随着治理体系和治理能力现代化的推进，大学治理体系和治理能力现代化如何推进成为中国高等教育领域中的热点问题。现代大学制度建设应以什么样的姿态呈现才是适合高等教育发展的？以绿色包容性治理

---

① ［伊朗］拉塞克、［罗马尼亚］维迪努：《从现在到 2000 年教育内容发展的全球展望》，马胜利译，教育科学出版社 1996 年版，第 9 页。

② 苏永建、李冲：《"双一流"背景下中国特色现代大学制度的挑战与应对》，《教育发展研究》2017 年第 Z1 期。

③ ［英］约翰·亨利·纽曼：《大学的理想》，徐辉、顾建新等译，浙江教育出版社 2001 年版。

为视角，探讨对现代大学制度构建将面临怎样的挑战。对于进一步理解存在内在张力和外在张力问题拓宽了思路。

**一 环境的复杂性对现代大学制度建设带来的挑战**

高等教育发展正面临着一个越来越复杂的外部环境，社会、文化和市场的力量正在重新构建高等教育蓝图。① 现代大学的繁荣，一方面源于所处的政治环境，如资产阶级革命；另一方面源于信息环境，比如印刷技术革命，成就人类的现代文明。随着数据文明、生态文明、网络社会的出现，现代大学的反应却表现出滞后性。现代大学制度面临经济、政治、科技等挑战，尤其是互联网教育信息化发展所产生的虚拟大学的挑战，使大学显然已落后于当前的时代。

新技术革命中的信息革命是现代大学制度的催化剂。电子设备的增加提高了大学办学成本，但没能让我国的高等教育在本质上有所改变。尽管大学为适应外在环境的变化，采用了诸如云课堂、智慧校园，将真实情景和虚拟情景相结合的具体教学制度，但这种教学制度建设成效如何，需要时间去检验。高等教育将最终对技术的变化以及它所服务的学习者群体作出回应，变革它的制度形式和它作为一个部门的整体形态。②

现代科技技术的高速发展，使人们收集信息的时间、精力等成本下降，与此同时，人们还可以借助网络中的某个平台分享相关信息，构成对话和参与的条件和需求。③ 现代大学传统的碎片化的治理方式显然已经不能适应当前的环境。当前而言，在网络社会逐渐崛起、人工智能蓬勃发展的背景下，现代大学在技术层面上是落后于时代的。④ 现代大学制度历史的发展经验表明，在复杂环境中提升其应变能力是大学可持续发展的需要，如何处理好学校与所处环境之间的关系，是建设现代大学

---

① Paul D. , "Higher Education in Competitive Markets: Literatureon Organizational Decline and Turnaround", *The Journal of General Education*, Vol. 54, No. 2, 2005, pp. 106-138.

② ［美］约瑟夫·E. 奥恩：《教育的未来：人工智能时代的教育变革》，李海燕、王秦辉译，机械工业出版社 2018 年版，第 166 页。

③ ［美］马歇尔·麦克卢汉：《谷登堡星汉璀璨：印刷文明的诞生》，杨晨光译，北京理工大学出版社 2014 年版，第 239 页。

④ 王建华：《大学落后于时代了吗？——技术的视角》，《南京师大学报》（社会科学版）2019 年第 5 期。

制度需要深入思考的问题。

## 二　合法性问题对现代大学制度建设带来的挑战

在现代大学制度建设中首先要思考的是现代大学制度的合法性。在新形势下，现代大学制度建设的合法性问题是不能回避的重要问题。大学对现在所处环境所作的贡献程度决定了该大学的合法性和资源获取的程度。[①]"大学制度建设的合法性要求是指在价值选择上要符合大学各利益相关者的需要、理想和价值追求，并在组织范围内被承认、认可、接受和遵守。可现实是，现代大学的利益相关者在制度建设的代表性不足，现代大学制度的制定和执行过程中程序不公正，现代大学制度不能很好地体现本体功能。"[②] 这些为中国现代大学制度建设合法性带来了挑战。

另外，古语所说的"无师自通"，在当今虚拟大学制度环境下，是可以实现的。这是从现代大学制度形成之后从未经历过的。随着信息时代以及"数字化"的来临，要求现代大学制度对此迅速做出反应，要求现代大学制度要做出变革和调整。随着人工智能、大数据等出现，人们获得知识的途径增多，大学是否还是知识生产的中心，其知识的生产和传播对于现代大学来说是否与时俱进等，都为高等教育带来了挑战。如果有一天，大学真的失去了作为知识生产中心的地位，失去了传播知识的价值，那么，现代大学及其现代大学制度存在的合法性将受到极大的挑战。如果现代大学以及现代大学制度存在的合法性都面临危机，那又谈何学术自由、大学自治、教授治校呢?[③]

## 三　资源配置问题对现代大学制度建设带来的挑战

教育领域的资源配置与经济领域的资源配置有差异。经济领域的资源配置看重经济效益，以营利为目的，而教育领域的资源配置恰好不看重这些。对于高等教育领域来说，其资源配置是效益优先，兼顾公平。[④] 马克思指出，"人们为了能够'创造历史'，必须能够生活。但

---

① 李立国、王梦然:《制度与人：大学治理的建构与演进》，《中国高教研究》2021 年第 9 期。

② 彭阳红:《从合法性看现代大学制度建设》，《中国高等教育》2009 年第 21 期。

③ 王建华:《学术自由的缘起、变迁与挑战》，《清华大学教育研究》2008 年第 4 期。

④ 李祖超:《建立现代大学制度的经济学分析》，《教育与经济》2005 年第 4 期。

是，为了生活，首先就需要衣、食、住以及其他东西。因此第一个历史活动就是生产满足这些需要的资料"。① 大学是一个高度依赖资源的组织，相对于组织目标的实现来说，大学所能获取的资源总是有限的。从发展驱动的立场上看，资源永远是不够的，需要不断动员。②

大学在发展过程中，要耗费大量的经费、物资、师资等资源，但在筹集、分配和使用资源的过程中，大学的利益相关者又会基于各自的目标、利益，利用他们掌握的力量和资源，影响大学的资源配置。③ 所以，现代大学资源配置存在诸如平均分配资源、形式主义、"搭便车"以及干多干少一个样和干好干坏一个样等问题。

**四　多元主体的不同利益诉求对现代大学制度建设带来的挑战**

不同时期，大学各利益主体的影响力是不同的。当政府这个利益相关者占主导地位时，大学代表政府的利益；当企业这个利益相关者占据主导地位时，大学容易受市场驱动和影响；当教授这个利益相关者占据主导地位时，大学则注重独立和自治。④ 不同的利益结构、不同的利益相关者占主导地位，其治理结构有显著差异，这就需要建立一个平衡的机制。

随着工业社会向信息社会的转变，个体所获得的信息总量大大超过从前，作为信息源和信息加工者的产出也大大超过从前，人的价值提高，个性与需求更多样化和复杂化，事物的变化与速度也大大增加⑤，现代大学又是一个比较典型的组织，涉及的利益相关者呈现多元化，其在交往活动中形成了相互需要、相互满足、相互依赖的关系。利益相关者大致有大学自身、教师、学生和行政管理人员，政府，以及其他社会组织等，他们都是现代大学制度建设的主体。当然，教师和学生，无论

---

① 中共中央马克思恩格斯列宁斯大林著作编译局编译：《马克思恩格斯选集》（第一卷），人民出版社1972年版，第32页。

② 周作宇：《大学治理行动：秩序原理与制度执行》，《清华大学教育研究》2020年第2期。

③ 张学敏、陈星：《资源与目标：现代大学制度建设的矛盾及其化解》，《高等教育研究》2015年第9期。

④ 潘海生、张宇：《利益相关者与现代大学治理结构的构建》，《教育评论》2007年第1期。

⑤ ［美］戴维·奥斯本、特德·盖布勒：《改革政府——企业家精神如何改革着公共部门》，周敦仁等译，上海译文出版社2006年版，第5页。

是在历史上还是在现实中，都是大学最基本的办学主体。① 基于各自的目的，政府、社会组织和公众等对大学提出了不同的利益诉求。各国国家管理模式不同，各国大学发展历程不同，各利益相关者对大学的影响力不同，各大学的治理结构不同，怎么满足这些多样化、个性化的利益相关者的诉求，构建现代大学制度如何照顾这些利益相关者，以达成一种平衡的关系？这是现代大学制度建设面临的挑战。

**五　高校治理和治理体系现代化对现代大学制度建设带来的挑战**

大学是高度专业化的组织。在横向结构上，专业分工越来越细，大学的职能部门数量发生变化；在纵向结构上，层级结构发生变化，高度集权向横向分权转变，如何更有效地协调和沟通大学的各类组织，如何合理合适地进行结构调整，是现代大学制度建设要充分考虑的问题。

整体上，中国高校已建立其大学内部治理的基本框架，但在实践中，权力和资源被一些主要行政职能部门垄断②。党的十八届三中全会决议明确提出，完善和发展中国特色社会主义制度，推进国家治理体系和治理能力现代化。实现高等教育治理体系现代化，在于完善高等教育制度。建构和优化现代大学制度，是现代大学治理体系的核心目标。

大学的基层学术组织既是大学内部治理体系的基础层级，也是内部治理体系中的薄弱环节。③ 这可能在于基层学术组织在大学内部治理的缺位，即基层学术组织和普通教师的学术利益表达不畅，降低了大学内部治理的有效性，从而进一步强化权力向学校层级和职能部门的集中，即显性分权中的隐形集权。④ 当前高校不仅在基层学术组织方面存在不足，在治理体系方面也不够完善，诸如因各种决策机制的不完善，导致部分决策的出台缺乏科学性和合理性；职能部门的协调机制、激励机制和资源配置机制有待进行整体性设计和系统性优化；校务公开机制不完

---

① 别敦荣、唐世纲：《现代大学制度的价值及其矛盾关系的调和》，《苏州大学学报》（教育科学版）2016 年第 4 期。

② 张应强：《新中国大学制度建设的艰难选择》，《清华大学教育研究》2012 年第 6 期。

③ 张继龙：《基于协商民主的学院学术治理改革》，《教育发展研究》2017 年第 5 期。

④ 苏永建、李冲：《"双一流"背景下中国特色现代大学制度的挑战与应对》，《教育发展研究》2017 年第 Z1 期。

善，工会教代会等群团组织功能发挥流于形式等。[①]

针对中国现代大学制度建设，虽然我们走得不慢，甚至已经形成了一定的制度体系，但执行效果并不尽如人意，这是因为缺失了大学治理的行为准则。[②] 传统的大学治理模式在变化迅速、信息丰富、知识密集的 21 世纪越来越不能适应，出现诸如在教学、科研、人事等领域的治理价值冲突。各种新理念和新观点层出不穷，知识更新迭代速度对大学治理的效能有了更高要求，也就给现代大学制度建设带来挑战。在治理体系和治理能力现代化的背景下，实现大学治理体系和治理能力现代化面临共同的制度难题，比如，政府和大学如何分权？在多大范围和程度上接受大学自治？政府在何种情况下可以介入大学事务？在知识经济、市场化和全球化的语境下，大学的传统身份和新身份如何保持平衡？具有法人地位的大学，在决策过程中如何平衡外部影响、自身的传统和内部人员的意见？[③]

---

① 张维维、夏菊萍：《高校治理体系和治理能力现代化：内涵与途径》，《北京航空航天大学学报》（社会科学版）2022 年第 4 期。

② 柳友荣：《新时代中国特色现代大学制度的学理阐释与实践理论》，《复旦教育论坛》2018 年第 4 期

③ 周作宇：《大学治理行动：秩序原理与制度执行》，《清华大学教育研究》2020 年第 2 期。

# 第七章

## 现代大学制度建设影响因素的
## 模型构建

    学术价值、教育价值是现代大学的内在价值，是大学追求的永恒目标，现代大学制度就是实现学术价值和教育价值的规范或规范体系。现代大学制度作为社会制度的组成部分，是一种协调、制约和干预大学办学活动的普遍、稳定的规则或规范体系，以维护和保障学术价值为旨归，为大学办学活动能够有序、稳定地进行提供基本保障力量。目前，中国现代大学制度建设中存在实践困境和引发矛盾的原因是多方面的，除了从大学制度外部探寻原因，还必须从制度本身着手进行探究。

    为了深层次探究现代大学制度内部建设中存在的矛盾和问题，从现代大学制度本身探寻影响现代大学制度建设的深层次因素，从根本上探讨现代大学制度建设的问题，本书采用扎根理论和问卷调查的方法对现代大学制度及其影响因素和作用机理进行深入的探讨，围绕学术发展和人才培养，从大学制度的核心本质上挖掘现代大学制度运行和建设过程中需要完善的政策建议，加强现代大学制度建设。作为一种质性研究方法，扎根理论对研究公共政策和公共管理本身的发展规律和存在的问题具有很强的适用性。下面将采用扎根理论研究的方法，初步构建现代大学制度建设影响因素模型，为进一步做好挖掘现代大学制度建设中的深层次问题提供理论模型帮助。

# 第一节 研究设计

## 一 方法的选择

选择什么样的研究方法是根据研究问题的性质而定的。在社会科学研究领域，比较常见的是质性研究方法与定量研究方法。目前，在社会科学研究领域，质性研究方法因其独特的优势得到研究者的青睐。本书研究需要围绕学术和学生发展对中国现代大学制度的运行与建设实践中的困境与矛盾进行探究，需要从深层次分析中国现代大学制度建设中的影响因素以及这些因素是如何产生作用的等问题，在此基础上提出建设和完善中国特色现代大学制度的对策建议。我们将运用质性研究方法来建构影响因素的理论模型，然后用定量分析方法对模型进行检验并分析现代大学制度建设的具体影响因素，最后提出具体的政策建议。

目前常用的质性研究方法主要有民族志、个案研究、人种志、传记、现象学和扎根理论，这些方法各有侧重和优势，各自对问题的针对性不一样，对于本书研究而言，采用扎根理论研究方法构建模型更具针对性。因为扎根理论研究是先通过生成理论，然后用理论去解释相关问题，探析问题的深层次原因、影响因素等。[1] 根据陈向明的观点，扎根理论是一种自下而上建立理论的方法。[2]

扎根理论是一种研究方法，属于质性研究方法中的一种，它通过数据收集、编码与分析并建构理论这一整套流程对社会现象和问题进行研究，程序清晰，具有很强的可操作性，已经在社会学、心理学和政治学领域得到比较广泛的应用。扎根理论属于社会学研究领域研究范式中的诠释主义范式下的方法学。"人们总会解释他们生活中发生的事件，理解他们所在的世界，并将他们的理解转化为行动，扎根理论要求研究者与研究对象通过深入互动而形成对问题意义的真正理解，这个过程最重要的是要运用'符号'互动，符号互动论是扎根理论的理论起源，扎

---

① Glaser B. G., *Advances in the Methodology of Grounded Theory: Theoretical Sensitivity*, Mill Valley, CA: Sociology Press, 1978, p. 93.

② 陈向明:《质的研究方法与社会科学研究》，教育科学出版社 2000 年版，第 27 页。

根理论各个步骤和要素，如问题提出、资料收集、资料分析以及研究者与资料之间的关系受到符号互动论的影响，在人的意识与事物的互动过程中产生了意义，并形成所谓'现实'。"①

作为公共政策范畴的现代大学制度研究属于公共管理领域的研究，采用扎根理论研究方法分析政策和制度的深层次原因具有很强的现实针对性，国内外在这方面有了比较深入的研究。扎根理论方法在管理学学科研究的问题主要有四类，其中之一是因素识别类的问题研究，如研究政策与制度分析、政府治理、危机管理等领域，这类与因素识别相关的问题是应用扎根理论进行研究最多的一类。②

现代大学制度生成及其转化是一个互动过程，在该过程中涉及制度和政策的影响因素和建设策略。属于在管理学学科研究的因素识别类的范畴，该研究具有明显的互动特征且需要考察情景性因素。为了合理建构现代大学制度影响因素模型，探究学术发展和现代大学制度影响因素，本书采用扎根理论研究方法对现代大学制度建设中的影响因素进行模型构建。在建构学术发展和现代大学制度影响因素模型的基础上，再运用定量研究方法对构建的模型进行检验和验证。

根据现代大学制度的研究现状、方法的科学性以及研究目的，本书最终选用扎根理论进行质性研究，扎根理论方法论是本书对现代大学制度建设的影响因素进行研究的主要方法。

扎根理论与定量研究的范式不同，定量遵循的是自上而下的思维模式，扎根理论研究遵循的是自下而上的思维模式。③ 扎根理论重在提出问题以及建构理论，研究者以开放的心态进行思想上的充分发散探究，然后从数据资料中归纳抽象出相关概念及它们之间的关系，这个过程最好不要受其他理论的干扰，④ 在扎根理论研究的过程中自始至终使用连

---

① 陈雪梅：《博弈：静态生活方式与静态生活方式改变的互动过程模式研究———项扎根理论研究》，博士学位论文，中国人民解放军海军军医大学，2018 年。

② 贾哲敏：《扎根理论在公共管理研究中的应用：方法与实践》，《中国行政管理》2015 年第 3 期。

③ 郭安元：《基于扎根理论的心理契约违背的影响因素及其作用机制研究》，博士学位论文，武汉大学，2015 年。

④ 沈孟如：《基于扎根理论的电信运营企业均衡服务研究》，博士学位论文，北京邮电大学，2013 年。

续比较方法，其数据资料收集与分析是交互的。在使用过程中，只要一收集到资料数据马上进行分析和编码，归纳出新概念、新范畴，并将其与已有的概念和范畴进行比较，开始收集数据资料，直至不再有新的概念和范畴出现。[①]

扎根理论研究程序可以归纳为问题产生、资料收集、资料分析、理论建构这四个阶段。[②] 有鉴于此，本书研究将严格遵守扎根理论研究方法的要求和规范对现代大学制度的影响因素进行研究。通过建构现代大学制度建设的影响因素模型，揭示现代大学制度建设的影响因素及作用机制，进而建设有中国特色的现代大学制度。

**二 研究思路**

扎根理论研究强调研究者事先不预设研究问题，而是带着某一研究兴趣点进入研究现场，在研究的过程中逐步明晰和界定研究问题。

（一）课题探索阶段

研究者已有的专业研究背景、研究经历、经验，以及对现代大学及其制度建设的思考，引起了研究者对现代大学制度现状和研究现状的深入思考和关注。研究者在进行有关现代大学治理、大学学术发展的研究过程中发现，虽然中国特色现代大学制度的研究丰富，但是对于从现代大学制度的各种要素及其制度生成的机制和影响分析还存在研究的空间。因此，这些激发了研究者的兴趣，并多次在全国性高等教育管理相关的学术会议中与相关领域的专家学者探讨这个问题，同时也通过观察和访谈，与大学的教师、管理者及学生探讨现代大学制度和建设，进行文献的查阅，为本书研究的深入开展奠定了基础。在此过程中，通过探索和思考进一步明晰了研究的具体问题：作为现代大学的本质属性的学术性如何在大学的运行过程中得到现代大学制度的保障？现代大学制度的建设过程中的各要素是什么，它们是如何影响现代大学制度建设的？在绿色包容性治理下如何建构现代大学制度？

---

① 贾旭东：《基于扎根理论的中国城市基层政府公共服务外包研究》，博士学位论文，兰州大学，2010 年。

② 吴刚：《工作场所中基于项目行动学习的理论模型研究——扎根理论方法的应用》，博士学位论文，华东师范大学，2013 年。

（二）正式研究阶段

按照扎根理论的程序确定研究流程，即进行深度访谈和资料收集，分析资料数据，编码，从而得到一些编码、概念和范畴，并衍生一些更加具体的问题：现代大学制度对学术和人才培养的影响主要表现在哪些方面？现代大学制度的范畴和结构是什么？现代大学制度对学术发展的影响是不是现代大学制度的诸要素通过影响现代大学制度来实现对学术影响的？针对以上问题，根据扎根理论方法的要求和流程进行探索。

**三　研究实施**

资料收集是扎根理论研究中的基础环节，资料收集与资料分析是同时进行的，因为资料分析决定资料收集的思路，通过资料分析知道下一步需要收集什么样的资料，通过资料收集进一步加深我们对于研究现象和研究主题的认识，有助于理论的理解与建构。收集资料的渠道和方式是多样的。本书中，主要使用深度访谈作为收集资料的方法，因为通过深度访谈可以深层次挖掘研究主题的影响因素和制度要素，在深度访谈过程中也使用查阅的文献和政策文本等文本资料进行补充。

（一）抽样方法

抽样方法主要有便利抽样、理论抽样、差异性抽样和滚雪球抽样等。

1. 便利抽样（Convenience sampling）

便利抽样是一种非概率性的抽样，指的是从研究者方便的角度，从总体中进行抽样。主要是在研究初期使用，是为了尽可能多地发现与研究理论相关的概念的类属及其属性等。研究初期，便利抽样阶段没有按照各种既定的要求进行选择，样本是没有差别的，属于开放性的抽样。本书研究的便利抽样，选择与研究者比较接近，且容易收集资料的大学教师和管理人员，包括不同职称职务、不同学历学位和不同大学教师和行政人员。

2. 理论抽样（Theoretical sampling）

在正式的资料收集分析开始以后需要运用理论抽样。扎根理论强调资料收集和分析同步进行，从收集的第一份资料开始就要着手进行资料分析，在分析过程中逐步形成概念，根据新的概念、概念的属性等出现的具体情况提出问题，再基于问题确定下一步抽样的重点，决定抽取哪些对象，直至饱和。

3. 差异性抽样（Vatiational sampling）

扎根理论需要对不同的人群进行抽样，因为对现代大学制度这个主题，不同学科教师对其理解可能存在较大的差异，为了能掌握更加专业化的人群对研究主题的认识，更加有利于概念类属及其维度的形成，在研究中需要使用差异性抽样。例如：首先，最初访谈的几个对象属于刚毕业参加工作的个体，他们的访谈内容基本代表了这类人的行为模式和观点。为此，研究者又加入工作年限较长，有比较丰富工作经验，并且对现代大学制度比较有深刻感受的个体，以此得到更多的观点。其次，访谈调查又发现访谈对象都提到学术权力比较重要，于是又触发我们思考，可能是前面的访谈对象中教师比较多，所以他们会提到学术权力，于是研究者增加了学校的行政人员，实现其对象多样性，能够考察不同人员对现代大学制度的理解。最后，在完成访谈后研究者再反思，访谈对象在地域、学科、职称和人员性质等方面存在较大的差异，不同地区和类型的大学的教师的感受应该存在差异，因此，我们再补充新建地方本科学校、省属本科学校、不同省份学校的情况。通过这种方式的抽样更加有利于获取不同类属的差异性，同时也使取样的结果更加具有解释力。

4. 滚雪球抽样

在访谈过程中，恳请受访者提供另外一些他们熟识的、符合研究目的的潜在受访者。

（二）访谈对象

本书初期访谈对象为 8 人，正式访谈对象共 12 人，编号为 $M_1$—$M_{12}$。正式研究共访谈 16 次（其中 4 名受访者接受了 2 次访谈），受访者的年龄跨度为 28—53 岁；学位层次从学士到博士。每名受访者的平均访谈时间为 50 分钟，平均转录稿 4200 字。地域分布包括北京、山东、广东、浙江、湖北、重庆、湖南、吉林、新疆和贵州的教育部直属的研究型大学、省属高校和地市州属的新建本科院校等。具体的访谈参与者及其受访情况如表 7-1 所示。

表 7-1 访谈对象及其受访情况

| 序号 | 性别 | 年龄 | 高校类别 | 高校所在区域 | 访谈时期与时长 | 访谈形式 |
|------|------|------|----------|--------------|----------------|----------|
| $M_1$ | 男 | 56 | 研究型 | 北京 | 2016.05.06（52 分钟） | 现场 |
| $M_2$ | 男 | 53 | 研究教学型 | 贵州 | 2016.05.19（76 分钟） | 现场 |
| $M_3$ | 女 | 40 | 教学研究型 | 湖南 | 2016.06.17（65 分钟） | 电话 |
| $M_4$ | 男 | 49 | 研究型 | 浙江 | 2016.07.17（71 分钟） | 邮件 |
| $M_5$ | 男 | 21 | 研究型 | 重庆 | 2016.08.02（43 分钟） | 电话 |
| $M_6$ | 女 | 22 | 教学型 | 贵州 | 2016.09.09（45 分钟） | 现场 |
| $M_7$ | 女 | 46 | 教学研究型 | 山东 | 2016.10.16（43 分钟） | 现场 |
| $M_8$ | 女 | 33 | 研究教学型 | 湖北 | 2016.10.28（52 分钟） | 现场 |
| $M_9$ | 男 | 58 | 教学型 | 吉林 | 2016.11.15（63 分钟） | 电话 |
| $M_{10}$ | 男 | 27 | 教学型 | 广东 | 2016.12.10（62 分钟） | 现场 |
| $M_{11}$ | 女 | 46 | 研究型 | 湖北 | 2017.01.10（46 分钟） | 现场 |
| $M_{12}$ | 男 | 39 | 教学研究型 | 新疆 | 2017.02.21（37 分钟） | 现场 |

### 四 数据收集

本书研究的资料数据以深度访谈资料为主，以实地观察和收集政策文本资料为辅。

（一）设计访谈提纲

现代大学制度研究是当前一个比较热门的话题，学术界的研究成果十分丰富，采用方法也比较多样，通过文献梳理发现采用扎根理论进行研究还很有限。本课题根据扎根理论方法要求，围绕以学术为核心的现代大学制度建设的影响因素及其关系，对大学教师、行政人员、大学"双肩挑"人员和学校管理者的代表进行深度访谈，通过访谈挖掘现代大学制度的资料数据，寻找现代大学制度建设影响因素模型的相关概念与范畴，进而建构现代大学制度建设影响因素模型。

本书采用深度访谈来收集数据资料。相对于观察法，可以更直接地了解受访者的思想、心理、观念等深层内容；与问卷法相比，深度访谈可以更直接地询问受访者本人对研究问题的看法，并提供机会让他们用自己的语言和概念来表达他们的观点。① 深度访谈的内容主要涉及访谈对象对现代大学制度的价值理念、结构、建设中存在的各种问题和矛盾等与之相关的问题的看法等。因此，要探寻现代大学制度建设深层次的影响因素，需要在正式实施访谈之前设计访谈提纲。访谈过程围绕提纲但不局限于提纲，根据实际情况在访谈中调整问题顺序或是增减问题。② 深度访谈是在自然情境下展开的，本书的访谈提纲如表7-2所示。

表7-2　　　　　　　　　　　　深度访谈提纲

| 序号 | 访谈问题 |
| --- | --- |
| 1 | 您认为现代大学制度的学术属性、精神理念在贵校落实如何？ |
| 2 | 您认为贵校在中国特色现代大学制度建设中面临怎么样的困境？ |
| 3 | 您认为目前现代大学制度建设存在问题的原因主要有哪些？ |
| 4 | 您认为怎么样才能建设成中国特色的现代大学制度？ |
| 5 | 您认为贵校内部治理情况如何？ |
| 6 | 您认为围绕学术为核心的现代大学制度应该是什么状态？ |
| 7 | 对于现代大学制度，您还有什么需要补充的？ |

（二）深度访谈时间、地点及形式

通过电话或者在现场先与访谈对象约定访谈时间、地点和形式，同时可以预先告知受访者访谈的主题是关于现代大学制度建设的，尤其是在大学学术发展背景下的现代大学制度建设问题，让受访者有一个准备的过程，能更加深度挖掘研究主题需要的概念及其类属和维度等。访谈原则是尊重受访者的意愿，以受访者为中心。这样有利于访谈的顺利进行，本研究的访谈形式主要有三种，分别是实地现场访谈、邮件访谈和电话访谈。

（三）访谈对象的基本情况

为了能使访谈顺利实施，访谈内容更有针对性，需要在每次访谈前

---

① 马艳芬：《教师教育发展困境的制度研究：个人教育选择视域》，博士学位论文，东北师范大学，2009年。

② 文军、蒋逸民：《质性研究概论》，北京大学出版社2010年版，第145—150页。

对访谈对象有基本的了解。基本情况主要包括性别、年龄、兴趣、习惯等。

（四）实施访谈

因为要获得一手数据资料，在征得访谈对象的同意后，进行全程录音。对每位访谈者进行访谈的时间一般维持在 30—90 分钟。

（五）访谈内容整理

本书研究最后要根据访谈内容分析模型，对于访谈对象的谈话进行认真的整理，形成数据资料。具体做法是在每次访谈结束后，马上将录音资料整理为文字资料，为下一步的分编码奠定基础。

**五　资料的整理**

扎根理论强调资料收集和资料分析的同步进行。需要在访谈结束后48 小时内将录音转录为 Word 文字稿。转录时尽可能保留较多的信息，同时将受访者在谈话中出现的语言停顿、语音及音调的特殊变化、特殊的情绪表现、面部表情和肢体语言等一并进行记录并撰写备忘录。在转录稿中，受访者以编号代替，与受访者相关的信息等要进行匿名处理。

**六　伦理道德说明**

因为访谈对象的谈话属于其个人的思想观点，根据研究的伦理要求，需要进行伦理方面的规范，即申明访谈数据资料仅供研究之用，且对访谈对象的各种个人信息保密，以免带来不必要的麻烦，同时对访谈对象表示最衷心的感谢。

## 第二节　模型构建

本书根据扎根理论要求对研究数据资料采用三级编码来建构影响模型，三级编码是三个阶段，分别是开放式编码、轴心式编码以及选择式编码。

**一　开放式编码**

这个阶段主要是对收集的资料按其本身的状态进行开放式编码，就是将数据资料进行贴标签，定义现象，赋予概念，挖掘概念类属，命名，然后以新的方式组合以发掘类属和维度形成范畴，这是一个从资料数据中发现类属并加以命名进而形成范畴的过程。开放式编码一般采用逐行转录编码方式进行。

根据美国学者关于扎根理论的理论与方法，微分析①做一级编码是一种行之有效的方法。我们使用微分析方法和持续比较的方法进行一级编码。

（一）个案 B 的微分析

使用微分析先选择一个具有代表性的个案，通过对该个案的深度访谈，按照扎根理论方法的要求进行编码。

1. 扎根理论

按照扎根理论流程，我们逐步进行分析，依照定义现象、挖掘概念类属和维度等步骤进行编码。

在贴标签步骤中我们共贴了 559 个标签，每个标签都进行编号，编号采用字母加上数字的方式，比如"bb001"，并对每个标签所对应的现象分别进行现象定义，分别用"bb XXX+现象名称"表示。

2. 界定概念

根据扎根理论的步骤，定义现象之后，需要界定概念为挖掘概念类属打基础。接下来，我们对这 559 个现象进行定义概念（见表 7-3）。

表 7-3　　　　　　　　　　个案 B 开放式编码所得概念

| b001 领导体制 | b002 依法治教 | b003 政治环境 | b004 法律法规 |
| b005 大学章程 | b006 "双一流"建设 | b007 大学文化 | b008 教学环境 |
| b009 制度文化 | b010 中国特色 | b011 大学自治 | b012 学术自由 |
| b013 教授治学 | b014 办学特色 | b015 民主管理 | b016 管办评分离 |
| b017 办学定位 | b018 治理体系 | b019 外部治理 | b020 内部治理 |
| b021 办学自主权 | b022 治理能力 | b023 大学竞争 | b024 党委书记 |
| b025 大学校长 | b026 领导体制 | b027 双肩挑 | b028 行政权力 |
| b029 学术权力 | b030 政治权力 | b031 权力冲突 | b032 权力关系 |
| b033 制度体系 | b034 人事制度 | b035 激励机制 | b036 职称改革 |

---

① 注：美国学者朱丽叶·M.科宾、安塞尔姆·L.斯特劳斯认为：微分析是一种更为详细的开放式编码方法，即把资料数据拆分开来，密切关注细节，以开放的心态思考各种可能的意义。（见朱丽叶·M.科宾、安塞尔姆·L.斯特劳斯《质性研究的基础：形成扎根理论的程序与方法》（第三版），朱光明译，重庆大学出版社 2015 年版，第 63 页。）

续表

| b037 招生制度 | b038 考试制度 | b039 评价制度 | b040 制度设计 |
|---|---|---|---|
| b041 教辅人员 | b042 学术监督制度 | b043 二级学院 | b044 研究机构 |
| b045 行政部门 | b046 学术委员会 | b047 政府 | b048 社会 |
| b049 决策机制 | b050 管理模式 | b051 行政化改革 | b052 教学改革 |
| b053 本科院校 | b054 研究型大学 | b055 应用型高校 | b056 高职高专院校 |
| b057 人才 | b058 大学教师 | b059 行政人员 | b060 学生 |
| b061 期刊 | b062 论文 | b063 专著 | b064 专利 |
| b065 学科 | b066 办学经费 | b067 财政拨款 | b068 学杂费 |
| b069 科研经费 | b070 教育质量 | b071 就业前景 | b072 师资力量 |
| b073 职业素养 | b074 招聘教师数 | b075 专任教师数 | b076 兼职教师数 |
| b075 党委领导 | b076 校长负责 | b077 发展前景 | |

与定义现象一样，进行归纳后命名归类处理。通过归纳分析，最终得到了 77 个概念，为轴心式编码阶段打下基础。

3. 命名范畴

按照扎根理论研究方法的步骤，进行概念化以后，接下来就是进行范畴命名。经过对个案 B 资料数据持续反复的研究，挖掘维度，最终析出了 19 个范畴（见表 7-4）。

表 7-4　　　　　　　个案 B 开放式编码所得范畴

| 概念 | 范畴 |
|---|---|
| b001 领导体制　b002 依法治教　b003 政策环境　b004 法律法规　b005 大学章程　b006 "双一流"建设 | BB01 政治环境 |
| b007 大学文化　b008 教学环境　b009 制度文化　b010 中国特色 | BB02 文化环境 |
| b011 大学自治　b012 学术自由　b013 教授治学 | BB03 大学精神 |
| b014 办学特色　b015 民主管理　b016 管办评分离　b017 办学定位 | BB04 大学理念 |
| b018 治理体系　b019 外部治理　b020 内部治理　b021 办学自主权　b022 治理能力　b023 大学竞争　b026 领导体制　b027 双肩挑 | BB05 大学治理 |
| b028 行政权力　b029 学术权力　b030 政治权力　b031 权力冲突　b032 权力关系 | BB06 权力配置 |
| b033 制度体系　b034 人事制度　b036 职称改革　b037 招生制度　b038 考试制度　b039 评价制度　b040 制度设计　b042 学术监督制度 | BB07 制度安排 |

续表

| 概念 | 范畴 |
|---|---|
| b043 二级学院　b044 研究机构　b045 行政部门　b046 学术委员会　b047 政府　b048 社会 | BB08 组织架构 |
| b049 决策机制　b050 管理模式　b051 行政化改革　b052 教学改革 | BB09 运行机制 |
| b053 本科院校　b054 研究型大学　b055 应用型大学　b056 高职高专 | BB010 高校类型 |
| b057 人才　b074 招聘教师数　b075 专任教师数　b076 兼职教师数 | BB011 人力资源 |
| b061 期刊　b062 论文　b063 专著　b064 专利　b065 学科 | BB012 知识资源 |
| b066 办学经费　b067 财政拨款　b068 科研经费　b069 学杂费 | BB013 财力资源 |
| b024 党委书记　b075　党委领导 | BB014 党委书记 |
| b025 大学校长　b076　校长负责 | BB015 大学校长 |
| b059 大学教师　b034 人事制度　b036 职称改革　b035 激励机制 | BB016 教师 |
| b058 学生　b070 教育质量　b071 就业前景　b072 师资力量 | BB017 学生 |
| b060 行政人员　b073 职业素养 | BB018 行政人员 |
| b041 教辅人员　b077 发展前景 | BB019 教辅人员 |

（二）多案例的持续比较

因为扎根理论对概念的形成和范畴的最终命名的要求很高，只是用一个或者几个个案进行微分析是远远不够的。按照对个案 B 的抽样、访谈方式与路径继续持续抽样访谈，进行一级编码，直至饱和，不再出现新的概念和范畴。最终得到 16 个范畴（见表 7-5）。

**表 7-5　　　　　　　个案 B 开放式编码所得范畴**

| 概念 | 范畴 |
|---|---|
| b001 制度政策　b002 依法治教　b003 政治体制　b004 法律法规　b005 大学章程　b006 "双一流"建设　d039 公共政策 | BB01 政治环境 |
| c053 经济发展水平　d072 经济体制　d076 经济结构 | BB14 经济环境 |
| b007 大学文化　b008 教学环境　b009 制度文化　b010 中国特色　f055 校园文化 | BB02 文化环境 |
| a065 国际化　d079 社会参与　f086 人口 | BB16 社会环境 |
| a008 教育信息化　i062 大数据　f031 信息技术　q026 互联网 | BB15 技术环境 |
| b011 大学自治　b012 学术自由　b013 教授治学　e032 民主 | BB03 大学精神 |

续表

| 概念 | 范畴 |
|---|---|
| b014 办学特色　b015 民主管理　b016 管办评分离　b017 办学定位 f044 教学与科研相统一 | BB04 大学理念 |
| b018 治理体系　b019 外部治理　b020 内部治理　b021 办学自主权 b012 治理能力　b023 大学竞争　b024 党委书记　b025 大学校长　b026 领导体制　b027 双肩挑　h046 治理结构　j057 党委领导　a076 治理现代化　d054 管理体制 | BB05 大学治理 |
| b028 行政权力学　b029 学术权力　b030 政治权力　b031 权力冲突 b032 权力关系　e042 市场权力　k019 社会权力　m047 权力分配 | BB06 权力配置 |
| b033 制度体系　b034 人事制度　b035 激励机制　b036 职称改革制度 b037 招生制度　b038 考试制度　b039 评价制度　b040 制度设计　b041 秩序　b042 学术监督制度　c033 法人制度　n067 职能制度　p046 学生管理制度　k029 组织制度 | BB07 制度安排 |
| b043 二级学院　b044 研究机构　b045 行政部门　b046 学术委员会 b047 政府　b048 社会　b081 市场　b084 试点学院 | BB08 组织架构 |
| b049 决策机制　b050 管理模式　b051 行政化改革　b052 教学改革 c068 制度供给 | BB09 运行机制 |
| b053 本科院校　b054 研究型大学　b055 应用型大学　b056 高职高专 | BB010 高校类型 |
| b057 人才　b058 学生　b059 大学教师　b060 行政人员　d081 研究人员 | BB011 人力资源 |
| b061 期刊　b062 论文　b063 专著　b064 专利　b065 学科　e079 课题项目 | BB012 知识资源 |
| b066 办学经费　b067 财政拨款　b068 科研经费　b069 学杂费　c053 建设经费 | BB013 财力资源 |

## 二　轴心式编码

完成开放式编码以后，进入轴心式编码。在此阶段借鉴美国学者"因果性条件→现象→行动脉络→中介条件→行动/互动策略→结果"[①] 流程开展。

经过轴心式编码，本书研究共归纳出五个主范畴，我们用专有名词来命名（见表7-6）。

---

① 注：这是斯特劳斯和科宾的"典范模型"。

表 7-6　　　　　　　　　　编码后的主范畴与副范畴

| 副范畴 | 主范畴 |
|---|---|
| 政治环境 | 环境 |
| 经济环境 | |
| 文化环境 | |
| 制度法律环境 | |
| 学术自由 | 理念 |
| 大学自治 | |
| 民主管理 | |
| 府学关系 | 结构 |
| 组织架构 | |
| 权力分配 | |
| 制度安排 | |
| 运行机制 | |
| 知识资源 | 资源 |
| 人力资源 | |
| 财力资源 | |
| 物力资源 | |
| 党委书记 | 利益相关者 |
| 大学校长 | |
| 教师 | |
| 学生 | |
| 行政人员 | |
| 教辅人员 | |

### 三　选择式编码

在完成两个编码阶段以后，得出主范畴和副范畴，借助国外学者①的方法理论进行选择式编码，形成"故事线"，最后得到理论模型（见表 7-7）。

通过三级编码，本书认为，"环境""理念""结构""资源""利益相关者"这五个主范畴是建设中国特色现代大学制度的结构要素。我

———————

① 注：借助斯特劳斯和科宾的"典范模型"的分析方法进行编码建模。

表 7-7　　　　　本书的故事线及其展现的主范畴典型关系结构

| 关系结构 | 内涵 |
|---|---|
| 环境→现代大学制度 | 政治环境、经济环境、文化环境和制度法律环境为现代大学制度的建设提供了外部动力 |
| 理念→现代大学制度 | "学术自由"制度精神理念为现代大学制度建设提供了合理性支持并指明了建设方向和路径 |
| 结构→现代大学制度 | 合理的政府与大学的关系、组织架构、合理的权力配置为现代大学制度建设提供了组织保障 |
| 资源→现代大学制度 | 人力资源、知识资源、物力资源和财力资源为现代大学制度建设提供了坚强的资源保障 |
| 利益相关者→现代大学制度 | 党委书记、大学校长、教师、学生、行政人员、教辅人员等各利益相关者影响着现代大学制度的建立以及治理行为的质量 |

们将这五个主范畴定义为"影响现代大学制度建设的因素"的核心范畴。

至此，我们基本确定影响现代大学制度建设的因素，从而可以建构影响现代大学制度建设因素的理论模型（见图 7-1）。根据该模型可知，现代大学制度建设受"环境""理念""结构""资源""利益相关者"五个方面的影响。

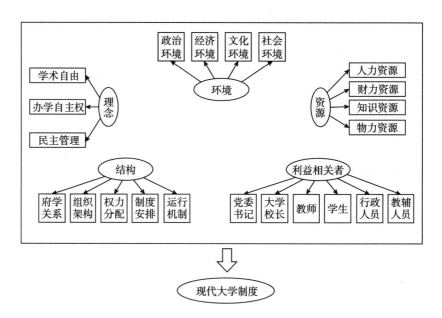

图 7-1　现代大学制度建设的理论模型

#### 四 理论饱和度

理论饱和度的检验是扎根理论必须进行的环节，因为扎根理论方法论中理论饱和度是判断样本量的重要标准。理论饱和度是指"如果继续追加抽样，不会再有新的类属或相关主题出现"[1]。本书的理论框架形成后，通过以上标准检验理论，在满足这些条件后停止理论抽样。

#### 五 信度与效度

扎根理论作为质性研究方法，受到的最大挑战就是信度和效度问题，这也是目前大家比较关注的焦点。国内外众多学者提出了检验扎根理论可信度和可靠性的标准。因为这是本研究要讨论的重点，我们认为对其信度和效度的检验是可以进行验证的。

（一）信度

本书主要从以下几个方面来保证研究的信度。①研究者角色素养。本书的研究者都是从事高等教育管理具有丰富经验的研究者，对于获取资料和访谈有着丰富的经验，为获取可靠的信息资料提供基础。②辅以科学工具记录信息。科学方便的工具为数据资料的真实性和记录提供良好保证，在访谈中采用先进的记录工具，可以保证资料的有效性和充分性。③同行探讨。将获取的信息资料整理以后，请同行专家进行分析探讨，指出研究过程中的不合理之处，辨别资料数据的合理可靠性。④受访者检查。在每次访谈和整理好资料以后，将相关的数据资料请访谈对象进行检查，核实信息资料的真实性。

（二）效度

在质性研究中，虽然效度不太容易把握，但有研究者采取三角研究检验法以保证研究效度。邓兹将三角研究检验法分为时间三角、空间三角以及调查者三角。在本书中，主要采用了时间三角和空间三角。[2]

时间三角是指在同一时间对不同人员、资料类别进行数据收集。其中，不同人员主要包括样本高校校长、书记，还包括二级学院的院长和书记，专业教师、行政人员、教辅人员、学生等；资料类别主要是涉及访谈时的录音和记录、大学章程和规章制度等。具体操作步骤是首先将

---

[1] 杨莉萍等：《质性研究中的资料饱和及其判定》，《心理科学进展》2022年第3期。

[2] 屈满学：《略论定性研究的信度、效度及其伦理道德问题》，《当代教育论坛》2006年第3期。

访谈对象进行分组；其次以时间为依据，收集每组在不同时间的类别资料。

空间三角是从地域角度来划分的，即选择不同地域确定研究对象。本书中的研究地域涉及西南地区、西北地区、华南地区、华北地区、华东地区、华中地区等。

三角研究检验法强调多角度或多立场收集同一主题的资料数据。三角检验法是目前在质性研究中尤其是扎根理论研究方法中比较常见的方法，被专家评价为行之有效的检验效度的方法，本书研究主要从时间三角和空间三角进行检验，经过检验，本书研究的效度良好。

# 第三节　模型分析与修正

现代大学制度随着内外制度环境的变化而不断进行适应性的调整和变革，以期促进现代大学理想和使命的实现。从深层次上看，任何现代大学制度建设都受到一定外部因素和内部因素的影响和制约，是学术主导下的产物。根据绿色包容性治理的内涵特征，现代大学制度是围绕现代大学的学术本质、营造有利于各利益相关者的诉求、促进人的全面发展的制度体系。结合前文的扎根理论可以发现，基于绿色包容性治理的现代大学制度建设在制度本身受到环境、理念、结构和资源的制约和影响。

## 一　范畴的内涵释义

经过上述步骤，在得出几个范畴以后，即影响现代大学制度建设的主要内部因素，需要对它们进行界定和分析。

### （一）环境

在绿色包容性治理视角下，环境是影响现代大学制度建设的重要因素。"任何类型的大学都是遗传与环境的产物"，[1] 这意味着环境对大学的产生和发展有着主要的价值意义，对现代大学制度发展是非常重要的。现代大学制度与大学发展一脉相承，所以，环境是现代大学制度的

---

① 英国著名学者阿什比曾经在《科技发达时代的大学教育》中对大学产生的基本观点对现在都有着深远的影响，同时说明了环境对于大学发展的重要性。

重要影响因素。现代大学制度建设必须根据所处的环境随机应变，保持最佳适应性。

大学所处的环境对于大学的发展和大学制度的建设日益明显，已经有众多学者对环境在教育上的作用进行了实证研究，对环境在大学组织中作用的研究也越来越多。例如，吕思为认为，大学的环境包括内部和外部两个方面，在内部环境中专门提到学术环境，说明大学的学术环境对大学的发展十分重要，对大学制度建设产生重要影响。[①] 王飞和王运来也认为，大学治理要寻找合适的内外部条件，其中的外部条件主要是"社会市场环境、外部监管环境、人的发展环境等"。

在已有研究基础上，结合扎根理论研究，本书认为，影响现代大学制度的环境因素主要包括政治环境、经济环境、文化环境、制度法律环境。

1. 政治环境

政治环境是指国家从事政治生活所面对的各种现象和条件的总和，大学制度建议的政治环境是指国家的政治制度和政府制度的有关法规与政策，包括国家宏观方面的党的路线、政治体制、教育方针、教育政策等，与潘懋元先生提出的高等教育外部规律中教育与政治的关系具有一致性，它们对大学的发展指明了政治方向，决定大学办学方向和人才培养规格目标等。比如，《中国共产党普通高等学校基层组织工作条例》规定了大学领导体制的要求[②]。这些都是政治环境的具体表现。因此，政治环境对现代大学制度的支持度越大，越有利于现代大学制度的建设。

2. 经济环境

经济基础决定上层建筑，纵观大学的发展历程，大学的发展和制度建设都是建立在一定经济基础之上的，离开了经济环境，大学的发展和现代大学制度的建设就无从谈起。经济环境是现代大学制度建设的先决

---

① 吕思为在《我国研究型大学形成的教育政策基础及环境研究》中提出，研究型大学发展面临的环境因素有内部环境和外部环境，其中外部环境包括社会环境、法治环境以及教育国际环境，内部环境包括学术环境、人文环境以及校园文化环境。

② 《中国共产党普通高等学校基层组织工作条例》规定：高等学校实行党委领导下的校长负责制。

条件，现代大学制度的建设需要有经济实力作为保证，从学术发展来看，表现更加明显，学术是一个需要积累沉淀的过程，需要有强有力的经济基础来保证学者的后顾之忧，他们才有足够的时间和精力进行学术研究。国家的经济也决定大学发展水平。经济发展与变革影响甚至决定着现代大学的发展与变革。现代大学制度的建设必须是在一定的经济基础之上的，可以说，经济发达程度越高，建设适应经济社会发展的现代大学制度可能性就越大。因此，经济环境对现代大学制度的支持度越大，现代大学制度对经济环境的适应性越高，其大学运行的效率就越高，越有利于其大学制度的合理建设。

3. 文化环境

文化环境是价值理念、存在形态、心理认知等文化要素的总和，具体到大学其内容主要涉及学校的规划与布局、校舍建筑、校园人文景观、文化传播设施、生活设施、绿化美化等。[①] 文化存在于大学内外，它对大学产生潜移默化的作用，主要表现为精神和理念层面的符号和象征，在现代大学制度建设中，文化与大学价值理念、学术文化、教学文化等息息相关，积极向上、具有底蕴的传统文化基因和大学所特有的核心价值组成的文化环境对大学制度建设具有积极的影响，能促进大学制度的建设。反之亦然。因此，文化环境对现代大学制度的支持度越大，现代大学制度建设成效就越显著。

4. 制度法律环境

制度法律环境是保证大学正常运行的法律保障。规范有效的制度环境是现代大学制度建设的制度保障。现代大学需要用现代大学制度来调整相关学术活动，以保证学术活动能顺利进行，其目的是为学术活动提供服务和支持。制度法律环境反映的是现代大学制度建设的合法性基础。哈贝马斯认为："合法性意味着，对于某些要求作为正确的和公正的存在物而被认可的政治秩序来说，有着一些好的根据。一个合法的秩序应该得到承认。合法性意味着某种政治秩序被认可的价值。"[②] 中国学者刘复兴则指出："被统治者的首肯、社会价值观念和社会认同、与

---

① 顾华宁、杜春华：《"大爱精神"视域下的成都理工大学校园文化建设实践》，《西南民族大学学报》（人文社会科学版）2012 第 S2 期。

② ［德］哈贝马斯：《交往与社会进化》，张博树译，重庆出版社 1989 年版，第 184 页。

法律相关联等是理解合法性的三个重要方面。"① 可见，现代大学制度合法性，就意味着是被人们所接受和承认的，是符合社会基本道德规范和伦理的，是符合人的社会性需求的。制度法律环境是现代大学制度合法性的主要来源。因此，社会的制度法律体系越完善，越有利于现代大学制度建设。

实际上，现代大学制度是确保现代大学使命实现的一系列制度的总称。显而易见，作为确保现代大学使命实现的一系列制度，现代大学制度不仅具有"法"的意义，而且是一定伦理价值观的具体化、实体化和制度化。因此，现代大学制度一旦缺乏应有的伦理观照，其"法"的意义也会荡然无存。从这个意义上说，现代大学制度要想在办学实践中真正发挥其应有的效力，就必须合乎当今社会的基本道德规范和伦理诉求。

目前，中国大学组织中教师和学生面临的大学组织内部压力越来越大，大学制度环境在很大程度上影响了学生和学术的发展，他们面临的压力主要来自教学、科研和社会服务，即现代大学的职能在学术身上的具体化。尤其是科研创新的压力表现得最为突出。需要我们对制度环境进行改善，营造适合学术发展的制度氛围和制度环境，为大学的学术发展带来新的活力。

综上，本书形成以下研究假设：

H1：大学组织的环境越好，对现代大学制度建设的正向影响越强；反之则越弱。

H1a：政治环境是环境的一个要素，能显著地正向反映环境变量。

H1b：经济环境是环境的一个要素，能显著地正向反映环境变量。

H1c：文化环境是环境的一个要素，能显著地正向反映环境变量。

H1d：制度法律环境是环境的一个要素，能显著地正向反映环境变量。

（二）理念

大学理念体现大学精神，是精神层面上对大学本质和大学制度核心价值的认知。理念属于思想认识上对事物属性的看法，具有稳定性和概括性。理念一旦形成很难发生变化，其对实践具有指导性，并具有先导

---

① 刘复兴：《教育政策的价值分析》，教育科学出版社 2003 年版，第 47 页。

性的基础作用。在现代大学制度的建设中的大学理念主要包括学术自由、大学自治和民主管理。基于扎根理论研究以及前人的研究成果，本书研究认为"理念"包括"学术自由""办学自主权""民主管理"。

理念是现代大学制度建设的影响因素之一。《大学》里有"大学之道在明明德，在亲民，在止于至善"。胡适说："大学之大，在于精神上，大学精神之于大学，犹如人之灵魂身体。"因此，先进的大学理念对现代大学制度建设具有很强的引导作用。

在本书中，学术自由是指学者权利的自由，学术自由是与现代大学共生的制度精神和理念，学术自由包括学者的研究自由、教学自由和学习自由。在现代大学制度建设中要坚守的是学术自由，学术自由是现代大学制度的核心价值。现代大学制度最终是为实现人的自由发展而服务的，通过现代大学制度的规范和现代大学制度的精神要求，让利益相关者最后都得到自由发展，实现人性的解放，这也是马克思主义关于人性解放学说思想的核心内涵。

办学自主权，是指大学保持自己相对的独立性。现代大学制度建设就是通过制度安排让大学免于外部干扰，独立地处理大学内部的事务，促进大学的学术发展和学生的自由发展，真正实现大学自主决定办学的落实，它是现代大学制度中最有价值、历史最悠久的制度权力。

民主管理是现代大学从现代社会政治中吸收的制度精神。构建师生平等交流讨论学术问题和学者之间以及学者与管理者之间平等进行学术交流的机制是大学制度对学术保障的主要手段，这就需要营造民主管理的氛围，以学术和真理为师，而不是让大学像官僚制那样层级分明，管理者和学术职业者之间应平等谈论大学的学术问题。

本书将"学术自由""办学自主权""民主管理"界定为"理念"，进行现代大学制度的因素分析。因此，先进的大学理念对现代大学制度建设具有很强的引导作用。

综上，本书形成以下研究假设：

H2：大学理念落实越好，对现代大学制度建设的正向影响越强；反之则越弱。

H2a：学术自由是理念的一个要素，能够显著地正向反映理念变量。

H2b：办学自主权是理念的一个要素，能够显著地正向反映理念变量。

H2c：民主管理是理念的一个要素，能够显著地正向反映理念变量。

（三）结构

结构是现代大学制度内部要素中处于核心地位的因素，是现代大学制度的灵魂。大学治理结构包括大学的内部治理结构和外部治理结构。

外部治理结构主要是大学与政府的关系问题，即府学关系。政府在大学的治理结构中处于强势地位，政府决定大学的资源配置，包括人力资源、财力资源和学术资源等，比如，大学拨款、职称和各种人才称号的评选等都掌握在政府手上，课题的研究评审、科学成果奖等学术获得也是政府主导，这些问题有可能影响到学术组织的学术性。

在大学内部治理结构方面，主要是学术权力和行政的冲突与博弈，权力配置是现代大学制度的核心，组织架构等都是权力分配的结果。学校内部的各种制度规定和具体的学术发展以及学术培养等大学职能实现都存在各种问题和矛盾，比如，职称的评定，制度规定的公正性，一直是学术话题。大学的运行机制不畅都是由于组织架构、制度安排、权力分配的不合理导致的。

现代大学是一种特殊的学术组织。[1] 通过优化大学治理结构来影响资源配置的方式引导大学利益相关者的行为，以此实现对大学治理的影响。[2]

综上，本书形成以下研究假设：

H3：大学的治理结构越合理，对现代大学制度建设的正向影响越强；反之则越弱。

H3a：府学关系是结构的一个要素，能显著地正向反映结构变量。

H3b：组织架构是结构的一个要素，能显著地正向反映结构变量。

H3c：权力分配是结构的一个要素，能显著地正向反映结构变量。

H3d：制度安排是结构的一个要素，能显著地正向反映结构变量。

H3e：运行机制是结构的一个要素，能显著地正向反映结构变量。

（四）资源

资源是组织发展的一个重要前提条件。大学作为学术组织也毫不例

① 宣勇：《大学组织结构研究》，高等教育出版社 2005 年版。

② 邓锁：《开放组织的权力与合法性》，《华中科技大学学报》（社会科学版）2004 年第 4 期。

外地需要资源的支持和保障。丰富的资源能够为现代大学发展带来良好的发展机遇和提高其竞争力。现代大学作为现代社会的重要组织结构，其正常运转除了制度设计，更需要各种资源的支撑。现代大学的资源是指在现代大学运行过程中的各种经济要素即条件的总和，包括人力、财力、物力和知识方面的资源，大学作为学术组织，区别于其他组织的特性就是其知识学问，因此，知识就是大学特有的资源之一。

建设现代大学制度，必须有相应的资源条件作为条件保障，大学的资源条件和资源配置在制度建设中起到十分关键的作用。在当今社会，资源稀缺和配置的不均衡问题直接影响大学制度的建设，提高现代大学的资源获取及转化能力，对现代大学制度建设具有基础保障作用。本书将"以有限的资源进行合理配置、优化使用，以最小化的资源成本获取最大化的效益"界定为资源的合理配置①。

根据已有研究和扎根理论的研究，我们认为现代大学制度建设因素模型中"资源"因素下的子因素是人力资源、财力资源、物力资源以及知识资源。

1. 人力资源

人力资源主要是大学教师、行政人员、教辅人员、学生等大学的利益相关者。人力资源是制度建设中最活跃的因素，大学的发展离开了人的因素，也就失去了发展的根本。因此，必须加强对人力资源的建设，创新人力资源配置的方法途径，创设良好的环境吸引人力资源参与制度建设。

2. 财力资源

财力资源是大学赖以生存和发展的经济基础。梳理世界一流大学的发展和总结成为一流大学的成功之处时，发现充裕的财力是大学发展的动力，充裕的财力支持能够保障学术发展。这是因为充裕的财力为学术发展提供了良好的经济支持。在现代大学制度建设中要合理配置财力资源，让大学有限的财力充分发挥其效益。

3. 物力资源

大学的物力资源是指在大学职能目标实现过程中不断转化部分财力

---

① 谢潇潇等：《完善大学内部治理结构　合理配置大学教育资源》，《西北工业大学学报》（社会科学版）2015 年第 3 期。

资源而积累起来的具体的实物，[1] 是大学货币资金的实物形态，体现了物化劳动的占有及消耗。[2] 主要包括固定资产[3]以及消费性材料与低值易耗品（如水电、试剂、杂用品、低值仪器设备等）两大类。[4] 大学依据教学、科研、服务和发展的需要，将部分物力资源进行合理配置，并依据边际效用及时添置、调配物资，最大限度地发挥物力资源的作用，并使利益相关者能公正公平地共享资源。

4. 知识资源

大学作为学术组织，生产知识和发现知识是其题中之义。知识资源在大学的发展中形成了为人类科技发展和社会进步提供思想和技术的体系。大学知识资源越丰富越有利于大学发展。知识获取本身也是制度安排和制度设计中的主要环节。对于利益相关者而言，知识资源主要是指大学发现的各种新的概念、发明、转化为生产力的理论方法、先进的思想理念等。知识生产是大学发展的动力。因此，知识资源配置体现学术性的外在表现形式，是现代大学制度建设的目标和驱动。

综上，本书形成以下研究假设：

H4：大学组织的资源越丰富，对现代大学制度建设的正向影响越强；反之则越弱。

H4a：人力资源是资源的一个要素，能显著地正向反映资源变量。

H4b：财力资源是资源的一个要素，能显著地正向反映资源变量。

H4c：物力资源是资源的一个要素，能显著地正向反映资源变量。

H4d：知识资源是资源的一个要素，能显著地正向反映资源变量。

（五）利益相关者

谁是利益相关者？我们在前文已作了相关理论的阐述。在此，我们根据绿色包容性治理的理论内涵，从大学内部治理的制度体系来界定利益相关者，主要界定为高校校内人员，比如，党委书记、校长、教师、

---

[1] 李星云：《教育经济学教程》，南京师范大学出版社 2005 年版，第 152 页。

[2] 韩素贞：《我国当前高校物力和财力资源利用效率研究——基于 A 校的个案》，硕士学位论文，南京师范大学，2009 年。

[3] 许晓东、卞良：《"教学状态数据库"研究及其在新建院校中的应用》，《高等教育研究》2013 年第 6 期。

[4] 章跃：《我国高校优化资源配置提高办学经济效益研究》，博士学位论文，河海大学，2002 年。

学生、行政人员。大学知识的传播、生产和创新都离不开大学人的劳动。从现有研究来看，已有学者解析了利益相关者理论在高等教育领域的适用性并确认了学生、教师、管理人员在利益相关者中的位置。① 比如，李福华认为教师、学生、管理人员是核心利益相关者。对学生是核心利益相关者的认定是这样表述的：基于"学生是教育服务的对象和'产品'，学校发展则意味着会有更高的人才培养质量，意味着学生文凭的升值，意味着学生好的就业前景和好的未来收益"；没有教师，大学就不能存在；管理人员是大学运行的组织者、协调者和服务者。② 胡赤弟认为因为没有学生就没有大学，学生毕竟是大学存在的理由。从这一意义上，学生是大学的主要利益相关者。同样，教师是利益相关者。③ 可见，学生、教师、管理人员是利益相关者中的核心群体。本书中的利益相关者主要是指大学内部的利益相关者，即党委书记、校长、教师、学生、行政人员和教辅人员。

综上，本书形成以下研究假设：

H5：大学利益相关者对现代大学制度建设具有显著的正向影响。

H5a：党委书记对利益相关者变量正向影响非常显著。

H5b：大学校长对利益相关者变量正向影响非常显著。

H5c：教师对利益相关者变量正向影响非常显著。

H5d：学生对利益相关者变量正向影响非常显著。

H5e：行政人员对利益相关者变量正向影响非常显著。

H5f：教辅人员对利益相关者变量正向影响非常显著。

## 二 模型内部关系

在本书中，对利益相关者的界定主要是从大学内部来确定的，也就是指大学内部的利益相关者。为更好地借鉴制度—行动者理论和行动者—系统—动力学（ASD）理论探讨本书模型中各范畴之间的关系，更好地将文化范式与结构研究范式有机结合，模型中的"利益相关者"概念内涵等同于"行动者"，因此本书使用"利益相关者"这一

---

① 孙丽芝：《建立现代大学制度必须彰显学生权力》，《兰州大学学报》（社会科学版）2015 年第 2 期。

② 李福华：《利益相关者理论与大学管理体制创新》，《教育研究》2007 年第 7 期。

③ 胡赤弟：《高等教育中的利益相关者分析》，《教育研究》2005 年第 3 期。

概念。

基于扎根理论研究以及相关学者的研究、制度—行动者理论以及行动者—系统—动力学（ASD）理论，利益相关者是现代大学制度建议的最活跃因素，因此本书认为"利益相关者"在现代大学制度建设的影响因素模型中处于中心地位，认为环境、理念、结构、资源对大学内部治理中的利益相关者的行动态度、行动选择以及行动策略产生影响，而利益相关者因其主观能动性也会根据实际情况适时调整自身行为，进而影响着大学制度运行的效率和现代大学制度的建构。因为在现代大学制度建设中学生和教师是制度建设的最活跃的因素，学生和教师的行动为现代大学制度建设提供良好的行动方案，对现代大学制度建设的主观能动性强。制度必须通过人起作用，制度变迁也是在人的活动下生成的。因此，学生和教师对于现代大学制度建设的正向影响非常显著。在现代大学制度建设过程中，学生和教师这两个核心利益相关者与制度本身，以及制度内部的其他要素发挥作用，共同推进制度变迁。

由此，本书形成以下四个关于该模型内部关系的研究假设：

H6：大学组织环境越好，对利益相关者的正向影响越大，进而对现代大学制度建设的正向影响越强；反之则越弱。

H7：大学理念落实越好，对利益相关者的正向影响越大，进而对现代大学制度建设的正向影响越强；反之则越弱。

H8：结构越合理，对利益相关者的正向影响越大，进而对现代大学制度建设的正向影响越强；反之则越弱。

H9：资源越丰富，对利益相关者的正向影响越大，进而对现代大学制度建设的正向影响越强；反之则越弱。

### 三 模型修正

根据上述研究结果，本书对"现代大学制度建设的影响因素模型"进行进一步完善。认为现代大学制度的构建受到"环境""理念""结构""资源""利益相关者"这五种因素的影响（见图7-2）。至此，"现代大学制度建设的影响因素模型"中影响因素之间的关系以及逻辑结构已基本明了。下一步将根据这个模型进行实证分析，进一步完善和修正模型，为建设中国特色现代大学制度打下坚实基础。

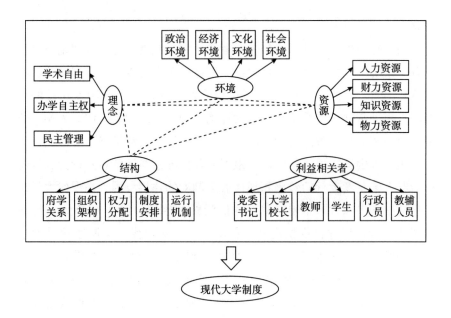

图7-2 现代大学制度建设的影响因素模型

# 第八章

# 绿色包容性治理下现代大学制度
# 建设影响因素的实证研究

现代大学的发展历史昭示我们，现代大学发展至今，已经成为高度复杂的学术组织，与社会其他组织发展一样受制于众多因素影响，除了大学组织内部的各种要素外，对现代大学组织的影响还包括大学组织外部的政治、经济、社会、文化等。

为了探究现代大学制度建设的现状和影响因素，根据绿色包容性治理与现代大学制度的关系和绿色包容性治理下现代大学制度的特征要素，前文我们使用扎根理论的方法对现代大学制度建设进行了质性研究，初步形成了"绿色包容性理论下现代大学制度建设的影响因素模型"，探究出了"环境""理念""结构""资源""利益相关者"是影响现代大学制度建设的重要因素。为了进一步检验现代大学制度建设的影响因素，探讨这些因素如何影响现代大学制度建设、因素之间的关系、影响的作用机制以及现代大学制度的运行和建设的基本情况，我们将采用定量分析方法即问卷调查法对现代大学制度建设的影响因素模型进行检验。按照实证分析方法的要求，在分析信度效度的基础上，运用结构方程模型来分析影响现代大学制度建设的主要因素，为建设和完善中国特色的现代大学制度提出对策建议。

## 第一节 研究假设

基于绿色包容性治理理论，现代大学制度包括"环境""理念"

"结构""资源""利益相关者"五个方面。根据扎根理论得出现代大学制度建设影响因素的五个维度，我们针对这五个维度提出了一系列有关现代大学制度建设影响因素的研究假设。具体假设如表 8-1 所示。

表 8-1　　　　　现代大学制度建设影响因素的一系列研究假设

| 总研究假设 | 子研究假设 |
|---|---|
| H1：大学组织的环境越好，对现代大学制度建设的正向影响越强，反之则越弱 | H1a：政治环境是环境的一个要素，能显著地正向反映环境变量 |
| | H1b：经济环境是环境的一个要素，能显著地正向反映环境变量 |
| | H1c：文化环境是环境的一个要素，能显著地正向反映环境变量 |
| | H1d：制度法律环境是环境的一个要素，能显著地正向反映环境变量 |
| H2：大学理念落实越好，对现代大学制度建设的正向影响越强，反之则越弱 | H2a：学术自由是理念的一个要素，能够显著正向反映理念变量 |
| | H2b：办学自主权是理念的一个要素，能够显著正向反映理念变量 |
| | H2c：民主管理是理念的一个要素，能够显著正向反映理念变量 |
| H3：结构越合理，对现代大学制度建设的正向影响越强，反之则越弱 | H3a：府学关系是结构的一个要素，能显著地正向反映结构变量 |
| | H3b：组织架构是结构的一个要素，能显著地正向反映结构变量 |
| | H3c：权力分配是结构的一个要素，能显著地正向反映结构变量 |
| | H3d：制度安排是结构的一个要素，能显著地正向反映结构变量 |
| | H3e：运行机制是结构的一个要素，能显著地正向反映结构变量 |
| H4：资源越丰富，对现代大学制度建设的正向影响越强，反之则越弱 | H4a：人力资源是资源的一个要素，能显著地正向反映资源变量 |
| | H4b：财力资源是资源的一个要素，能显著地正向反映资源变量 |
| | H4c：知识资源是资源的一个要素，能显著地正向反映资源变量 |
| | H4d：物力资源是资源的一个要素，能显著地正向反映资源变量 |
| H5：利益相关者对现代大学制度建设具有显著的正向影响 | H5a：党委书记对利益相关者变量正向影响非常显著 |
| | H5b：大学校长对利益相关者变量正向影响非常显著 |
| | H5c：大学教师对利益相关者变量正向影响非常显著 |
| | H5d：学生对利益相关者变量正向影响非常显著 |
| | H5e：行政人员对利益相关者变量正向影响非常显著 |
| | H5f：教辅人员对利益相关者变量正向影响非常显著 |

H6：大学组织环境越好，对利益相关者的正向影响越大，进而对现代大学制度建设的正向影响越强；反之则越弱

H7：大学理念落实越好，对利益相关者的正向影响越大，进而对现代大学制度建设的正向影响越强；反之则越弱

续表

| 总研究假设 | 子研究假设 |
| --- | --- |
| H8：结构越合理，对利益相关者的正向影响越大，进而对现代大学制度建设的正向影响越强；反之则越弱 | |
| H9：资源越丰富，对利益相关者的正向影响越大，进而对现代大学制度建设的正向影响越强；反之则越弱 | |

# 第二节　研究设计

## 一　研究目的

通过定量研究检验"现代大学制度建设的影响因素模型"，验证并探究影响因素之间的关系、作用机制及效果，进一步完善该模型。从根本上剖析中国特色现代大学制度建设中存在的矛盾及其原因，进而为完善中国特色现代大学制度建设提出有效的对策建议。

## 二　研究内容

根据研究设计的目的，本书将进行两个方面的定量分析。第一，对影响中国特色现代大学制度建设的因素，各因素之间存在的关系，各因素之间的作用机制和作用效果的探究。第二，中国现代大学制度建设成效现状的评价与研判。

## 三　研究方法与分析工具

采用自编的调查问卷进行调查，问卷编制是在充分进行文献阅读分析、咨询专家意见的基础上完成的。数据处理采用的是 Excel2007、SPSS16.0 与 AMOS 4.0 软件工具。

# 第三节　调查工具的设计

## 一　调查问卷设计的过程

调查问卷采用自编的《关于现代大学制度建设的调查问卷》，在问卷编制过程中，阅读了大量有关现代大学和现代大学制度方面的文献，咨询了相关专家，与大学教师、学生、大学行政人员和教辅人员进行了深度访谈。在此基础上，结合前面进行扎根理论得到的模型和影响因素的维度设计变量。

问卷设计完成后，分别向贵州、山东、吉林、广东的 4 所本科院校进行预调查，对预调查的数据进行分析和完善，得到最终的调查问卷。

**二　调查问卷的结构**

根据前面对"现代大学制度建设的影响因素模型"的分析，可以发现，影响现代大学制度建设的因素主要有"环境""理念""结构""资源""利益相关者"五个方面，其中"环境""理念""结构""资源"四个维度既影响现代大学制度又影响利益相关者行为，通过影响利益相关者行为影响现代大学制度建设。有鉴于此，本书将现代大学制度建设成效确定为因变量，将"利益相关者"确定为中介变量，将"环境""理念""结构""资源"确定为自变量。

根据前面对自变量、中介变量和因变量的确定，我们编制了调查问卷。自变量和中介变量的内涵和特征在前面部分已进行了介绍。这里主要对因变量的确定和内涵特征进行分析说明。研究现代大学制度的视角有很多，既可以是全方位的，也可以从大学治理方面进行研究，还可以从制度伦理方面进行挖掘，不同视角的侧重点有所不同。本书是以绿色包容性治理作为研究视角来分析现代大学制度建设中的矛盾和问题，并探讨现代大学制度对人才培养的影响。因此，以现代大学制度建设成效为因变量，以利益相关者为中介变量，通过分析探讨现代大学制度建设情况与利益相关者的学术发展关系来进一步对现代大学制度建设的具体影响因素做进一步的评价，从而有利于提出具体的对策建议。学术是现代大学职能的具体体现，目前学术和学生发展过程中存在的问题和学术发展水平的根源在于现代大学制度建设的情况，学术发展水平反映了现代大学制度的运行现状和建设成效，因为学术性是现代大学的本质属性，现代大学制度是为学术发展和人才培养提供保障的。学术和学生是现代大学制度的根本指向，建设现代大学制度的根本在于学术和学生的发展。衡量和检验现代大学制度建设成效的标准就是学术和学生发展状况。学术和学生发展是目标，现代大学制度建设越好，就意味着大学的学术和学生发展越好，大学在世界上的影响力就越强，我们国家现在正在进行一流大学建设，建设一流大学和一流学科必须有大学制度保驾护航。大学有五大职能，即教学（人才培养）、科学研究和社会服务，文化传承创新、国际交流合作，大学的五大职能是现代大学制度范畴的职能制度，即教学制度、科研制度、社会服务制度、文化传承创新制度和国际交流合作制度，也就是说现代大学制度与学术和学生的互动充分体现在职能制度之中。

从绿色包容性治理视角，探究现代大学制度与利益相关者之间的互动关系来呈现现代大学制度建设现状。现在要对现代大学制度建设成效进行评价，需要找到一些可观测变量来测量，通过阅读相关文献、咨询专家学者以及考虑到本书研究的需要，根据孙华现代大学制度的结构和俞可平关于善治的标准，本书研究从法治、合理、责任、有效、合法、公正、参与、透明这八个方面对现代大学制度建设成效这一因变量进行界定与测量，同时增列了 H10a—H10h8 个子研究假设。具体如表 8-2、表 8-3 所示。

表 8-2                                       调查问卷的测量表结构

| 一级变量 | 二级变量 | 题号 | 变量代码 | 题目 | 参考来源 |
|---|---|---|---|---|---|
| 自变量 | 环境 政治环境 | 1 | E1 | 政治环境对我所在高校的支持力度大 | 卞良（2017），专家咨询，扎根理论研究 |
| | 经济环境 | 2 | E2 | 经济环境对我所在高校的支持力度大 | 卞良（2017），专家咨询，扎根理论研究 |
| | 文化环境 | 3 | E3 | 文化环境对我所在高校的支持力度大 | 卞良（2017），专家咨询，扎根理论研究 |
| | 制度法律环境 | 4 | E4 | 制度法律环境对我所在高校的支持力度大 | 冯小林、谷声燕（2009），专家咨询，扎根理论研究 |
| | 理念 学术自由 | 5 | I1 | 学术自由理念在我所在高校得到很好体现 | 别敦荣（2013）；王洪才（2015），专家咨询，扎根理论研究 |
| | 办学自主权 | 6 | I2 | 我所在高校办学自主权充分落实 | 别敦荣（2013）；王洪才（2015），专家咨询，扎根理论研究 |
| | 民主管理 | 7 | I3 | 我所在高校民主管理程度很高 | 别敦荣（2013）；王洪才（2015），专家咨询，扎根理论研究 |

续表

| 一级变量 | 二级变量 | 题号 | 变量代码 | 题目 | 参考来源 |
|---|---|---|---|---|---|
| 自变量 | 结构 | | | | |
| | 府学关系 | 8 | C1 | 我所在高校与政府属于平等关系 | 黄建伟（2013），专家咨询，扎根理论研究 |
| | 组织结构 | 9 | C2 | 我所在高校的组织结构非常科学合理 | 别敦荣（2013），专家咨询，扎根理论研究 |
| | 权力分配 | 10 | C3 | 我所在高校的权力结构非常科学合理 | 别敦荣（2013），专家咨询，扎根理论研究 |
| | 制度安排 | 11 | C4 | 我所在高校的制度安排非常科学合理 | 别敦荣（2013）；王洪才（2015），专家咨询，扎根理论研究 |
| | 运行机制 | 12 | C5 | 我所在高校的运行机制非常顺畅 | 卞良（2017）；刘恩允（2015），专家咨询，扎根理论研究 |
| | 资源 | | | | |
| | 人力资源 | 13 | R1 | 我所在高校的人力资源配置非常合理 | 卞良（2017），专家咨询，扎根理论研究 |
| | 财力资源 | 14 | R2 | 我所在高校的财力资源配置非常合理 | 卞良（2017），专家咨询，扎根理论研究 |
| | 知识资源 | 15 | R3 | 我所在高校的知识资源配置非常合理 | 张志峰、邹珊刚（2000）；赵士英、洪晓楠（2001）；杨如安（2005）；赵彦志（2011）；黄志兵、夏人青（2015），专家咨询，扎根理论研究 |
| | 物力资源 | 16 | R4 | 我所在高校的物力资源配置非常合理 | 章跃（2002）；弗雷德里克·E. 博德斯顿（2006）；韩素贞（2009）；郑洪波（2015），专家咨询，扎根理论研究 |
| 中介变量 | 利益相关者 | | | | |
| | 党委书记 | 17 | T1 | 贵校党委书记的行为十分科学合理 | 杨德安（2002）；贾效明、焦文俊（2005）；潘国臣（2010）；倪朝霞（2012）；刘恩允（2015），专家咨询，扎根理论研究 |

续表

| 一级变量 | 二级变量 | 题号 | 变量代码 | 题目 | 参考来源 |
|---|---|---|---|---|---|
| 中介变量 | 利益相关者 | | | | |
| | 大学校长 | 18 | T2 | 贵校校长的行为十分科学合理 | 刘尧（2003）；朱建成（2006）；张雪珍、陈丽璘（2007）；任初明（2009） |
| | 教师 | 19 | T3 | 贵校教师的行为十分科学合理 | 美国大学教授协会（AAUP）委员会学院和大学治理分会（1966），专家咨询，扎根理论研究 |
| | 学生 | 20 | T4 | 贵校学生的行为十分科学合理 | 联合国教科文组织（1998）；孙芳、王为正（2014）；董向宇（2015）；崔桓（2015）；马培培（2016），专家咨询，扎根理论研究 |
| | 行政人员 | 21 | T5 | 贵校行政人员的行为十分科学合理 | William L. Waugh, Jr（1998）；蓝云霞（2005），专家咨询，扎根理论研究 |
| | 教辅人员 | 22 | T6 | 贵校教辅人员的行为十分科学合理 | William L. Waugh, Jr（1998）；蓝云霞（2005），专家咨询，扎根理论研究 |
| 因变量 | 现代大学制度建设成效 | | | | |
| | 法治程度 | 23 | S1 | 我所在高校依法治教 | 别敦荣（2013），专家咨询，扎根理论研究 |
| | 合理程度 | 24 | S2 | 我所在高校各项工作遵从学术原则进行 | 别敦荣（2013）；王洪才、刘隽颖（2016），专家咨询，扎根理论研究 |
| | 责任程度 | 25 | S3 | 我所在高校教师和工作人员都自觉履职 | 卞良（2017），专家咨询，扎根理论研究 |
| | 有效程度 | 26 | S4 | 我所在高校工作效率高 | 俞可平（2002、2008）；卞良（2017），专家咨询，扎根理论研究 |
| | 合法程度 | 27 | S5 | 我所在高校的各项工作按照规则进行，秩序很好 | 俞可平（2002、2008）；别敦荣（2013），专家咨询，扎根理论研究 |

续表

| 一级变量 | 二级变量 | 题号 | 变量代码 | 题目 | 参考来源 |
|---|---|---|---|---|---|
| 因变量<br><br>现代大学制度建设成效 | 公正程度 | 28 | S6 | 我所在高校决策公正公平 | 别敦荣（2013），专家咨询，扎根理论研究 |
| | 参与程度 | 29 | S7 | 我所在高校师生能很好地参与到学校治理中 | 俞可平（2002、2008），专家咨询，扎根理论研究 |
| | 透明程度 | 30 | S8 | 我所在高校信息公开做得很好 | 俞可平（2002、2008），专家咨询，扎根理论研究 |

**表 8-3　　　　　　　　　　　　子研究假设增设**

H10a：法治程度越高，则现代大学制度建设成效越显著；反之则越差

H10b：合理程度越高，则现代大学制度建设成效越显著；反之则越差

H10c：责任程度越高，则现代大学制度建设成效越显著；反之则越差

H10d：有效程度越高，则现代大学制度建设成效越显著；反之则越差

H10e：合法程度越高，则现代大学制度建设成效越显著；反之则越差

H10f：公正程度越高，则现代大学制度建设成效越显著；反之则越差

H10g：参与程度越高，则现代大学制度建设成效越显著；反之则越差

H10$_h$：透明程度越高，则现代大学制度建设成效越显著；反之则越差

### 三　问卷评分的确定

目前，调查问卷的计分方法比较普遍的是 Likert5 级量表和 7 级量表计分法，尽管有学者认为奇数评定会让调查对象选择中间回答影响问卷质量，但实践中并没有这方面的验证。相反，相关研究显示，级度增加到 20 以上时，信度反而下降。[①] 为了保证问卷信度和问卷调查质量，本研究采用 Likert5 级量表。每个题目分别用"非常不符合""不符合""一般""符合""非常符合"五种选项表示，分别记为 1 分、2 分、3 分、4 分、5 分。

---

① 张雅：《非营利组织服务导向的测量维度、影响因素及作用机制研究》，博士学位论文，武汉大学，2014 年。

## 第四节 数据收集

### 一 样本对象的选择

本科院校的选择。截至 2022 年，中国共有本科院校 1238 所（含独立学院 164 所）[①]，数量繁多，学校类型差异、层次差异和区域差异很大。为了尽可能让调查结果符合实际情况，本书在学校选择上采取全国各个大区都抽样调查的方式进行，在抽样时尽量将差异降低，以判断抽样为主，辅以简单随机抽样。

在样本个体选择上必须考虑利益相关者种类不同的差异，本次问卷调查的对象为中国七个区域，即华北地区、东北地区、华东地区、华南地区、华中地区、西南地区和西北地区的 15 个省份的本科高校，包括北京、江苏、广东、吉林、黑龙江、湖南、湖北、西藏、新疆、贵州、四川、重庆、山东、甘肃、浙江的高校。

### 二 调查样本规模的确定

调查样本规模一般有一个适合范畴，样本既不能太小，也不能太大，太小会导致科学合理性不够，太大则会导致适合度的指标很差。一般认为，调查样本规模是题目的 10 倍比较合适。如果使用结构方程模型其样本量应该在 200 份以上。[②] 本书综合考虑问卷填答率、有效率以及其他情况，决定将调查样本数确定为 1500 份。

### 三 问卷的发放

调查问卷的发放方式是现场发放并回收，同时使用网络问卷进行调查。现场发放主要是在课题组区域和利用学术会议机会进行的。通过手机、电脑发放网络问卷，相关部门和人员在线填答。

共发放调查问卷 1500 份，回收问卷 1232 份，总回收率为 82.13%。本书研究的调查对象数量达到调查问卷的基本要求：本问卷共 30 道题目，调查样本数远远超过问卷题目数量的 10 倍。

---

① 中华人民共和国教育部：《各级各类学校校数、教职工、专任教师情况》，http://www.moe.gov.cn/s78/A03/moe_560/jytjsj_2018/qg/201908/t20190812_394241.htm，2023 年 3 月 2 日。

② 张斌：《公共信息对公众信任及行为的影响研究》，博士学位论文，西南交通大学，2010 年。

# 第五节 调查结果

## 一 描述性统计

根据回收的问卷我们首先对调查对象的基本情况进行统计。对调查对象的统计主要是从人数、占比进行归纳，具体如表8-4所示。

表8-4　　　　　　　　调查对象的具体情况分布

| 项目 | 类别 | 人数（人） | 百分比（%） | 项目 | 类别 | 人数（人） | 百分比（%） |
|---|---|---|---|---|---|---|---|
| 性别 | 男 | 634 | 51.46 | 高校类型 | 教学研究型大学（有硕士点、博士点的省属重点大学） | 437 | 35.47 |
| | 女 | 598 | 48.54 | | | | |
| 年龄 | 35岁及以下 | 398 | 32.32 | | 教学型大学 | 231 | 18.75 |
| | 36—45岁 | 511 | 41.47 | 教龄 | 5年及以下 | 311 | 25.25 |
| | 46—55岁 | 311 | 25.24 | | 6—10年 | 149 | 12.12 |
| | 56岁及以上 | 12 | 0.97 | | 11—15年 | 299 | 24.24 |
| 职称 | 教授（研究员） | 348 | 28.25 | | 16—20年 | 162 | 13.13 |
| | 副教授（副研究员） | 528 | 42.86 | | 21—30年 | 236 | 19.19 |
| | 讲师（助理研究员） | 344 | 27.84 | | 31年及以上 | 75 | 6.07 |
| | 其他 | 13 | 1.05 | 学科门类 | 理科 | 299 | 24.27 |
| 身份 | 校级领导职务 | 12 | 0.97 | | 工科 | 326 | 26.46 |
| | 院系领导职务 | 177 | 14.37 | | 农学 | 39 | 3.17 |
| | 教师（专职研究人员） | 846 | 68.67 | | 医学 | 66 | 5.36 |
| | 行政人员 | 101 | 8.20 | | 人文社科 | 491 | 39.85 |
| | 教辅人员 | 96 | 7.79 | | 艺术、军事 | 11 | 0.89 |
| 学历层次 | 本科及以下 | 287 | 23.29 | 高校所在区域 | 华东地区 | 131 | 10.54 |
| | 硕士研究生 | 449 | 36.45 | | 华中地区 | 227 | 18.36 |
| | 博士研究生 | 496 | 40.26 | | 华北地区 | 167 | 13.58 |
| 高校类型 | 研究型大学（原"985"高校，现为"一流大学"建设大学） | 149 | 12.09 | | 华南地区 | 121 | 9.87 |
| | 研究教学型大学（原非"985"的"211"高校，现为"一流学科"建设大学） | 415 | 33.69 | | 西南地区 | 303 | 24.65 |
| | | | | | 东北地区 | 145 | 11.78 |
| | | | | | 西北地区 | 138 | 11.22 |

（一）问卷样本的描述性统计

表8-4是对样本总体特征的描述，下面将对此进行介绍。

从性别看，在1232个调查对象中，男教师占比为51.46%，女教师占比为48.54%，男教师比例略高于女教师比例，这与教育部发布的教育统计年鉴中全国高校教师的男女性别比基本相符，教育部发布的2021年教育统计数据显示中国普通本科院校的女教师占比为49.71%。[①]

从年龄看，在1232个调查对象中，35岁及以下的有398人，占比为32.32%；36—45岁的有511人，占比为41.47%；46—55岁的有311人，占比为25.24%；56岁及以上的有12人，占比为0.97%。样本年龄分布是合理的，符合高校年龄分布特征。

从职称看，在1232个调查对象中，教授或者相当职称的为348人，占比为28.25%；副教授或者相当职称的为528人，占比为42.86%；讲师或者相当职称的为344人，占比为27.84%；其他类型为13人，占比为1.05%。这样的职称分布也是合理的，符合高校的基本情况。

从身份看，在1232个调查对象中，有校级领导职务的有12人，占比为0.97%；有院系领导职务的有177人，占比为14.37%；教师（专职研究人员）有846人，占比为68.67%；行政人员有101人，占比为8.20%；教辅人员有96人，占比为7.79%。教师身份的人数最多，符合高校特征。

从学历层次看，在1232个调查对象中，本科及以下学历为287人，占比为23.29%；硕士研究生学历为449人，占比为36.45%；博士研究生学历为496人，占比为40.26%。调查对象的学历层次属于研究生的占比较大，因为以全国各地的普通本科高校作为研究对象，一些地方高校尤其是西部地方高校的博士占比相对较低，所以博士研究生学历占比比全国平均水平要低。根据教育部2021年教育统计数据，普通高校博士研究生占比为41.42%，研究生学历占比为38.17%。[②] 因为教育部统计

---

① 中华人民共和国教育部：《各级各类学校女教师、女教职工数》，http：//www.moe.gov.cn//s78/A03/moe_560/jytjsj_2018/qg/201908/t20190812_394241.html，2023年3月2日。

② 中华人民共和国教育部：《专任教师学历、专业技术职务情况（普通高校）》，ht-tp：//www.moe.gov.cn/s78/A03/moe_560/jytjsj_2018/gd/201908/t20190812_394164.html，2023年3月2日。

数据中是包含高职高专在内的所有高校教师基本学历情况，我们的调查是针对本科高校，所以调查数据基本符合当前本科高校基本特征。

从高校类型看，在1232个调查对象中，研究型大学（原"985"高校，现为"一流大学"建设大学）为149人，占比为12.09%；研究教学型大学（原非"985"的"211"高校，现为"一流学科"建设大学）为415人，占比为33.69%；教学研究型大学（有硕士点、博士点的省属重点大学）为437人，占比为35.47%；教学型大学为231人，占比为18.75%，分布合理。

从教龄来看，在1232个调查对象中，5年及以下的人数为311人，占比为25.25%；6—10年的人数为149人，占比为12.12%；11—15年的人数为299人，占比为24.24%；16—20年的人数为162人，占比为13.13%；20—30年的人数为236人，占比为19.19%；31年及以上的人数为75人，占比为6.07%。在教龄5年及以下的人数偏多，其次是教龄11—15年。

从学科门类看，在1232个调查对象中，所在学科属于理科的有299人，占比为24.27%；属于工科的有326人，占比为26.46%；属于农学的有39人，占比为3.17%；属于医学的有66人，占比为5.36%；属于人文社科的有491人，占比为39.85%；属于艺术、军事的有11人，占比为0.89%。由此可见，调查对象以人文社科、理科和工科为主，且涉及的学科门类较为全面。

从高校所在区域看，在1232个调查对象中，所在高校属于华东地区的有131人，占比为10.54%；属于华中地区的有227人，占比为18.36%；属于华北地区的有167人，占比为13.58%；属于华南地区的有121人，占比为9.87%；属于西南地区的有303人，占比为24.65%；属于东北地区的有145人，占比为11.78%；属于西北地区的有138人，占比为11.22%。西南地区、华中地区、华北地区的调查对象的比例要大一些。

（二）问卷量表的描述性统计

在进行结构方程模型分析和问卷的信效度分析之前，有必要对问卷量表进行描述性统计分析，主要是回答问题的最大值、最小值、平均值、标准差、偏度和峰度等的具体情况。结果显示，调查对象对问卷题目的回答符合结构方程模型运用。具体如表 8-5 所示。

表 8-5 调查问卷的描述性统计

| 题号 | 代码 | 统计量 | 最小值 | 最大值 | 平均值 | 标准差 | 偏度 | | 峰度 | |
|---|---|---|---|---|---|---|---|---|---|---|
| | | | | | | | 统计量 | 标准误 | 统计量 | 标准误 |
| 1 | E1 | 1232 | 1 | 5 | 3.61 | 0.956 | -0.943 | 0.226 | 1.587 | 0.367 |
| 2 | E2 | 1232 | 2 | 4 | 3.76 | 0.925 | -0.913 | 0.226 | 2.210 | 0.367 |
| 3 | E3 | 1232 | 2 | 5 | 3.72 | 0.953 | -0.764 | 0.226 | 0.982 | 0.367 |
| 4 | E4 | 1232 | 1 | 5 | 3.58 | 0.952 | -0.704 | 0.226 | 0.827 | 0.367 |
| 5 | I1 | 1232 | 1 | 5 | 3.42 | 0.892 | -0.692 | 0.226 | 0.982 | 0.367 |
| 6 | I2 | 1232 | 1 | 4 | 3.43 | 0.875 | -0.703 | 0.226 | 0.871 | 0.367 |
| 7 | I3 | 1232 | 1 | 5 | 3.46 | 0.878 | -0.673 | 0.226 | 0.769 | 0.367 |
| 8 | C1 | 1232 | 1 | 4 | 3.47 | 0.935 | -0.513 | 0.226 | 0.225 | 0.367 |
| 9 | C2 | 1232 | 1 | 5 | 3.53 | 0.931 | -0.715 | 0.226 | 0.287 | 0.367 |
| 10 | C3 | 1232 | 1 | 4 | 3.34 | 0.927 | -0.603 | 0.226 | 0.321 | 0.367 |
| 11 | C4 | 1232 | 1 | 5 | 3.29 | 0.937 | -0.579 | 0.226 | 0.492 | 0.367 |
| 12 | C5 | 1232 | 1 | 4 | 3.63 | 0.906 | -0.699 | 0.226 | 0.054 | 0.367 |
| 13 | R1 | 1232 | 1 | 5 | 3.25 | 0.946 | -0.469 | 0.226 | 0.976 | 0.367 |
| 14 | R2 | 1232 | 1 | 4 | 3.31 | 0.959 | -0.714 | 0.226 | 0.138 | 0.367 |
| 15 | R3 | 1232 | 1 | 4 | 3.49 | 0.839 | -0.621 | 0.226 | 0.276 | 0.367 |
| 16 | R4 | 1232 | 1 | 5 | 3.32 | 0.918 | -0.584 | 0.226 | 0.459 | 0.367 |
| 17 | T1 | 1232 | 2 | 5 | 3.79 | 0.932 | -0.557 | 0.226 | 0.761 | 0.367 |
| 18 | T2 | 1232 | 2 | 5 | 3.63 | 0.929 | -0.539 | 0.226 | 0.872 | 0.367 |
| 19 | T3 | 1232 | 2 | 5 | 4.12 | 0.916 | -0.673 | 0.226 | 1.027 | 0.367 |
| 20 | T4 | 1232 | 2 | 5 | 2.92 | 0.907 | -0.495 | 0.226 | 0.984 | 0.367 |
| 21 | T5 | 1232 | 2 | 5 | 3.71 | 0.925 | -0.791 | 0.226 | 2.076 | 0.367 |
| 22 | T6 | 1232 | 2 | 5 | 3.76 | 0.906 | -0.563 | 0.226 | 1.428 | 0.367 |
| 23 | S1 | 1232 | 1 | 4 | 3.92 | 1.026 | -1.065 | 0.226 | 0.227 | 0.367 |
| 24 | S2 | 1232 | 1 | 4 | 3.65 | 1.109 | -0.795 | 0.226 | 0.259 | 0.367 |
| 25 | S3 | 1232 | 1 | 4 | 3.79 | 0.897 | -1.126 | 0.226 | 2.017 | 0.367 |
| 26 | S4 | 1232 | 1 | 5 | 3.73 | 0.982 | -0.865 | 0.226 | 0.458 | 0.367 |
| 27 | S5 | 1232 | 1 | 4 | 3.81 | 1.103 | -1.182 | 0.226 | 1.763 | 0.367 |
| 28 | S6 | 1232 | 1 | 5 | 3.45 | 1.059 | -0.791 | 0.226 | 0.763 | 0.367 |

| 题号 | 代码 | 统计量 | 最小值 | 最大值 | 平均值 | 标准差 | 偏度 | | 峰度 | |
|------|------|--------|--------|--------|--------|--------|--------|--------|--------|--------|
| | | | | | | | 统计量 | 标准误 | 统计量 | 标准误 |
| 29 | S7 | 1232 | 1 | 5 | 3.53 | 1.106 | -1.157 | 0.226 | 1.549 | 0.367 |
| 30 | S8 | 1232 | 1 | 5 | 3.41 | 1.065 | -1.246 | 0.226 | 1.427 | 0.367 |

## 二 信度和效度

对问卷信度和效度进行分析是为了保证问卷的质量，同时也是进行结构方程模型数据分析必需的步骤。

### （一）信度

信度是指对同一对象或事物进行重复测量时，所得到的结果一致性程度。对信度的评价在研究中更多地采用信度系数作为判断依据。根据信度分类，可以把信度分为内在信度和外在信度。对信度进行判定时常用 Cronbach α 系数法作为判定信度高低的标准。一般情况下，若问卷测量的信度系数在 0.9 以上，表示问卷信度很高；若问卷测量的信度系数在 0.8 以上，表示问卷信度比较高；若问卷测量的信度系数在 0.7 以上，表示问卷信度可以接受；若问卷测量的信度系数低于 0.7，则应该进行重新设计。

基于此，本书也采用 Cronbach α 系数法，进行内部一致性检验信度。信度分析结果如表 8-6 所示。结果显示，总体的 Cronbach α 系数为 0.957，大于 0.9，本调查问卷内部一致性是非常好的，信度较高。

表 8-6　　　　　　　　　信度结果

| | | Cronbach α 系数 | 测量题目数量 |
|------|------|------|------|
| 总体情况 | | 0.957 | 30 |
| 变量 | 环境 | 0.913 | 4 |
| | 理念 | 0.872 | 3 |
| | 结构 | 0.885 | 5 |
| | 资源 | 0.882 | 4 |
| | 利益相关者 | 0.953 | 6 |
| | 现代大学制度建设成效 | 0.916 | 8 |

（二）问卷总体效度

效度指调查问卷测量结果的真实程度，它反映的是问卷调查是否真实测量出了我们要了解的内容，也即测量结果与测量目标的接近程度，在结构方程中，效度是观测量反映潜变量的程度。效度是指测量工具或手段能够准确测出所需测量事物的程度。[①] 问卷的效度分为表面效度、内容效度和结构效度等。表面效度和内容效度可以用双向细目表的方法来进行分析，而结构效度则采用主成分分析法来进行。效度分析最理想的方法是利用因子分析（因素分析）测量量表或整个问卷的结构效度。因素分析即利用一组测量同一个构念的观察变量来估计背后的潜在变量。[②] 在本书中，运用 Bartlett 球形检验对探索性因子分析进行条件检验。KMO 值是衡量是否做因子分析的标准，KMO 值小于 0.5 表示不适合做因子分析，大于 0.9 表示非常适合，0.8—0.9 表示很适合做因子分析，0.7—0.8 表示适合做因子分析，0.5—0.7 表示可以做因子分析。同时，Bartlett 球形检验小于 0.001，也支持因子分析。

本书研究结果如表 8-7 所示，结果表明，Bartlett 球形检验的 Sig. < 0.05，KMO 样本测度值为大于 0.9，非常适合进行下一步的因子分析。

**表 8-7** **KMO 检验和 Bartlett 球形检验**

| 取样足够度的 Kaiser-Meyers-Olkin | 度量 | 0.912 |
|---|---|---|
| Bartlett 球形检验 | 近似卡方 | 77005.915 |
| | df | 457 |
| | Sig. | 0.00 |

根据现代大学制度的调查数据，我们对现代大学制度建设的调查数据进行主成分分析，识别出 6 个特征根大于 1 的因子，结果表明影响现代大学制度建设的因素有五个维度，如表 8-8、表 8-9 所示。表明调查问卷具有良好的区分效度。因此，从本调查问卷检验结果可以看出效度

---

① 刘大海、李宁：《SPSS15.0 统计分析 从入门到精通》，清华大学出版社 2008 年版，第 348—349 页。

② 邱皓政、林碧芳：《结构方程模型的原理与应用》，中国轻工业出版社 2009 年版，第 1—3 页。

良好，问卷总体设计合理。

**表 8-8** 调查数据探索性因子分析结果

| 题号 | 变量代号 | 旋转成分矩阵[a] | | | | | |
| --- | --- | --- | --- | --- | --- | --- | --- |
| | | 成分 | | | | | |
| | | 1 | 2 | 3 | 4 | 5 | 6 |
| 1 | E1 | 0.301 | 0.317 | 0.792 | 0.173 | 0.230 | 0.152 |
| 2 | E2 | 0.384 | 0.261 | 0.736 | 0.237 | 0.153 | 0.042 |
| 3 | E3 | 0.261 | 0.230 | 0.837 | 0.133 | 0.126 | 0.149 |
| 4 | E4 | 0.231 | 0.226 | 0.825 | 0.163 | 0.183 | 0.165 |
| 5 | I1 | 0.312 | 0.235 | 0.238 | 0.139 | 0.273 | 0.714 |
| 6 | I2 | 0.284 | 0.275 | 0.164 | 0.135 | 0.120 | 0.849 |
| 7 | I3 | 0.152 | 0.120 | 0.134 | 0.162 | 0.116 | 0.775 |
| 8 | C1 | 0.179 | 0.263 | 0.161 | 0.173 | 0.715 | 0.272 |
| 9 | C2 | 0.269 | 0.185 | 0.076 | 0.182 | 0.725 | 0.047 |
| 10 | C3 | 0.285 | 0.162 | 0.277 | 0.158 | 0.717 | 0.068 |
| 11 | C4 | 0.272 | 0.092 | 0.157 | 0.126 | 0.686 | 0.075 |
| 12 | C5 | 0.271 | 0.282 | 0.159 | 0.115 | 0.593 | 0.084 |
| 13 | R1 | 0.156 | 0.183 | 0.137 | 0.863 | 0.174 | 0.059 |
| 14 | R2 | 0.259 | 0.157 | 0.159 | 0.811 | 0.129 | 0.091 |
| 15 | R3 | 0.281 | 0.138 | 0.148 | 0.792 | 0.173 | 0.091 |
| 16 | R4 | 0.219 | 0.116 | 0.169 | 0.732 | 0.183 | 0.083 |
| 17 | T1 | 0.365 | 0.737 | 0.253 | 0.158 | 0.149 | 0.171 |
| 18 | T2 | 0.229 | 0.818 | 0.107 | 0.173 | 0.163 | 0.151 |
| 19 | T3 | 0.212 | 0.806 | 0.192 | 0.171 | 0.183 | 0.117 |
| 20 | T4 | 0.319 | 0.851 | 0.162 | 0.168 | 0.154 | 0.027 |
| 21 | T5 | 0.213 | 0.780 | 0.215 | 0.289 | 0.271 | 0.149 |
| 22 | T6 | 0.209 | 0.749 | 0.124 | 0.186 | 0.133 | 0.083 |
| 23 | S1 | 0.508 | 0.391 | 0.271 | 0.086 | 0.174 | 0.159 |
| 24 | S2 | 0.734 | 0.289 | 0.257 | 0.293 | 0.167 | 0.080 |
| 25 | S3 | 0.754 | 0.237 | 0.159 | 0.273 | 0.275 | 0.132 |

续表

| | | 旋转成分矩阵ᵃ | | | | | |
|---|---|---|---|---|---|---|---|
| 题号 | 变量代号 | 成分 | | | | | |
| | | 1 | 2 | 3 | 4 | 5 | 6 |
| 26 | S4 | 0.701 | 0.226 | 0.272 | 0.241 | 0.186 | 0.193 |
| 27 | S5 | 0.720 | 0.279 | 0.120 | 0.179 | 0.294 | 0.190 |
| 28 | S6 | 0.760 | 0.355 | 0.169 | 0.285 | 0.295 | 0.179 |
| 29 | S7 | 0.645 | 0.325 | 0.153 | 0.267 | 0.252 | 0.294 |
| 30 | S8 | 0.716 | 0.237 | 0.248 | 0.259 | 0.180 | 0.144 |

注：提取方法：主成分。

旋转法：具有 Kaiser 标准化的正交旋转法。

a 表示旋转在 6 次迭代后收敛。

表 8-9　　　　　　　　　　探索性因子分析方差解释

| | 解释总方差 | | | | | | | | |
|---|---|---|---|---|---|---|---|---|---|
| 成分 | 初始特征值 | | | 提取平方和载入 | | | 旋转平方和载入 | | |
| | 合计 | 方差的百分比（%） | 累计百分比（%） | 合计 | 方差的百分比（%） | 累计百分比（%） | 合计 | 方差的百分比（%） | 累计百分比（%） |
| 1 | 13.238 | 50.451 | 50.451 | 13.238 | 50.451 | 50.451 | 6.439 | 19.782 | 19.782 |
| 2 | 2.764 | 7.981 | 58.432 | 2.764 | 7.981 | 58.432 | 5.389 | 18.015 | 37.797 |
| 3 | 1.872 | 5.679 | 64.111 | 1.872 | 5.679 | 64.111 | 3.393 | 11.605 | 49.402 |
| 4 | 1.517 | 5.248 | 69.359 | 1.517 | 5.248 | 69.359 | 3.346 | 11.362 | 60.763 |
| 5 | 1.402 | 4.527 | 73.886 | 1.402 | 4.527 | 73.886 | 3.058 | 10.532 | 71.296 |
| 6 | 1.035 | 3.312 | 77.198 | 1.035 | 3.312 | 77.198 | 1.762 | 5.902 | 77.198 |
| 7 | 0.546 | 1.875 | | | | | | | |
| 8 | 0.507 | 1.692 | | | | | | | |
| 9 | 0.482 | 1.598 | | | | | | | |
| 10 | 0.435 | 1.501 | | | | | | | |
| 11 | 0.398 | 1.411 | | | | | | | |
| 12 | 0.372 | 1.193 | | | | | | | |
| 13 | 0.355 | 1.087 | | | | | | | |
| 14 | 0.313 | 1.014 | | | | | | | |
| 15 | 0.308 | 1.031 | | | | | | | |

续表

解释总方差

| 成分 | 初始特征值 | | | 提取平方和载入 | | | 旋转平方和载入 | | |
|---|---|---|---|---|---|---|---|---|---|
| | 合计 | 方差的百分比（%） | 累计百分比（%） | 合计 | 方差的百分比（%） | 累计百分比（%） | 合计 | 方差的百分比（%） | 累计百分比（%） |
| 16 | 0.280 | 0.971 | | | | | | | |
| 17 | 0.265 | 0.892 | | | | | | | |
| 18 | 0.251 | 0.832 | | | | | | | |
| 19 | 0.237 | 0.785 | | | | | | | |
| 20 | 0.221 | 0.724 | | | | | | | |
| 21 | 0.207 | 0.683 | | | | | | | |
| 22 | 0.193 | 0.637 | | | | | | | |
| 23 | 0.185 | 0.582 | | | | | | | |
| 24 | 0.176 | 0.573 | | | | | | | |
| 25 | 0.162 | 0.551 | | | | | | | |
| 26 | 0.153 | 0.513 | | | | | | | |
| 27 | 0.144 | 0.484 | | | | | | | |
| 28 | 0.138 | 0.456 | | | | | | | |
| 29 | 0.129 | 0.431 | | | | | | | |
| 30 | 0.113 | 0.367 | | | | | | | |

### 三 结构方程模型

结构方程模型因可以同时处理多个自变量和因变量，尤其是对潜变量的测量，分析变量之间的因果关系等，具有其他诸如回归分析等所不具备的优势而被学者广泛使用。在影响因素分析中运用较多，尤其是在用来分析潜变量的影响及其因素之间关系具有独特优势，因此，本书运用结构方程模型来解释现代大学制度建设的影响因素。

（一）方法选择与介绍

因为结构方程所具有的优势，所以我们用结构方程来检验假设，验证并完善现代大学制度建设的影响因素模型，探讨影响因素之间的关系。结构方程模型包括测量模型和结构模型。①②

（二）模型预设

根据前面对现代大学制度建设影响因素模型的分析，我们运用
AMOS 软件对调查数据进行分析，在分析之前初步设定了结构方程模
型，同时进行了变量界定。本书共有 6 个潜变量，分别为环境、理念、
结构、资源、利益相关者和现代大学制度建设成效，我们用 E、I、C、
R、T、S 来表示。潜在变量 E、I、C、R 彼此间有相关性。潜变量的观察
变量共有 30 个，分别用 E1-4、I1-3、C1-5、R1-4、T1-6、S1-8 表示。

调查问卷共有 30 道题目，分别用来测量观察变量。初始结构方程
模型如图 8-1 所示。

（三）测量模型

根据结构方程模型的要求和研究的需要，本书将现代大学制度建设
的影响因素模型分别按照自变量、中介变量、因变量三个部分拆分为
3 个子测量模型，分别对这 3 个子测量模型进行相关分析研究。

---

① 吴明隆：《结构方程模型——AMOS 的操作与应用》，重庆大学出版社 2009 年版，第
8—20 页。

② 测量模型在本质上是验证性因子分析，主要研究的是潜在变量和观察变量之间的关
系，其数学表达式如式（1）、式（2）所示。

$$X = = \Lambda x \xi + \delta \tag{1}$$
$$Y = = \Lambda y \eta + \varepsilon \tag{2}$$

式中：X 为潜在外生变量的观察变量；Y 为潜在内生变量的观察变量；$\Lambda x$ 为潜在外生变
量与其观察变量的关联系数矩阵；$\Lambda y$ 为潜在内生变量与其观察变量的关联系数矩阵；$\xi$ 为潜
在外生变量；$\eta$ 为潜在内生变量；$\delta$ 为潜在外生变量的观察变量 X 的测量残差；$\varepsilon$ 为潜在内生
变量的观察变量 Y 的测量残差。

结构模型主要研究的是潜在变量之间的关系，其数学表达式如式（3）所示。

$$\eta = = B\eta + \Gamma\xi + \zeta \tag{3}$$

式中：$\eta$、$\xi$ 含义同上；B 为潜在内生系数矩阵，代表了潜在内生变量之间的影响；$\Gamma$ 为
潜在外生系数矩阵，代表了潜在外生变量对潜在内生变量的影响；$\zeta$ 为潜在外生变量对潜在内
生变量无法解释、没有解释的部分的残差值。

式（1）、式（2）、式（3）共同组成了结构方程模型基本形式的数学表达式。并且假
设：$\delta$、$\varepsilon$、$\zeta$ 的期望为 0；$\delta$、$\varepsilon$ 和 $\xi$、$\eta$ 不相关；$\delta$ 和 $\varepsilon$ 不相关；$\zeta$ 和 $\xi$、$\delta$、$\varepsilon$ 不相关。运用结
构方程模型进行研究的基本原理与求解思路如下：通常运用极大似然法、广义最小二乘法等
进行模型估计，尽量使代表样本观察变量间关系的样本协方差矩阵与理论假设模型的观察变
量的估计协方差矩阵之间的差距最小，进而尽可能科学、精准地揭示观察变量与潜在变量之
间的关系，以及尽可能科学、精准地揭示潜在变量之间的关系。（详见黄国稳、周莹《结构方
程模型及其在验证性分析中的应用》，《百色学院学报》2007 年第 6 期。）

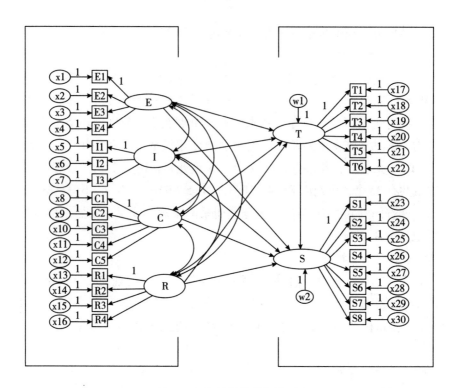

**图 8-1 初始结构方程模型**

1. 自变量子测量模型分析模型预设

（1）模型预设：一共有 16 个观察变量，它们的假定误差项相互独立。自变量预设模型如图 8-2 所示。

采用极大似然法预设模型进行估计，结果见自变量未标准化预设模型（见图 8-3）、自变量标准化预设模型（见图 8-4）。根据结果预设模型可以收敛识别。表明预设模型与调查数据的契合度高。

根据运行数据结果可以发现，12 个潜变量和观察变量之间通过路径系数估计值检验。

根据 16 个观察变量的多元相关的平方数据结果，信度较高。

根据数据结果，模型内在质量较好。

根据运行数据结果，RMR 值、RMSEA 值、GFI 值、AGFI 值、NFI 值、RFI 值、IFI 值、TLI 值、CFI 值、PGFI 值、PNFI 值、PCFI 值、CN 值、卡方自由度比和 AIC 值、CAIC 值都在合格标准范围之内。

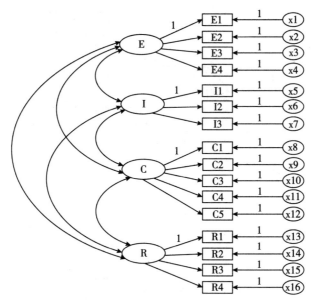

图 8-2 自变量预设模型

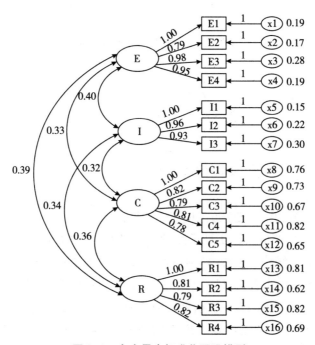

图 8-3 自变量未标准化预设模型

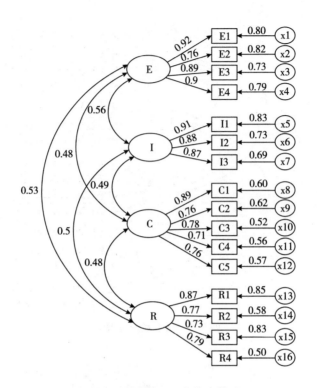

图 8-4　自变量标准化预设模型

$$组合信度 = P_c = \frac{(\sum \lambda)^2}{(\sum \lambda)^2 + \sum(\theta)}$$

$$= \frac{(\sum 标准化因素负荷量)^2}{(\sum 标准化因素负荷量)^2 + \sum(观察变量的误差变异量)}$$

（4）

$$观察变量的误差变异量 = \theta = 1 - 因素负荷量平方 = 1 - R^2 \qquad （5）$$

（2）模型评价：自变量子测量模型具有很好的适配度，研究假设环境、理念、结构、资源与它们的子研究假设得到实证证实。

由表 8-10 和表 8-11 可知，自变量子测量模型适配度整体良好，如模型整体适配度的卡方自由度比为 3.159，远小于较宽松的适配标准值 5.00，并已非常接近较为理想的适配标准 3.00。其他如 RMSEA、GFI、NFI、IFI、TLI 和 CFI 指标数据表明比较适配。

表 8-10 自变量子测量模型分析

| 项目 | 非标准化参数估计值 | 标准误 | t 值（P） | 标准化参数估计值 | 项目信度 | 组合信度 | AVE | 结论 |
|---|---|---|---|---|---|---|---|---|
| E1←E | 1.000 | — | — | 0.916 | 0.852 | | | 支持 H1a |
| E2←E | 0.791 | 0.042 | 15.317（＊＊＊） | 0.761 | 0.549 | | | 支持 H1b |
| E3←E | 0.976 | 0.045 | 24.691（＊＊＊） | 0.893 | 0.812 | 0.9167 | 0.7621 | 支持 H1c |
| E4←E | 0.947 | 0.047 | 22.672（＊＊＊） | 0.896 | 0.816 | | | 支持 H1d |
| I1←I | 1.000 | — | — | 0.912 | 0.859 | | | 支持 H2a |
| I2←I | 0.963 | 0.043 | 14.397（＊＊＊） | 0.883 | 0.883 | 0.9802 | 0.8136 | 支持 H2b |
| I3←I | 0.926 | 0.048 | 14.632（＊＊＊） | 0.871 | 0.773 | | | 支持 H2c |
| C1←C | 1.000 | — | — | 0.891 | 0.785 | | | 支持 H3a |
| C2←C | 0.819 | 0.043 | 14.138（＊＊＊） | 0.761 | 0.672 | | | 支持 H3b |
| C3←C | 0.793 | 0.052 | 14.028（＊＊＊） | 0.772 | 0.598 | 0.8716 | 0.6617 | 支持 H3c |
| C4←C | 0.806 | 0.047 | 13.982（＊＊＊） | 0.709 | 0.574 | | | 支持 H3d |
| C5←C | 0.776 | 0.048 | 14.253（＊＊＊） | 0.761 | 0.591 | | | 支持 H3e |
| R1←R | 1.000 | — | — | 0.871 | 0.793 | | | 支持 H4a |
| R2←R | 0.809 | 0.056 | 14.639（＊＊＊） | 0.771 | 0.759 | | | 支持 H4b |
| R3←R | 0.792 | 0.053 | 15.827（＊＊＊） | 0.728 | 0.597 | 0.8563 | 0.6391 | 支持 H5c |
| R4←R | 0.817 | 0.049 | 20.762（＊＊＊） | 0.793 | 0.829 | | | 支持 H6d |
| E↔I | 0.397 | 0.051 | 7.727（＊＊＊） | 0.563 | | | | |

续表

| 项目 | 非标准化参数估计值 | 标准误 | t值（P） | 标准化参数估计值 | 项目信度 | 组合信度 | AVE | 结论 |
|------|------|------|------|------|------|------|------|------|
| E↔C | 0.329 | 0.055 | 6.829（＊＊＊） | 0.482 | | | | |
| E↔R | 0.387 | 0.049 | 6.683（＊＊＊） | 0.529 | | | | |
| I↔C | 0.319 | 0.053 | 6.912（＊＊＊） | 0.492 | | | | |
| I↔R | 0.338 | 0.050 | 6.104（＊＊＊） | 0.499 | | | | |
| C↔R | 0.362 | 0.057 | 6.711（＊＊＊） | 0.481 | | | | |
| x1 | 0.187 | 0.021 | 6.864（＊＊＊） | 0.198 | | | | |
| x2 | 0.169 | 0.025 | 6.659（＊＊＊） | 0.177 | | | | |
| x3 | 0.276 | 0.037 | 9.787（＊＊＊） | 0.372 | | | | |
| x4 | 0.187 | 0.023 | 7.128（＊＊＊） | 0.209 | | | | |
| x5 | 0.148 | 0.029 | 5.872（＊＊＊） | 0.166 | | | | |
| x6 | 0.215 | 0.038 | 8.923（＊＊＊） | 0.274 | | | | |
| x7 | 0.293 | 0.062 | 10.117（＊＊＊） | 0.406 | | | | |
| x8 | 0.237 | 0.036 | 9.348（＊＊＊） | 0.396 | | | | |
| x9 | 0.271 | 0.029 | 9.105（＊＊＊） | 0.375 | | | | |
| x10 | 0.326 | 0.041 | 10.872（＊＊＊） | 0.482 | | | | |

续表

| 项目 | 非标准化参数估计值 | 标准误 | t 值（P） | 标准化参数估计值 | 项目信度 | 组合信度 | AVE | 结论 |
|---|---|---|---|---|---|---|---|---|
| x11 | 0.183 | 0.025 | 7.893 (***) | 0.437 | | | | |
| x12 | 0.346 | 0.028 | 10.769 (***) | 0.429 | | | | |
| x13 | 0.192 | 0.023 | 6.319 (***) | 0.148 | | | | |
| x14 | 0.319 | 0.037 | 9.287 (***) | 0.469 | | | | |
| x15 | 0.185 | 0.035 | 7.136 (***) | 0.146 | | | | |
| x16 | 0.309 | 0.028 | 6.391 (***) | 0.419 | | | | |
| E | 0.786 | 0.079 | 9.856 (***) | 0.495 | | | | |
| I | 0.698 | 0.082 | 8.794 (***) | 0.413 | | | | |
| C | 0.720 | 0.075 | 8.532 (***) | 0.476 | | | | |
| S | 0.679 | 0.071 | 8.236 (***) | 0.491 | | | | |

注：未列标准误者为参照指标，为限制估计参数。* $p<0.05$，** $p<0.01$，*** $p<0.001$；下同。

表 8-11　　　　　　　自变量子测量模型适配度检验摘要

| 统计检验量 | 适配标准 | 检验结果数据 | 模型适配判断 |
|---|---|---|---|
| 卡方自由度比 | <3.00，较宽松<5.00 | 3.159 | 是 |
| RMSEA | <0.08，0.08—0.10 为中度适配 | 0.074 | 是 |
| RMR | <0.05 | 0.039 | 是 |
| GFI | >0.90 | 0.982 | 是 |
| AGFI | >0.90 | 0.952 | 是 |

续表

| 统计检验量 | 适配标准 | 检验结果数据 | 模型适配判断 |
|---|---|---|---|
| NFI | >0.90 | 0.909 | 是 |
| RFI | >0.90 | 0.945 | 是 |
| IFI | >0.90 | 0.989 | 是 |
| TLI | >0.90 | 0.992 | 是 |
| CFI | >0.90 | 0.979 | 是 |
| PGFI | >0.50 | 0.687 | 是 |
| PNFI | >0.50 | 0.785 | 是 |
| PCFI | >0.50 | 0.791 | 是 |
| AIC | 理论模型值<独立模型值，且同时<饱和模型值 | 158.451<210.000<br>158.451<2781.459 | 是 |
| CAIC | 理论模型值<独立模型值，且同时<饱和模型值 | 316.396<697.772<br>316.396<2846.496 | 是 |
| 所估计的参数均达到显著水平 | | t 为 6.319—24.691 | 是 |
| 个别项目的信度大于0.50 | | 0.549—0.883 | 是 |
| 潜在变量的平均抽取变异量大于0.50 | | 0.6391—0.8136 | 是 |
| 潜在变量的组合信度大于0.60 | | 0.8563—0.9802 | 是 |
| 标准化残差的绝对值小于2.58 | | 最大绝对值为2.436 | 是 |

2. 中介变量子测量模型预设

如图 8-5 所示，字母含义与初始结构方程模型的字母含义相同。假定误差项间相互独立，6 个观察变量的误差项间没有相关性。

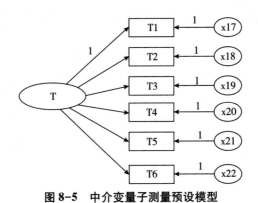

**图 8-5 中介变量子测量预设模型**

按照自变量的检验方法和步骤，运用极大似然法对中介变量预设模型进行估计，结果见中介变量未标准化预设模型（见图8-6）、中介变量标准化预设模型（见图8-7）。与自变量的模型识别检验一样，结果为预设模型与实际数据匹配度良好。

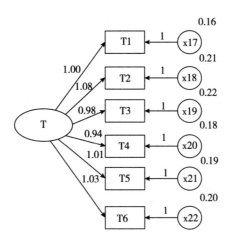

**图8-6 中介变量未标准化预设模型**

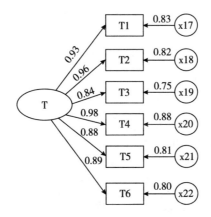

**图8-7 中介变量标准化预设模型**

根据表8-12和表8-13可知，中介变量子测量模型具有良好的适配度，通过了验证性因子分析，研究假设利益相关者与6个子研究假设通过实证支持。

表 8-12　　　　　　　　　　中介变量子测量模型分析

| 项目 | 非标准化参数估计值 | 标准误 | t值（P） | 标准化参数估计值 | 项目信度 | 组合信度 | AVE | 结论 |
|---|---|---|---|---|---|---|---|---|
| T1←T | 1.000 | — | — | 0.925 | 0.839 | | | 支持 H5a |
| T2←T | 1.079 | 0.040 | 25.262（＊＊＊） | 0.961 | 0.854 | | | 支持 H5b |
| T3←T | 0.983 | 0.038 | 27.926（＊＊＊） | 0.838 | 0.801 | | | 支持 H5c |
| T4←T | 0.936 | 0.041 | 25.662（＊＊＊） | 0.976 | 0.838 | 0.9354 | 0.8561 | 支持 H5d |
| T5←T | 1.013 | 0.039 | 24.692（＊＊＊） | 0.879 | 0.859 | | | 支持 H5e |
| T6←T | 1.028 | 0.037 | 25.389（＊＊＊） | 0.891 | 0.792 | | | 支持 H5f |
| x17 | 0.159 | 0.018 | 9.869（＊＊＊） | 0.169 | | | | |
| x18 | 0.209 | 0.016 | 9.687（＊＊＊） | 0.181 | | | | |
| x19 | 0.218 | 0.023 | 10.086（＊＊＊） | 0.245 | | | | |
| x20 | 0.179 | 0.018 | 9.163（＊＊＊） | 0.116 | | | | |
| x21 | 0.186 | 0.019 | 10.171（＊＊＊） | 0.187 | | | | |
| x22 | 0.197 | 0.020 | 9.989（＊＊＊） | 0.197 | | | | |
| A | 0.0715 | 0.063 | 10.126（＊＊＊） | | | | | |

表 8-13　　　　　　　　中介变量子测量模型适配度检验摘要

| 统计检验量 | 适配标准 | 检验结果数据 | 模型适配判断 |
|---|---|---|---|
| 卡方自由度比 | <3.00，较宽松<5.00 | 3.247 | 是 |
| RMSEA | <0.08，0.08—0.10 为中度适配 | 0.042 | 是 |
| RMR | <0.05 | 0.009 | 是 |
| GFI | >0.90 | 0.987 | 是 |
| AGFI | >0.90 | 0.931 | 是 |
| NFI | >0.90 | 0.967 | 是 |
| RFI | >0.90 | 0.949 | 是 |
| IFI | >0.90 | 0.986 | 是 |
| TLI | >0.90 | 0.979 | 是 |
| CFI | >0.90 | 0.983 | 是 |
| PGFI | >0.50 | 0.593 | 是 |
| PNFI | >0.50 | 0.589 | 是 |
| PCFI | >0.50 | 0.561 | 是 |
| AIC | 理论模型值<独立模型值，且同时<饱和模型值 | 37.423<42.000<br>37.423<1958.459 | 是 |
| CAIC | 理论模型值<独立模型值，且同时<饱和模型值 | 93.124<139.779<br>93.124<1983.492 | 是 |
| 所估计的参数均达到显著水平 | | t 为 9.163—27.962 | 是 |
| 个别项目的信度大于 0.50 | | 0.792—0.859 | 是 |
| 潜在变量的平均抽取变异量大于 0.50 | | 0.8561 | 是 |
| 潜在变量的组合信度大于 0.60 | | 0.9352 | 是 |

由表 8-13 可知，中介变量子测量模型适配度整体良好，如模型整体适配度的卡方自由度比为 3.247，远小于较宽松的适配标准值 5.00，并已非常接近较为理想的适配标准 3.00。其他如 RMSEA、GFI、NFI、IFI、TLI 和 CFI 指标数据表明比较适配。

3. 因变量子测量模型预设

模型预设：如图 8-8 所示，字母含义与初始结构方程模型的字母含义相同。假定误差项间相互独立，8 个观察变量的误差项间没有相关性。

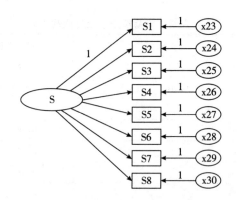

**图8-8　因变量子测量预设模型**

按照自变量的检验方法和步骤，运用极大似然法对因变量预设模型进行估计，结果见因变量未标准化预设模型（见图8-9）、因变量标准化预设模型（见图8-10）。与自变量的模型识别检验一样，结果检验为预设模型与实际数据匹配度良好。

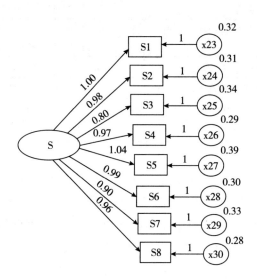

**图8-9　因变量未标准化预设模型**

根据表8-14和表8-15可知，因变量子测量模型具有很好的适配度，研究假设现代大学制度建设成效与它们的子研究假设通过实证支持。

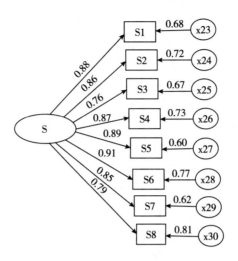

图 8-10 因变量标准化预设模型

表 8-14　　　　　　　　　因变量子测量模型分析

| 项目 | 非标准化参数估计值 | 标准误 | t 值（P） | 标准化参数估计值 | 项目信度 | 组合信度 | AVE | 结论 |
|---|---|---|---|---|---|---|---|---|
| S1←S | 1.000 | — | — | 0.872 | 0.784 | | | 支持 H10a |
| S2←S | 0.983 | 0.044 | 20.261（***） | 0.864 | 0.754 | | | 支持 H10b |
| S3←S | 0.798 | 0.039 | 15.965（***） | 0.762 | 0.591 | | | 支持 H10c |
| S4←S | 0.971 | 0.052 | 18.669（***） | 0.872 | 0.783 | | | 支持 H10d |
| S5←S | 1.036 | 0.054 | 18.969（***） | 0.887 | 0.795 | 0.9584 | 0.6961 | 支持 H10e |
| S6←S | 0.987 | 0.056 | 18.538（***） | 0.907 | 0.698 | | | 支持 H10f |
| S7←S | 0.896 | 0.051 | 17.953（***） | 0.852 | 0.759 | | | 支持 H10g |
| S8←S | 0.961 | 0.053 | 19.753（***） | 0.793 | 0.739 | | | 支持 H10h |

续表

| 项目 | 非标准化参数估计值 | 标准误 | t 值（P） | 标准化参数估计值 | 项目信度 | 组合信度 | AVE | 结论 |
|---|---|---|---|---|---|---|---|---|
| x23 | 0.319 | 0.034 | 11.635（＊＊＊） | 0.314 | | | | |
| x24 | 0.307 | 0.026 | 9.957（＊＊＊） | 0.276 | | | | |
| x25 | 0.341 | 0.033 | 10.129（＊＊＊） | 0.328 | | | | |
| x26 | 0.287 | 0.028 | 9.196（＊＊＊） | 0.267 | | | | |
| x27 | 0.385 | 0.039 | 11.176（＊＊＊） | 0.398 | | | | |
| x28 | 0.297 | 0.029 | 10.078（＊＊＊） | 0.231 | | | | |
| x29 | 0.328 | 0.036 | 10.259（＊＊＊） | 0.375 | | | | |
| x30 | 0.283 | 0.027 | 9.725（＊＊＊） | 0.292 | | | | |
| S | 0.896 | 0.092 | 8.982（＊＊＊） | | | | | |

**表 8-15　　　　　　因变量子测量模型适配度检验摘要**

| 统计检验量 | 适配标准 | 检验结果数据 | 模型适配判断 |
|---|---|---|---|
| 卡方自由度比 | <3.00，较宽松<5.00 | 3.219 | 是 |
| RMSEA | <0.08，0.08—0.10 为中度适配 | 0.039 | 是 |
| RMR | <0.05 | 0.018 | 是 |
| GFI | >0.90 | 0.975 | 是 |
| AGFI | >0.90 | 0.952 | 是 |
| NFI | >0.90 | 0.954 | 是 |
| RFI | >0.90 | 0.936 | 是 |
| IFI | >0.90 | 0.981 | 是 |
| TLI | >0.90 | 0.972 | 是 |
| CFI | >0.90 | 0.991 | 是 |

续表

| 统计检验量 | 适配标准 | 检验结果数据 | 模型适配判断 |
|---|---|---|---|
| PGFI | >0.50 | 0.714 | 是 |
| PNFI | >0.50 | 0.627 | 是 |
| PCFI | >0.50 | 0.681 | 是 |
| AIC | 理论模型值<独立模型值，且同时<饱和模型值 | 87.92<110.000<br>87.92<2553.941 | 是 |
| CAIC | 理论模型值<独立模型值，且同时<饱和模型值 | 192.128<366.100<br>192.128<2601.767 | 是 |
| 所估计的参数均达到显著水平 | | t 为 8.982—20.261 | 是 |
| 个别项目的信度大于0.50 | | 0.591—0.679 | 是 |
| 潜在变量的平均抽取变异量大于0.50 | | 0.6185 | 是 |
| 潜在变量的组合信度大于0.60 | | 0.8936 | 是 |
| 标准化残差的绝对值小于2.58 | | 最大绝对值为0.972 | 是 |

由表 8-15 可知，因变量子测量模型适配度整体良好，如模型整体适配度的卡方自由度比为 3.219，远小于较宽松的适配标准值 5.00，并已非常接近较为理想的适配标准 3.00。其他如 RMSEA、GFI、NFI、IFI、TLI 和 CFI 指标数据表明比较适配。

（四）结构模型

1. 模型预设

如图 8-11 所示，每个变量的得分是观察变量加和求得的。该预设模型为饱和模型，代表完美适配，表明没有实用价值，需要进行修正。

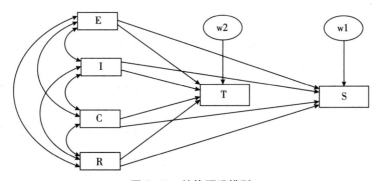

图 8-11 结构预设模型

2. 预设模型的估计、识别与检验

根据运行结果数据，观察变量通过正态性检验。采用极大似然法进行估计，未标准化估计值预设结构模型如表 8-16 和图 8-12 所示，模型可以被识别。

表 8-16　　　　　　　　　未标准化估计值预设结构模型

| 项目 | 非标准化参数估计值 | 标准误 | t 值（P） | 标准化参数估计值 | 被解释变异量 | 结论 |
|---|---|---|---|---|---|---|
| T←E | 0.468 | 0.084 | 5.368（＊＊＊） | 0.316 | 0.391 | 支持 H6 |
| T←R | 0.283 | 0.092 | 3.035（＊＊＊） | 0.173 | | 支持 H9 |
| T←I | 0.708 | 0.175 | 4.012（＊＊＊） | 0.229 | | 支持 H7 |
| T←C | 0.127 | 0.086 | 1.369（＊＊＊） | 0.077 | | 不支持 H8 |
| S←E | 0.536 | 0.116 | 4.597（＊＊＊） | 0.206 | | 支持 H1 |
| S←I | 0.941 | 0.223 | 4.108（＊＊＊） | 0.175 | | 支持 H2 |
| S←C | 0.631 | 0.117 | 5.497（＊＊＊） | 0.236 | 0.696 | 支持 H3 |
| S←R | 0.462 | 0.115 | 3.797（＊＊＊） | 0.166 | | 支持 H4 |
| S←T | 0.594 | 0.076 | 7.874（＊＊＊） | 0.341 | | 支持 H5 |
| E↔I | 2.886 | 0.392 | 7.603（＊＊＊） | 0.509 | | 增列 H11 |
| R↔I | 2.199 | 0.331 | 6.701（＊＊＊） | 0.462 | | 增列 H12 |
| E↔R | 5.041 | 0.702 | 7.245（＊＊＊） | 0.481 | | 增列 H13 |

续表

| 项目 | 非标准化参数估计值 | 标准误 | t 值（P） | 标准化参数估计值 | 被解释变异量 | 结论 |
|---|---|---|---|---|---|---|
| E↔C | 5.249 | 0.738 | 7.155（\*\*\*） | 0.493 | | 增列 H14 |
| I↔C | 2.367 | 0.323 | 6.895（\*\*\*） | 0.441 | | 增列 H15 |
| R↔C | 4.569 | 0.646 | 7.012 | 0.468 | | 增列 H16 |

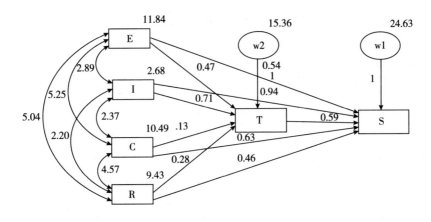

图 8-12　未标准化估计值预设结构模型

根据运行结果数据加以分析整理，标准化估计值预设结构模型见图 8-13，发现结构对利益相关者这个变量的影响数据结果不具有显著影响，说明假设 H8 在本书研究的数据显示结果中不成立，应删除以修正模型。

根据研究需要，在对结构模型进行了修正以后，需要增加研究假设 $H_{11}$、$H_{12}$、$H_{13}$、$H_{14}$、$H_{15}$、$H_{16}$，增设研究假设如表 8-17 所示。由于是刚好识别的饱和模型，所以没有必要且没意义去探讨模型适配问题。对修正以后的结构模型也进行相应调整，修正后的结构模型达适配标准。删除"结构—利益相关者"路径后修正后的结构模型如图 8-14 所示。同时对修正后的未标准化估计值结构模型（见图 8-15）和标准化估计值结构模型（见图 8-16）也进行相应调整。

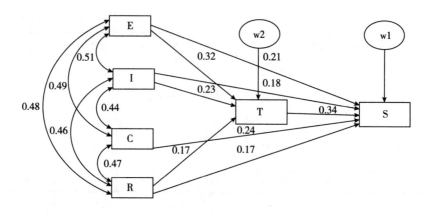

图 8-13　标准化估计值预设结构模型

| 表 8-17 | 增列研究假设 |
| --- | --- |
| H11：在现代大学制度建设的影响中，环境因素与理念因素呈显著的正向相关 | |
| H12：在现代大学制度建设的影响中，资源因素与理念因素呈显著的正向相关 | |
| H13：在现代大学制度建设的影响中，环境因素与资源因素呈显著的正向相关 | |
| H14：在现代大学制度建设的影响中，环境因素与结构因素呈显著的正向相关 | |
| H15：在现代大学制度建设的影响中，理念因素与结构因素呈显著的正向相关 | |
| H16：在现代大学制度建设的影响中，资源因素与结构因素呈显著的正向相关 | |

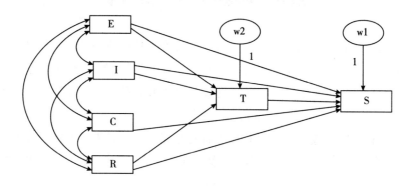

图 8-14　修正后的结构模型

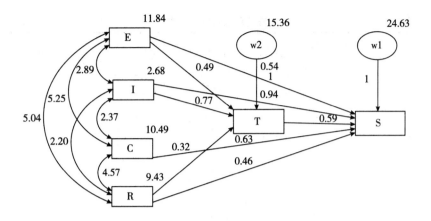

**图 8-15 修正后的未标准化估计值结构模型**

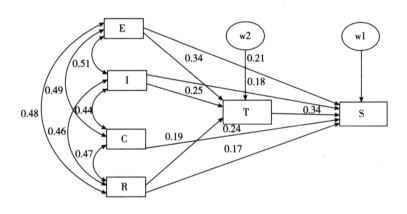

**图 8-16 标准化估计值结构模型**

3. 模型评价

根据数据结果的相应的数值分析，修正后的结构模型具有良好的适配度。研究假设 H1—H9 以及增列研究假设 H11—H16 均得到实证证实。修正后的结构模型路径分析以及各项效果值如表 8-18、表 8-19 和表 8-20 所示。

由表 8-19 可知，修正以后模型适配度整体良好，模型整体适配度的卡方自由度比为 3.176，远小于较宽松的适配标准值 5.00，并已非常接近较为理想的适配标准 3.00。其他如 RMSEA、GFI、NFI、IFI、TLI 和 CFI 指标数据表明比较适配。

表 8-18　　　　　　　　　　修正后结构模型分析

| 项目 | 非标准化参数估计值 | 标准误 | t 值（P） | 标准化参数估计值 | 被解释变异量 | 结论 |
|---|---|---|---|---|---|---|
| T←E | 0.491 | 0.086 | 5.827（＊＊＊） | 0.337 | | 支持 H6 |
| T←R | 0.315 | 0.092 | 3.481（＊＊＊） | 0.193 | 0.394 | 支持 H9 |
| T←I | 0.766 | 0.178 | 4.421（＊＊＊） | 0.249 | | 支持 H7 |
| S←E | 0.536 | 0.116 | 4.597（＊＊＊） | 0.206 | | 支持 H1 |
| S←I | 0.941 | 0.223 | 4.108（＊＊＊） | 0.175 | | 支持 H2 |
| S←C | 0.631 | 0.117 | 5.497（＊＊＊） | 0.236 | 0.695 | 支持 H3 |
| S←R | 0.462 | 0.115 | 3.797（＊＊＊） | 0.166 | | 支持 H4 |
| S←T | 0.594 | 0.076 | 7.874（＊＊＊） | 0.341 | | 支持 H5 |
| E↔I | 2.886 | 0.392 | 7.603（＊＊＊） | 0.509 | | 增列 H11 |
| R↔I | 2.199 | 0.331 | 6.701（＊＊＊） | 0.462 | | 增列 H12 |
| E↔R | 5.041 | 0.702 | 7.245（＊＊＊） | 0.481 | | 增列 H13 |
| E↔C | 5.249 | 0.738 | 7.155（＊＊＊） | 0.493 | | 增列 H14 |
| I↔C | 2.367 | 0.323 | 6.895（＊＊＊） | 0.441 | | 增列 H15 |
| R↔C | 4.569 | 0.646 | 7.012 | 0.468 | | 增列 H16 |

**表 8-19　　　　修正后的结构模型整体模型适配度检验摘要**

| 统计检验量 | 适配标准 | 检验结果数据 | 模型适配判断 |
|---|---|---|---|
| 卡方自由度比 | <3.00，较宽松<5.00 | 3.176 | 是 |
| RMSEA | <0.08，0.08—0.10 为中度适配 | 0.062 | 是 |
| RMR | <0.05 | 0.128 | 否 |
| GFI | >0.90 | 0.994 | 是 |
| AGFI | >0.90 | 0.956 | 是 |
| NFI | >0.90 | 0.952 | 是 |
| RFI | >0.90 | 0.986 | 是 |
| IFI | >0.90 | 0.973 | 是 |
| TLI | >0.90 | 0.936 | 是 |
| CFI | >0.90 | 0.967 | 是 |
| PGFI | >0.50 | 0.679 | 是 |
| PNFI | >0.50 | 0.713 | 是 |
| PCFI | >0.50 | 0.681 | 是 |
| AIC | 理论模型值<独立模型值，且同时<饱和模型值 | 41.885<42.000　41.885<775.272 | 是 |
| CAIC | 理论模型值<独立模型值，且同时<饱和模型值 | 134.793<139.531　134.793<803.182 | 是 |

**表 8-20　　　　修正后的结构模型路径分析各项效果值一览**

| | 直接效果值 | 间接效果值 | 总效果值 |
|---|---|---|---|
| E→T | 0.337 | — | 0.337 |
| E→S | 0.206 | 0.114 | 0.320 |
| I→T | 0.249 | — | 0.249 |
| I→S | 0.175 | 0.085 | 0.260 |
| R→T | 0.193 | — | 0.193 |
| R→S | 0.166 | 0.066 | 0.232 |
| C→S | 0.236 | — | 0.236 |
| T→S | 0.341 | — | 0.341 |

## 第六节　现代大学制度建设影响因素的讨论分析

现代大学制度不是孤立的存在物，它与大学内外环境有着千丝万缕的联系，环境的任何变化都会对现代大学制度产生影响。① 正如前文研究结果所呈现的，现代大学制度受理念、环境、结构、利益相关者、资源这五个因素的影响。基于此，本书也就着重对环境、理念、资源、结构、利益相关者五个因素的影响进行讨论分析。

### 一　影响现代大学制度建设的环境因素的讨论分析

通过调查发现，环境对现代大学制度建设成效的标准化路径系数为0.206，且达到0.001的显著水平，H1成立，说明环境对现代大学制度建设影响。显著研究结果还显示，环境对现代大学制度建设成效的影响总效果有直接效果和间接效果，说明环境对现代大学制度影响路径有两条，即一条直接路径和一条间接路径，直接路径是环境直接影响现代大学制度建设，间接路径是环境通过影响利益相关者的行为态度等来对现代大学制度建设产生影响。

按照迈耶的观点，任何一个组织必须适应环境才能生存。正如阿什比指出的："大学是一个具有生命特征的文化机构，它保存、传播和丰富了人类文化。它像动物和植物一样地向前进化，所以，任何类型的大学都是遗传和环境的产物。"② 现代大学制度的创生和创新是在内外部环境的影响下生存茁壮的。③ 纵观各国现代大学制度发展史，可以发现各国现代大学制度受到当时环境的影响，如柏林大学就是受到外来因素的影响。在中国，现代大学制度是在国家处于不稳定的社会环境中建立起来的。一个国家的大学制度依赖本国的政治、经济制度和文化传统，一所大学的制度建设也应遵循同样的原则。④ 政治、经济、文化等因素对现代大学制度的影响，通过两种途径来实现，一是直接途径，即直接

---

① 别敦荣：《现代大学制度的演变与特征》，《江苏高教》2017年第5期。

② ［英］阿什比：《科技发达时代的大学教育》，滕大春、滕大生译，人民教育出版社1983年版，第43页。

③ 常艳芳、关晓梅：《中国现代大学制度创建与创新的路径选择》，《东北师大学报》（哲学社会科学版）2014年第4期。

④ 邬大光：《论建立有中国特色的现代大学制度》，《中国高等教育》2006年第19期。

影响现代大学制度的价值取向和功能；二是间接途径，通过影响整个教育从而间接影响现代大学制度的价值取向和功能。在这些外部影响因素中，政治和经济发挥着非常重要的作用。[①] 大学制度的形成和发展，必然受到大学自身和外在环境的影响。"环境"是促进大学有所改变的外部力量，影响着现代大学制度的建设以及水平。现代大学制度随着外部环境的变化和大学自身的发展而不断调整、变革和完善。

同时，有效的外部环境为大学的人才培养提供良好的生态环境。人才培养是大学的中心及核心工作。"大学主要是用作高级人才培育的，这也是区别于其他组织的主要因素。大学要想不断地丰富与完善自身的功能，实现功能衍生，就必须将人才培育放在首位，只有将人才培育当作基础，才可以开展科技研发并给社会带来服务。若衍生功能过多，必定会对主体功能的发挥造成影响，造成其主体功能丧失，最终将会丧失存在价值。"[②] 在建设现代大学制度的实践中，必须首先坚持育人为本的理念，育人首先是人的德性养成，德性养成需要良好的制度和制度环境，要有良好的人才培养的生态环境。因此，促进人的德性养成是现代大学制度建设的重要使命。罗尔斯就特别强调人才培养的环境条件，"正义社会"是"一个被设计用以发展它的成员们的善，并由一个公共的正义观念有效地调节着的社会"。[③] 环境是促进人才德性养成的必要前提和外部条件。现代大学处于社会中心，良好的环境有利于人才培养效果和质量的提升，反之不利于人才培养实效，从育人环境角度来看，建设现代大学制度必须与环境保持统一，在高等教育高质量发展中，实现高质量发展必须首先有一个良好的制度环境。营造和服务于一种适合学者个体或群体做学术研究、开展学术活动的宽松和包容的学术环境，激发学者个人或群体的积极性、主动性和创造性。

随着知识经济时代的到来，大学所处的环境发生了深刻变化，大学要适应并融入外部环境。同样，现代大学制度建设也需要适应融入环境，促进大学高质量发展。为了大学利益相关者的发展需要，为了服务

---

① 赵立周：《现代大学制度的价值取向与功能研究》，硕士学位论文，河南大学，2016 年。

② 曹洪军、部放鸣：《对中国大学社会服务功能的反思》，《现代教育管理》2010 年第 2 期。

③ John Rawls, *A Theory of Justice*, *Revised Edition*, Cambridge, Massachusetts, The Belknap Press of Harvard University, 1999, p. 397.

国家战略需要，现代大学制度建设要加快自身建设，协调统一与外部环境的关系，即与经济环境、文化环境、政治环境以及制度法律环境协调统一。

## 二 影响现代大学制度建设的理念因素的讨论分析

通过调查发现，理念对现代大学制度建设成效的标准化路径系数为 0.175，且达到 0.001 的显著水平，H2 成立，说明理念对现代大学制度建设影响显著。研究结果还显示，理念对现代大学制度建设成效的影响总效果分为直接效果和间接效果，说明理念对现代大学制度影响路径有两条，即一条直接路径和一条间接路径，直接路径是理念直接影响现代大学制度建设，间接路径是理念通过影响利益相关者的行为态度，进而对现代大学制度建设产生影响。理念是一个很抽象的概念，但其指导着行为方式，影响着现代大学制度建设。理念是核心、是方向。现代大学制度建设以理念做指导，确保不偏离轨道。在本书中，理念包括学术自由、办学自主权、民主管理。理念在现代大学制度的建立过程中发挥着重要作用，扮演着重要的角色。现代大学制度的建立源于一定的大学理念，折射出大学所蕴含的精神实质，大学制度在某种意义上来说就是大学精神的表现形式。[1] 大学理念是现代大学制度的灵魂。缺乏核心价值理念，可能导致使命目标定位不清。学校定位对学校办学行为起着规范、约束和自我评价的作用，有利于提高办学过程中的自我监控能力和反思能力，及时纠正办学实践中的失误[2]，而一个没有精神底蕴、缺乏价值追求的大学很难获得社会的认可与尊重，也很难在高度竞争的时代走得更远。[3] 没有理念的制度和行动就没有了灵魂，制度体系就可能支离破碎、相互矛盾和冲突，行动也就成了盲目的行动。[4] 大学发展史也表明，大学制度必须合乎大学的性质、逻辑和使命，只有这样才能够有效地促进和保障大学的健康发展，实现大学的学术使命。

---

[1] 邬大光：《现代大学制度的根基》，《现代大学教育》2001 年第 3 期。

[2] 马修水等：《绿色高校的目标设计与对策研究》，《中国大学教学》2004 年第 9 期。

[3] 史静寰：《现代大学制度建设需要"根""魂"及"骨架"》，《中国高教研究》2014 年第 4 期。

[4] 杨同毅：《理念、制度与行动——关于现代大学制度建设的思考》，《青岛农业大学学报》（社会科学版）2012 年第 3 期。

### 三 影响现代大学制度建设的结构因素的讨论分析

通过调查发现，结构对现代大学制度建设成效的标准化路径系数为 0.236，且达到 0.001 的显著水平，H3 成立，说明结构对现代大学制度影响显著。结构因素包括府学关系、制度安排、权力分配、运行机制。大学与政府的关系、学术权力与行政权力的关系得不到有效协调，影响着中国进一步推进现代大学制度建设。[1] 比如，在中国，大学在设置体制时存在着惯性，大学按照行政组织来设计内部组织，按照行政组织的权力分配方式对校、院、系进行权力分配；同时将大学学术组织或者泛化为行政组织，或者作为"虚位"组织，因此大学学术组织的作用难以发挥。学术权力的弱化降低了决策实施的严肃性，大学管理不同程度地存在着"议而不决、决而不行、行而未果"的现象。[2] 一般而言，由于某类社会现象和社会问题的出现或存在，可能引发相适应的制度诉求，制度供给属于问题驱动式范畴。[3] 这种制度应该充分体现科学发展观，实现经济社会协调发展、人与社会协调发展，体现教育均衡发展，维护教育公平，为高等教育的发展提供和谐的制度环境。[4] 建立具有中国特色的现代大学制度，需要政府的强力推动，需要政府"依法治教"，需要实行教授治学，发挥学者的智慧，发挥他们的专业特长，为中国特色现代大学制度建设贡献智慧。[5] 在权力分配和运行机制方面，现代大学制度建设要厘清学校行政权力和学术权力的关系，以及各部门之间的权力边界等。这些关系没有厘清，就会影响现代大学制度建设的进程，现代大学制度也可能形同虚设，从而影响大学高质量发展。

### 四 影响现代大学制度建设的资源因素的讨论分析

通过调查发现，资源对现代大学制度建设成效的标准化路径系数为 0.166，且达到 0.001 的显著水平，H4 成立，说明资源对现代大学制度

① 魏红心：《论我国现代大学制度建设的瓶颈及对策》，《教育与考试》2016 年第 4 期。
② 邹晓东：《对构建现代大学制度的内在因素的思考》，《河南大学学报》（社会科学版）2012 年第 1 期。
③ 徐小霞、刘辉：《中美高校现代大学制度的比较研究及启示》，《大学》2021 年第 5 期。
④ 杨维：《对美国现代大学制度的思考》，《广东商学院学报》2008 年第 5 期。
⑤ 杨岭：《中国特色现代大学制度的构建——基于自由与秩序平衡的视角》，《高教发展与评估》2020 年第 2 期。

建设影响显著。资源对利益相关者的标准化路径系数为 0.193，且达到 0.001 的显著水平，H9 成立。21 世纪的社会是一个资源型社会，而资源是有限的、短缺的。对大学来说，资源是大学实现人才培养、科学研究和社会服务等职能及目标的重要条件，[①] 大学要适应社会发展需求，利用外部资源获得竞争优势的渠道明显不够畅通。[②] 大学要承担起知识的传承、创新、应用职责，就必须吸纳足够的资源作为基础。因此，大学不仅要持续发展，更要不断吸纳资源并加以有效运用；同样，大学要想有卓越式的发展，就要不断吸纳更多的资源，并加以充分有效运用。正常情况下，大学多主体都希望看到大学有较好的发展。每个利益相关者在参与大学发展的过程中，都愿意将自己所拥有的独特资源带给大学。这些"独特资源"包括政治资源、经济资源、文化资源、人力资源等。每种资源都带有该资源主体的特定基因与价值，相互之间具有不可替代性。[③] 而对于大学来说，排斥任何一类利益相关者所能够提供的资源都不利于它的发展，都是不明智的，[④] 大学是一个资源依赖性组织，需要能够吸纳各种资源的现代大学制度，这是大学发展的必要条件。大学的物力资源是大学运转不可或缺的物质技术条件，为大学的人才培养奠定了物质基础，是推动大学教育教学活动和自身活动的物质形态，有着功能与价值的双重属性。[⑤] 人力资源、知识资源、物力资源、财力资源，是现代大学制度建设的必要条件，为现代大学制度建设提供支撑和保障。

**五 影响现代大学制度建设的利益相关者因素的讨论分析**

通过调查发现，利益相关者对现代大学制度建设成效的标准化路径系数为 0.341，且达到 0.001 的显著水平，H5 成立，说明利益相关者能够直接影响现代大学制度建设成效。与中世纪大学相比，现代大学的

---

① 张学敏、陈星：《资源与目标：现代大学制度建设的矛盾及其化解》，《高等教育研究》2015 年第 9 期。

② 刘红光：《利益相关者视角下的现代大学共同治理机制探析》，《黑龙江高教研究》2020 年第 8 期。

③ 龚怡祖：《现代大学治理结构：真实命题及中国语境》，《公共管理学报》2008 年第 4 期。

④ 龚怡祖：《大学治理结构：现代大学制度的基石》，《教育研究》2009 年第 6 期。

⑤ 郑洪波：《普通高校物力资源利用效率研究——以延边大学为例》，硕士学位论文，延边大学，2015 年。

利益相关者涉及面更广，主体更多元化，也更为复杂和多样。现代大学也就成为一个典型的利益相关者组织。利益相关者共同治理机制是现代大学制度的一个核心要素，建立完善的利益相关者沟通机制、指导机制、监督机制、权利救济机制等共同治理机制，对推进现代大学制度建设具有重要的意义。[①] 在现实生活中有些利益相关者主动地（或自愿地）与大学建立联系，从而有意识地对大学施加影响[②]，而有些利益相关者是被动地（或非自愿地）与大学建立联系的。在创建中国特色的现代大学制度中，如不能协调好相关利益群体的利益诉求，将会成为创建现代大学制度的阻力。[③] 党委领导下的校长负责制是现代大学制度建设的根本指导，是"中国共产党对国家举办的普通高等学校领导的根本制度"，在实践中将党委领导与校长负责统一在现代大学治理中，加强现代大学制度建设。因此，党委书记和校长作为利益相关者，对现代大学制度建设具有非常重要的作用，是现代大学制度中内部治理结构的关键，对一所大学的发展具有深远的影响。在利益相关者中，新型的师生关系的发展与变化也影响着现代大学制度的发展。因为这种新型的师生关系促使建立多种形式的制度，使现代大学制度建设更加完善。

## 第七节　实证研究总结与模型解释

通过定量分析，我们既探讨了绿色包容性治理下现代大学制度的影响因素，又检验了现代大学制度的几个维度及各影响因素。除 H8 外，其他研究假设（包括增设假设）均得到了证实。

### 一　影响因素研究总结与模型解释

实证研究结果表明，H1、H2、H3、H4、H5 成立，也就是说构成现代大学制度的环境、理念、结构、资源、利益相关者五个结构要素都是核心影响因素，它们都对现代大学制度建设与运行产生积极影响。

---

① 彭宇文：《中国高校法人治理结构研究》，中国社会科学出版社 2006 年版，第 233—243 页。

② 龚怡祖：《大学治理结构：现代大学制度的基石》，《教育研究》2009 年第 6 期。

③ 钟秉林等：《中国特色现代大学制度建设——目标、特征、内容及推进策略》，《北京师范大学学报》（社会科学版）2011 年第 4 期。

## 二 五个维度的检验研究总结与模型解释

因子分析研究结果表明：

（1）H1a、H1b、H1c、H1d 成立，证明政治环境、经济环境、文化环境、制度法律环境作为环境要素，能显著地正向反映环境这一构念的特质。

（2）H2a、H2b、H2c 成立，证明学术自由、办学自主权和民主管理作为理念要素，能显著地正向反映理念变量。

（3）H3a、H3b、H3c、H3d 成立，证明人力资源、财力资源、知识资源、物力资源作为结构要素能显著地正向反映资源变量。

（4）H4a、H4b、H4c、H4d、H4e 成立，证明府学关系、组织结构、权力分配、制度安排、运行机制作为结构要素，能显著地正向反映结构变量。

（5）H5a、H5b、H5c、H5d、H5e、H5f 成立，证明党委书记、大学校长、大学教师、学生、行政人员、教辅人员等要素能显著地正向反映利益相关者这一变量。

（6）H10a、H10b、H10c、H10d、H10e、H10f、H10g、H10h 成立，证明法治程度、合理程度、责任程度、有效程度、合法程度、公正程度、参与程度、透明程度等要素能显著地正向反映现代大学制度建设成效变量。

## 三 现代大学制度各因素的影响机制与模型解释

根据前文的实证研究结果，可以发现五个影响因素与现代大学制度建设成效之间的机制。

### （一）利益相关者影响现代大学制度建设成效

利益相关者对现代大学制度建设成效的标准化路径系数为 0.341，且达到 0.001 的显著水平，H5 成立，说明利益相关者能够直接影响现代大学制度建设成效。现代大学是学术组织，其本质属性是学术性，学术发展水平直接决定了大学发展水平，学术和学生的发展依赖大学学术发展，大学职能的实现都是通过学术发展实现的。利益相关者的行动、态度、价值、行为策略等都直接影响着现代大学制度建设成效。

### （二）环境影响现代大学制度建设成效

环境对现代大学制度建设成效的标准化路径系数为 0.206，且达到

0.001 的显著水平，H1 成立，说明环境对利益相关者学术发展行为影响显著；利益相关者对现代大学制度建设影响的标准化路径系数为0.337，且达到 0.001 的显著水平，H6 成立，说明环境对现代大学制度的影响显著。研究结果还显示，环境对现代大学制度建设成效的影响总效果有直接效果和间接效果，说明环境对现代大学制度的影响路径有两条，即一条直接路径和一条间接路径，直接路径是环境直接影响现代大学制度建设，间接路径是环境通过影响利益相关者的行为态度等来影响现代大学制度建设。

（三）理念影响现代大学制度建设成效

理念对现代大学制度建设成效的标准化路径系数为 0.175，且达到0.001 的显著水平，H2 成立，说明理念对现代大学制度建设影响显著；同时，理念对利益相关者的标准化路径系数为 0.249，且达到 0.001 的显著水平，H7 成立，表明理念对利益相关者的发展影响显著。研究结果还显示，理念对现代大学制度建设成效的影响总效果分为直接效果和间接效果，说明理念对现代大学制度的影响路径有两条，即一条直接路径和一条间接路径，直接路径是理念直接影响现代大学制度建设，间接路径是理念通过影响利益相关者的行为态度，进而对现代大学制度建设产生影响。

（四）结构影响现代大学制度建设成效

结构对现代大学制度建设成效的标准化路径系数为 0.236，且达到0.001 的显著水平，H3 成立，说明结构对现代大学制度影响显著。但是，结构对利益相关者行为的标准化路径系数没有达到 0.05 的显著水平，说明通过结构影响利益相关者行为，进而影响现代大学制度建设成效这一条间接路径没有得到实证证实，也就是说 H8 没有得到实证证实。

间接路径没有得到证实，是否说明结构对利益相关者不产生影响呢？为了证实这一问题，我们根据研究数据对结构、利益相关者和现代大学制度三者的关系单独进行分析。数据结果显示，在只有结构、利益相关者和现代大学制度三者的关系中，结构对现代大学制度建设成效的标准化路径系数为 0.391，结构对利益相关者行为的标准化路径系数为0.412，行动者对制度水平的标准化路径系数为 0.527，且都达到了

0.001 的显著水平。这说明结构对利益相关者还是产生影响的，制度安排、权力分配和运行机制等结构因素相互交织，作用比较稳定，不像其他三个要素那样直接明显，表现平淡。实际上，我们知道，结构因素在很大程度上对现代大学制度的建设和改革影响程度深，也是现代大学制度建设和改革的重要内容。这条直接路径同时正好说明了结构对现代大学制度建设和改革的直接作用更加明显、更加直接。

（五）资源影响现代大学制度建设成效

资源对现代大学制度建设成效的标准化路径系数为 0.166，且达到 0.001 的显著水平，H4 成立，说明资源对现代大学制度建设影响显著；资源对利益相关者的标准化路径系数为 0.193，且达到 0.001 的显著水平，H9 成立，表明资源对现代大学制度和利益相关者的发展影响显著。研究结果还显示，资源对现代大学制度建设成效的影响总效果分为直接效果和间接效果，说明资源对现代大学制度的影响路径有两条，即一条直接路径和一条间接路径，直接路径是资源直接影响现代大学制度建设，间接路径是资源通过影响利益相关者的行为态度，进而对现代大学制度建设产生影响。

（六）环境与理念之间相互作用

环境与理念之间的相关系数为 0.509，且达到 0.001 的显著水平，H11 成立。在对现代大学制度建设的影响中，环境与理念相互作用显著，也就是说，环境与现代大学制度之间的良好互动对现代大学制度理念的落实和职能的实现具有正向的相关影响，而现代大学制度理念的落实以及理念与现代大学制度之间的良好互动对环境与现代大学制度之间的互动产生积极的影响。

（七）资源与理念之间相互作用

资源与理念之间的相关系数为 0.462，且达到 0.001 的显著水平，H12 成立。在对现代大学制度建设的影响中，资源与理念相互作用显著，也就是说，资源与现代大学制度之间的良性互动对现代大学制度理念的落实和职能的实现具有正向的相关影响，而现代大学制度理念的落实以及理念与现代大学制度之间的良性互动对资源与现代大学制度之间的互动产生积极的影响。

（八）环境与资源之间相互作用

环境与资源之间的相关系数为 0.481，且达到 0.001 的显著水平，H13 成立。在对现代大学制度建设的影响中，环境与资源相互作用显著，也就是说，环境与现代大学制度之间的良性互动对现代大学资源配置产生积极影响，而合理的现代大学资源配置以及资源与现代大学制度之间的良性互动对环境与现代大学制度之间的互动产生积极的影响。

（九）环境与结构之间相互作用

环境与结构之间的相关系数为 0.493，且达到 0.001 的显著水平，H14 成立。在对现代大学制度建设的影响中，环境与结构相互作用显著，也就是说，环境与现代大学制度之间的良性互动对现代大学结构的合理优化产生积极影响，而科学合理的现代大学结构及运行机制对环境与现代大学制度之间的互动产生积极的影响。

（十）理念与结构之间相互作用

理念与结构之间的相关系数为 0.441，且达到 0.001 的显著水平，H15 成立。在对现代大学制度建设的影响中，理念与结构相互作用显著，也就是说，现代大学制度理念的落实以及理念与大学制度之间的良性互动对现代大学结构的合理优化产生积极影响，而科学合理的现代大学结构及运行机制对现代大学制度理念落实及理念与现代大学制度之间的互动产生积极的影响。

（十一）资源与结构之间相互作用

资源与结构之间的相关系数为 0.468，且达到 0.001 显著水平，H16 成立。在对现代大学制度建设的影响中，资源与结构相互作用显著，也就是说，资源与现代大学制度之间的良性互动对现代大学结构的合理优化产生积极影响，而科学合理的现代大学结构及运行机制对大学资源配置及资源配置与现代大学制度之间的互动产生积极的影响。

**四 作用效果研究总结与模型解释**

在影响现代大学制度的因素中，利益相关者因素对现代大学制度建设影响的总效果值，即直接效果值为 0.341，说明利益相关者因素对现代大学制度建设的影响最大、最直接。因为人是制度建设和制度变革中最活跃的因素，对于以学术和学生为根本属性的大学组织，表现更为突出，利益相关者的影响直接决定现代大学制度建设的水平。

在现代大学制度建设的影响因素中，环境对现代大学制度建设影响的总效果值为 0.320，直接效果值为 0.206，间接效果值为 0.114，说明环境对现代大学制度建设的影响是总效果第二、间接效果第一、直接效果第三。说明大学制度环境对利益相关者的影响大，良好的制度环境有利于学术和学生的发展，而学术和学生的发展又影响大学制度建设；反之亦然。

在现代大学制度建设的影响因素中，理念对现代大学制度建设影响的总效果值为 0.260，直接效果值为 0.175，间接效果值为 0.085，说明理念对现代大学制度建设的影响是总效果第二、间接效果第二、直接效果第四。说明大学制度精神理念作为大学制度的价值指向，对现代大学制度的改革与建设意义重大。理念深刻影响利益相关者的思想行为，现代大学精神理念的落实有利于行动者的发展，而利益相关者的发展又影响大学制度建设。

在现代大学制度建设的影响因素中，结构对现代大学制度建设影响的总效果值为 0.236，直接效果值为 0.236，说明结构对现代大学制度建设的影响是总效果第四、直接效果第二。说明科学合理的大学结构对现代大学制度建设产生积极的影响。结构是大学制度的重要因素，是现代大学制度的外部反映，对现代大学制度的改革与建设意义重大。结构深刻影响利益相关者的思想行为及策略，现代大学结构的优化调整有利于行动者的发展，而行动者的发展又影响大学制度建设。

在现代大学制度建设的影响因素中，资源对现代大学制度建设影响的总效果值为 0.232，直接效果值为 0.166，间接效果值为 0.066，说明资源对现代大学制度建设的影响是总效果第五、间接效果第三、直接效果第四。

# 第九章

## 绿色包容性治理下现代大学制度构建策略

中国现代大学制度是西学东渐的结果之一，建立发展至今只有100余年。中华人民共和国成立以来，随着中国大学的发展，在实践过程中遵循现代大学的精神理念形成了具有中国特色的现代大学制度体系，对中国大学的职能实现起到保障作用。改革开放后的40多年，中国高等教育发展成就巨大，取得历史性的突破，为中国经济社会发展培养了一大批优秀人才，产出了一大批优秀成果，现代大学制度体系建设也取得了重大突破。高等教育民主化进程的不断推进，现代大学制度精神理念的不断彰显，大学制度核心价值的不断体现，都对提升中国国家竞争力意义重大。

梳理现代大学制度发展史，很直观地发现现代大学制度不是一成不变的，它会随着自身的发展而变化，会随着外在环境的变化而变化，随着时代的发展而不断进行调整和改革，所以现代大学制度是一个过程集合体。同时，现代大学制度建设也有其自身的逻辑性，遵循大学发展的规律，在现代大学制度建设的过程中，我们不能以盲目的、随意的实践来促进现代大学理想和使命的实现。

从深层次上看，任何现代大学制度建设都受到内外部因素的影响和制约，是历史和现实作用的产物。为解决与社会转型的宏观和微观层面不相适应的状况，中国现存的现代大学制度面临着重新构建的问题。[①] 中国高

---

① 邬大光：《论建立有中国特色的现代大学制度》，《中国高等教育》2006年第19期。

等学校要扎根中国大地办大学，就要建设中国特色现代大学制度，探究现代大学制度建设的"中国视野"及其问题，实现现代大学制度建设的超越，这对于建设和完善中国特色现代大学制度有着重要的理论意义和实践价值。①

根据前文的调查研究结果，现代大学制度建设受到环境、理念、结构和资源等要素的影响。因此，遵循绿色包容性治理，从现代大学制度建设的影响因素出发建设现代大学制度。在 Likert5 级量表中，调查对象对现代大学制度建设成效八个维度上的认知，按照问卷平均计分的顺序进行统计，从低到高计分的顺序依次是透明程度（3.41）、公正程度（3.45）、参与程度（3.53）、合理程度（3.65）、有效程度（3.73）、责任程度（3.79）、合法程度（3.81）和法治程度（3.92）。平均得分都大于 3.4，总的来看，调查对象对现代大学制度建设成效的认知表现为一定的积极倾向，说明中国的现代大学制度建设情况比较好。然而其中也存在较大差异，评价得分最差的是大学制度透明程度，最好的是法治程度，说明现代大学制度体系存在许多需要进一步改革和完善的地方。在 Likert5 级量表中，通过计算，调查对象对现代大学制度建设的五个影响因素评分按平均分从小到大依次为资源因素（3.34）、理念因素（3.44）、结构因素（3.45）、利益相关者因素（3.66）、环境因素（3.67）。总的来说，调查对象对现代大学制度建设的五个影响因素的感知呈现一定的积极倾向，但仍有很大的改善空间。

大学，学者的王国，学术的王国，学者积聚的地方，推动和创新大学学术，依赖学者个体和学者集体的修养和智慧。然而，要发挥学者个体和学者集体的作用，前提是学者个体和学者集体必须拥有基本的权利。换句话说，学者个体和学者集体要具备必要的权利，才能保证其作用的发挥。学者个体和学者集体作用的发挥，既是社会发展和大学学术发展的必然要求，也是学者个体和学者集体自身发展的必然要求，是其学术价值观在权利层面的映射。"教授是学术的化身，其不但掌握了学术，而且担负着将学术转化为学生的知识、能力和素质的责任。"② 因

---

① 唐世纲：《现代大学制度建设的基本范式及其选择——基于实质与形式之关系的视角》，《现代教育科学》2016 年第 2 期。

② 别敦荣、唐世纲：《论教授治学的理念与实现路径》，《教育研究》2013 年第 1 期。

此，现代大学制度建设应当尊重人的本性，为学者个体和学者集体的专业修养和专业智慧有效实施影响和发挥作用提供制度保障。

从这个意义上说，秉承绿色包容性治理构建现代大学制度，能够在利益相关者、环境、理念、结构和资源等方面进行优化。因为现代大学制度的终极价值以教师和学生的自由发展为本，服务于马克思关于人的自由而全面发展需要，现代大学制度的终极价值是实现人的发展。因此，构建现代大学制度，需要遵循大学发展的逻辑，以学术价值为本，遵循学术逻辑，以现代大学精神为基点，在反思现代大学制度运行建设过程中存在有悖于学术和学生价值理念基础上，结合前文研究的现代大学制度建设的影响因素，从现代大学制度建构的理念、原则、路径等层面整体上把握现代大学制度建构。现代大学制度建设，是一个长期的螺旋式的制度发展和变迁的过程。

绿色包容性治理，是集五大新发展理念于一体的治理理念。现代大学制度建设的核心是解决可能遇到的人与人、人与大学、人与自然、大学与大学外部环境之间关系的矛盾和问题，是为营造良好现代大学制度建设的内外部环境的协调机制，是一种治理理念。依据绿色包容性治理理念，在大学组织内部的领导体制、管理体制、运行机制、大学理念等方面构建现代大学制度需要包容主体差异，坚持公平公正，与环境和谐统一，提高资源配置利用效率，最终实现利益共享，实现人的全面发展。

为此，本书基于绿色包容性治理的内涵，根据现代大学制度建设的影响因素及其作用机制，在探究现代大学根本属性的基础上，以人的全面发展为本，提出了以下对策建议。

## 第一节 包容主体差异：现代大学制度建设的利益相关者之维

差异是一种社会关系，文化、身份、利益、社会地位等方面的差异是客观存在的，不能被消除、被忽视，造成政治讨论与决策中的"外部排斥"和"内部排斥"现象。[①] 人与人之间虽然是平等的，"但不能

---

① 邓集文：《包容性治理的伦理向度》，《伦理学研究》2020 年第 6 期。

因此而否定他们作为个体与其他个体之间的绝对差异"。① 费孝通先生更是提出"各美其美，美人之美，美美与共，天下大同"的思想。在绿色包容性治理中强调包容差异，这可以克服因片面追求利益的一致性而忽视差异性的困局。而外部排斥的直接结果是相关利益群体无法参与其中。大学是涉及多元化利益相关者的组织。在调查中发现，调查对象在利益相关者的六个维度的问题选择中，选择结果存在较大差异。利益相关者，是影响现代大学制度建设的能动主体，在现代大学制度的建设中起到关键性的作用。人是制度建设的决定力量，大学职能是否实现，有赖于利益相关者的努力工作，离开了利益相关者这一重要主体，现代大学制度建设就会成为无本之木、无源之水，因为现代大学的发展、大学职能的实现和制度创新都绕不开利益相关者。因此，在中国特色的现代大学制度建设中必须凸显利益相关者主体。基于此，构建有中国特色现代大学制度，立德树人，是其根本任务；以利益相关者的诉求为导向，包容其差异；发挥利益相关者的能动性，推动其协同发展。

### 一 以诉求为切入点，包容利益相关者的多元差异

绿色包容性治理要求各利益相关者以平等身份参与制度建设，那么了解利益相关者的诉求是利益相关者平等参与现代大学制度建设和构建现代大学制度建设的基础。调查显示，在现代大学制度建设中存在诸多困境以及利益相关者对专业发展、职称评定、人才培养、科研和社会服务等利益诉求。每个群体的利益诉求有其差异性，这些差异性的合理利益诉求和权力之间的冲突，制约了现代大学制度建设。要对利益相关者的诉求有所了解，可以尝试把大学所涉及的利益相关者诉求进行分类和遴选，通过权重进行排序，以更好地了解利益相关者的重点诉求。

正如上文所陈述的，差异是客观存在的，正视差异是一种勇气。各利益相关者不同的利益诉求乃是正常的状态。因为这些利益相关者所扮演的角色、所站的立场有很大的差异，所以利益相关者从自己的角度提出利益诉求，是非常正常的现象。包容各利益相关者的利益诉求，通过广泛听取各利益相关者的观点，在承认差异性的前提下，找到不同群体之间的利益结合点，既能使现代大学制度建设更加全面，又有利于学校

---

① 尤尔根·哈贝马斯：《包容他者》，曹卫东译，上海人民出版社 2002 年版，第 43 页。

可持续发展。

大学涉及的利益相关者很多，要克服"搭便车"行为，就需要在平等参与的基础上实现互动，必须在诸多利益相关者之间寻求一种平衡。各利益相关者的诉求有差异，构建现代大学制度应该以哪方的利益为重呢？是学生、教师还是管理人员？如果我们以教师利益的最大化为目标，肯定是不合适的，因为大学的决策不能完全为教师的利益服务。但如果我们以学生的利益为重，那我们的成本可能会发生变化，相对应可能就会牺牲教师、管理人员的利益，正如罗索夫斯基指出，与大学教授相比，学生只是大学的匆匆过客，尽管学生是大学的"多数人"，但是决定权不能交给学生。如果我们以管理人员的利益为目标，则会牺牲教师、学生的利益。所以，各利益相关者之间必须克服困难，达成合作目标，这样现代大学制度建设才有可能推进。构建现代大学制度必须在诸多利益相关者之间寻求一种平衡，不能仅强调一方的利益。要在利益相关者之间寻求平衡，比如，针对学生群体，可以赋予学生一定的权力，让学生参与学校管理；针对教师群体，赋予教师学术权力，也就是要建构学生权力、学术权力和行政权力的多维权力观。开通不同的渠道发挥各利益相关者的作用，让各利益相关者共同参与治理。

各利益相关者参与学校治理，形成制衡的格局，寻求平衡。根据各利益相关者的意愿、能力、责任，在治理中各司其职、各负其责，共同治理。比如，针对学术诉求，在建设现代大学制度的过程中需要加强对学术的引导，在制度设计方面形成有利于学术的行动方案，尽量避免学术评价的功利性倾向，让学术人员按照学术发展规律进行学术活动。

**二 以能动性为助力，推动利益相关者的协同发展**

在构建现代大学制度建设中，要充分发挥利益相关者各自的能动性。各利益相关者之间的关系实际上是相互支持、相互弥补的，以达到求同存异、达成共识。如果发生冲突，则需要各方用长远的、发展的眼光来看问题，包容各利益相关者的利益诉求，遵从原则性规范。同时，在合作中，处理好"主辅式合作"和"参与式合作"的关系。根据马克思学说，人是制度建设的主体，在现代大学制度建设中要以利益相关者为核心，充分发挥相关利益者的积极作用，把学术的发展、学生的发展和大学利益相关者的自由发展作为根本出发点，最终达成"以每一个人的全面而自由的发展为基本原则的社会形式"① 的目标。从利益相关者这一重要影响因素入手，充分彰显他们的主观能动性，让他们参与到现代大学制度建设之中，以大学精神理念为引导，民主参与大学治理，最终实现人的自由发展。

在此过程中，我们需充分理解和明确现代大学制度功能。制度功能有应然功能和实然功能两个方面，应然功能是一种人们对理想的期望。对于现代大学制度而言，不同的制度主体对制度的功能需求存在差异，但不管怎么样，现代大学制度作为一种学术组织，内含学术自由精神的大学精神，根据马克思关于人的发展学说，现代大学制度的功能是为了促进学术和学生发展，最终以人的自由而全面发展为制度的价值追求和功能诠释。

现代大学制度是一个规范体系，其本原是以学术和学生发展为核心的大学精神，能认知和确认现代大学的治理结构、大学价值理念和利益相关者的行为。现代大学制度是人类主体创造性社会实践活动的产物。另外，在构建现代大学制度的实践过程中，我们要根据高等教育实践的需要，通过制度建设促进现代大学的核心职能与利益相关者之间的良性互动，解决实践中可能遇到的人与人、人与大学、人与自然之间关系的矛盾和问题，不断促进利益相关者的发展。

**三 以立德树人为根本任务，引领学术人的不同而和**

"不同而和"内蕴着个性、个体的意义性存在，强调人的主体性存在、人的个性发展及人的全面发展。② 学术性是大学的本质特性，学术是大学活动的逻辑起点。以立德树人为根本任务，引领学术人的不同而和。一方面，尊重学术人的学术自由，尊重和理解学术人的"不同"与"差异"，达到"不同而和"。这就要求培育学术人的学术信念。以立德树人为目标，坚定学术理想信念。培育学术信念要求学术人能把学术自觉和学术责任统一起来。这不仅要求教师坚守学术理想信念，学生也要坚守学术理想信念。作为学术人，在学术场域中，形成自觉服从并

---

① 中共中央马克思恩格斯列宁斯大林著作编译局编译：《马克思恩格斯文集》（第二卷），人民出版社 1995 年版，第 239 页。

② 刘晓雄、刘晓伟：《"和而不同"到"不同而和"的哲学意蕴》，《求索》2006 年第 12 期。

自愿承担的学术契约。学术信念是学术人责任精神的最高境界，是发现问题、探索新知的前进方向。① 另一方面，通过健全立德树人落实机制，以达到"不同而和"。制定符合立德树人实践要求的顶层设计和总体规划，明确各阶段的实施路径，协调立德树人的长期与短期目标，以及利益相关者个体利益和整体利益；需要明确各主体责任，以及厘清各主体之间的关系。把立德树人融入课堂教学、社会实践、学术研究等活动的各环节。面对今天日益复杂的形势，学术人的研究方向越来越多，科技成果的作用越来越重要，以及党的二十大报告提出的"需要造就大批德才兼备的高素质人才"，就更应该"不同而和"了。

## 第二节 促进系统和谐：现代大学制度建设的环境之维

绿色包容性治理强调和谐统一，既有与自然的和谐统一，也有与社会的和谐统一；既有与内部环境的和谐统一，也有与外部环境的和谐统一。绿色包容性治理下的现代大学制度建设，有赖于与外部环境和内部环境的协同作用。大学是一个组织。对组织的界定在韦伯式的定义中只是一个技术的组合体，是为了完成某种任务而建立的技术体系，但在塞尔兹尼克的界定中组织不是一个封闭的系统，受到所处环境的影响。② 大学发展演变也与周围环境不断相互作用发生变化，不断适应周围的环境。现代大学制度与环境构成一个相互联系且不断发展的动态网络系统，在这个系统中，所有的要素相互依存、相互作用，任何一个要素的变化都可能导致整个网络系统的变化。环境的变化，在一定程度上会影响现代大学制度的变化，同样，现代大学制度的变化在一定程度上也会影响环境的变化。换句话说，现代大学制度建设需要与环境和谐共生。

大学的外部环境对大学的发展至关重要，现代大学已经由象牙塔走出来进入社会的中心，对现代社会的发展作用和意义重大。现代科技的发展、一流人才的培养都主要是在大学实现的。综观现代科教中心的发

① 陈亮：《新时代大学教师的学术责任精神及其培育》，《湖南师范大学教育科学学报》2021 年第 2 期。

② 周雪光：《组织社会学十讲》，社会科学文献出版社 2003 年版，第 70 页。

展历程和转移规律，引领世界科技前沿的中心一定也是引领现代大学的中心，更是现代大学制度建设的示范地。这充分说明了现代大学制度与外部环境的互动关系，因此，营造现代大学的外部环境对于构建现代大学制度十分必要。《国家中长期教育改革和发展规划纲要（2010—2020年）》提出，要"构建政府、学校、社会之间新型关系"[①]。营造良好的外部环境是建立新型关系的基础。

根据前文的实证分析可知，环境作为现代大学制度建设的总效果第二、直接效果第一的影响因素，在现代社会更加明显，现代大学是知识生产创新的组织，组织的生存发展除了内部的制度和文化等内部环境，与外部环境的作用也越来越明显，从环境策略入手，对建设中国特色现代大学制度具有重要帮助。根据表 8-5 可知，在 Likert5 级量表中，调查对象对所在大学的环境支持度评分按平均分从小到大依次为经济环境（3.76）、文化环境（3.72）、政治环境（3.61）、制度法律环境（3.58）。调查对象对环境因素总评分的平均值为 3.67，在五个影响因素中按平均计分最高。也就是说，调查对象对环境的支持力度的态度较好。但是，从调查中也反映出，中国现代大学制度建设的外部环境还需要进一步完善，需要从环境策略出发寻求建设路径。

**一 现代大学制度建设主动适应环境变化**

大学制度是围绕知识活动而形成的管理与运行的规则体系，而现代大学制度因被赋予现代性，更讲究与现代政治、经济、文化、科技和大学自身变化相适应。[②] 大学的发展与进化不仅受到自身适应度的影响，同时还受到环境的影响。众所周知，社会系统及社会系统中其他子系统不是凝固不变的，而是不断变动和发展的，是过程的集合体。现代大学是社会系统中的一个要素，并非游离于社会之外的"学术孤岛"，而是镶嵌于现代社会大系统中的一个子系统，深受社会大系统及社会大系统中其他子系统的影响和制约。不存在固定的、永恒的制度或制度体系。在前文的实证结果和讨论中已表明了现代大学制度建设受环境的影响十

---

① 中华人民共和国教育部：《国家中长期教育改革和发展规划纲要（2010—2020 年）》，http://www.moe.gov.cn/srcsite/A01/s7048/201007/t20100729_171904.html，2023 年 6 月 3 日。

② 赵祥辉、刘强：《一流大学建设视域下现代大学制度的诠释与建构》，《黑龙江高教研究》2018 年第 11 期。

分显著。在这个意义上，现代大学制度可以说是一个生成而非既成的存在，现代大学制度建设具有逻辑必然性。对大学内部而言，需要创新并完善大学治理体系，以学术性为核心，合理分配政治权力、行政权力和学术权力，处理好各种权力的关系，建立良好的内部运行机制来营造良好的现代大学制度的内部环境，以此来增强对经济环境、文化环境、政治环境以及社会环境的适应性。同时，大学将主动投身到社会环境中，产学研日益紧密，大学与政府、社会互动更加频繁，对经济社会发展的作用更加明显，在人才培养、科学研究、社会服务和文化传承等职能上更加突出。因此，在推动现代大学制度建设中，为了能更好地保障学者个体和学者集体的基本权利，需要根据外在环境和大学内部自身变化适时调整和变革相关制度，以适应环境的变化而进化，以更能发挥学者个体和学者集体的作用，激发学者个体和学者集体的学术想象力和创造力。

**二 与环境互动和融合以支持现代大学制度建设**

大学不是一座"孤岛"，既不能完全顺应环境，也不能完全拒绝环境，与环境互动融合支持现代大学制度建设。现代大学制度建设有赖于大学内部环境的良性互动，学校与环境的融合有利于获得更多的资源。对于大学内部而言，良好的内部治理结构有利于大学的知识的发现和创新，形成自身知识创新的优势，能够对大学外部产生强大的吸引力。斯坦福大学的成功表明，大学只有在驻守自己理想的前提下，才能与企业建立合作关系，争取政府的支持和理解，与环境间"保持边界上的多孔道交流"。[1]

在目前的现代大学制度建设实践中，现代大学制度的问题与矛盾源于内外部环境的互动不够，没有建立起内外部协调机制，不利于大学学术的发展，这要求高校努力构建良好的现代大学制度建设的内外部环境协调机制。现代大学制度的形成不仅是高等学校的任务，更是政府的任务。对大学外部而言，需要政府、市场以及社会加大对高校的经济环境、文化环境、政治环境以及制度法律环境的支持，合理将权力下移，

---

[1] 胡平等：《从大学与环境的互动博弈看大学科技园的功能》，《清华大学教育研究》2004 年第 6 期。

创新路径，加强与大学的交流，创新产政学研的合作机制，加强大学与外部的合作，为大学创设良好的外部环境。大学在一定程度上是以学术为核心的重要学术组织，大学职能的实现要通过合理的制度设计和制度安排运行才能取得良好的效果；利用环境获取资源，大学要采取合理的合法的渠道和手段获取大学发展和现代大学制度建设的各种资源，采取多种形式拓展资源获取渠道。比如，加强社会合理筹资和捐赠，加强国际合作以争取国际资源等。大学的人才培养、科学研究和社会服务等都需要得到经济环境、文化环境、政治环境以及制度法律环境等的支持。

### 三　创建和谐共生的生态系统

大学内部的四大利益主体所具有的政治权力、行政权力、学生权力和学术权力，只有形成开放、互动的态势，才能在冲突和多元利益的博弈中保证自身权力的实现。这些权力共同存在于大学内部，是现代大学制度建设要面临的真实所在。在大学的外部，只有理顺学校与政府、市场、社会、第三方力量的关系，逐步形成多元权力健康运行的态势，才能充分发挥各种权力的优势，消弭各种权力之间的冲突。[①]

现在，大学与社会联系更加紧密，沟通交流更加畅通，渠道和方式更加多样化，社会力量在引领大学发展中的作用不断扩大的同时，大学也在不断获得信息和给养，促进自身发展，为国家培养合格的建设者。以开放民主确保学术群体对学术内容的选择自由，以宽容对待确保学术群体学术观点的表达自由，以和谐融洽确保学术群体学术研究的环境自由，[②] 从而实现一个能自我修复、自我调节、和谐共生的生态系统。学术价值、教育价值是现代大学的永恒追求。因此，作为始终维护和保障学术价值、教育价值的现代大学制度，蕴含着新的改革动力，能够带动一系列创新变革，在与特定文化传统和文化环境相适应的过程中不断超越和完善自身。

---

[①] 柳翔浩：《转换与融合：大学治理模式的历史社会学分析》，《教育研究》2016 年第 7 期。

[②] 史晓宇、杨超：《现代大学内部制度建设的思考》，《云南社会主义学院学报》2012 年第 4 期。

## 第三节 维护制度公正：现代大学制度
建设的理念之维

绿色包容性治理秉持正义，注重程序正义与实质正义的统一。罗尔斯试图调和自由与平等的关系，同样，绿色包容性治理将差异与平等统合起来，实现合作关系。正义的现代大学制度对德性养成具有价值导向作用。"学校中的制度具有道德教化的价值。"[1] 大学制度作为客观存在的为大学发展提供保障的方式，在处理大学内外部关系、人才培养目标和大学的民主与法治建设中具有正义价值。制度正义是"各社会中基本的、有机的、统治的、最高主权的原则……用来衡量一切人类行为的标准……在任何冲突下人们所诉诸的最高裁判官"。[2] 制度正义"正是在一定的意识形态指导下建立起来的，是一定的价值观念、伦理精神的实体化、具体化，作为社会制度主要内容的规范体系实际就是实现价值的规范体系"[3]。维护正义是绿色包容性治理下的现代大学制度建设的方向、目标，在现代大学制度建设中怎样实现呢？可从以下几个方面展开。

**一 以大学理念为先导，保障现代大学制度建设的方向**

大学理念，是现代大学制度的灵魂，理念具有对实践的指导作用。前文的研究结果显示，理念在现代大学制度建设影响因素中处于总效果排名第三、直接效果排名第四、间接效果排名第二的位置，由于理念更多是属于精神和思想层面的内容，对制度建设具有基础性、先导性、潜移默化的作用，因此，从理念策略入手，对建设中国特色现代大学制度具有引导性作用。根据表8-5可知，在 Likert5 级量表中，调查对象对学术自由的评分为 3.42，对办学自主权的评分为 3.43，对民主管理的评分为 3.46，对理念因素总的评分的平均值为 3.44，评分的平均分处于倒数第二，说明调查对象对理念在现代大学制度建设的价值的认同度处于可以进一步上升的空间地位。需要我们在理念层面进行引导，加强

---

① 戚万学、唐汉卫：《学校德育原理》，北京师范大学出版社 2012 年版，第 256 页。

② 中共中央马克思恩格斯列宁斯大林著作编译局编译：《马克思恩格斯全集》（第十八卷），人民出版社 1964 年版，第 307 页。

③ 宋增伟：《制度公正的抑恶扬善功能》，《学术论坛》2006 年第 5 期。

大学制度的精神引导作用，需要寻求合适的目标策略。

现代大学制度肇始于19世纪初德国创办的柏林大学，学术自由、大学自治作为大学精神理念一直被传承坚守。学术自由、大学自治、教授治校是现代大学的本原，是大学得以永续的根本所在。学术自由是大学制度的核心价值和大学的本原精神，它要求在建设现代大学制度的过程中，结合中国特色现代大学制度的要求，以马克思的人的自由发展作为指导思想。

学术自由、大学自治作为现代大学制度的精神理念从来没有改变。中世纪大学反对皇权和宗教干预而坚持学术自由，中世纪大学的管理模式从以教师型为中心的大学到教授治校的自治理念，都是为捍卫学术自由的制度理念，大学的发展史本质上是学术自由的发展史。只要是坚持这些基本理念的大学就会在历史的发展中立于不败之地；反之，大学就会走向衰败。由此我们可以看出，无论什么时候，要举办真正的大学，都必须以这三点作为本原，一旦离开了这三点，所谓的大学就不能算是真正意义上的大学，就可能变为职业训练所或者技术研究所。

学术性是大学的根本属性，曾任哈佛大学校长的普西教授指出："每一个较大规模的现代社会，无论它的政治、经济或者宗教制度是什么类型的，都需要建立一个机构来传递深奥的知识、分析批判现存的知识，并探索新的学问领域。换言之，凡是需要人们进行理智分析、鉴别、阐述或关注的地方，那里就会有大学。""大学在本质上是一个做学问的场所"①，大学的本质属性在于其学术性，这是它区别于其他行业组织的根本特征。因此，现代大学制度的构建必须坚守学术至上的理念。将学术放在首要位置，将人才培养与学生创新相结合，大学制度建设围绕学术至上，为育人和学术服务。

大学具有人才培养、科学研究、社会服务、文化传承和创新、国际交流与合作的职能，这决定了大学与其他组织机构的根本区别。大学是探究高深学问、培养高级人才的场所。王洪才说过："现代大学制度它最显著的特征就是诉诸一种价值追求，并以此来把握'现代的'最基

---

① ［美］亚伯拉罕·弗莱克斯纳：《现代大学论——美英德大学研究》，徐辉、陈晓菲译，杭州教育出版社2001年版，第3—4页。

本的特征……基于此，探讨大学制度架构的价值追求就是讨论现代大学制度问题中首先要解决的问题。"①

学术性是现代大学与古典大学的主要差别之一。古典大学更多的是传承知识、探讨知识，谈不上现代意义上的学术创新。而现代大学基本上就是为了学术而存在的，包括现代大学制度，也是围绕学术发展起来的。

现代大学是社会组织中的一种特殊组织，现代大学制度是社会制度中的一种独特的制度，是为了激发、促进学者个体和学者集体的学术活力，是为现代大学办学活动有序、稳定进行的基本保障力量。现代大学的职能都是围绕学术和学生展开的。尽管制度本身是为了规范和秩序，这与大学本身的精神理念存在冲突和矛盾，但这种矛盾恰好是现代大学制度的两个方面，是相互联系、相互依存的。规范的目的是更好实现学术自由，学术自由是在规范框架下的自由而不是毫无原则的自由，学术自由在制度规范之下才更能体现大学精神。② 哈耶克也指出："秩序的重要性和价值会随着构成因素多样性的发展而增加，而更大的秩序又会提高多样性的价值，由此使人类合作秩序的扩展变得无限广阔。"③

从理论上讲，大学自治与学术自由是两个相互联系而又相互区别的概念，反映在现代大学制度构建上。宏观层面的现代大学制度更多地反映大学与政府、社会之间的关系。大学，作为学科生态系统，是一个按自身规律发展的独立的有机体，其内部制度的构建必须继承学术自由的历史和传统。大学自治是构建现代大学制度必须秉承的理念，有利于大学之间的竞争，能及时对社会需求作出反馈。

哈佛的艾略特指出："在他的领域内是主人。他既可以采用一种纯粹的讲座方法，也可以要求学生翻译、'背诵'或回答问题。教师享有学术自由，学生也享有学术自由。"④ 学术自由对大学在创造性思维养成和创新型人才培养方面具有重要作用，同时更是现代大学制度的基本理念。

---

① 王洪才：《试论现代大学制度建设的价值导向》，《复旦教育论坛》2005 年第 3 期。

② 李江源：《教育制度的现代转型及功能》，《教育理论与实践》2004 年第 10 期。

③ ［英］哈耶克：《致命的自负——社会主义的谬误》，冯克利等译，中国社会科学出版社 2000 年版，第 90 页。

④ 刘宝存：《如何创建研究型大学——牛津大学和哈佛大学的经验》，《教育发展研究》2003 年第 2 期。

"政府的干预行为必须证明具有充分正当的理由……他们就有权力去纠正严重的错误，有强烈的动机促使教育资源满足重大的公众需求。与此同时，每所大学都会具有广泛的自由权利，自行决定如何以最恰当的方式响应外部世界不断出现、不断变化的需求和机遇。"①

世界一流的学术是成为世界一流大学的重要条件。发展一流的学术是世界一流大学的教育的共同外显特征，它们对学术目标定位十分明确，能够有针对性地通过研究来发展大学学术。一般认为，卓越的研究、顶尖的教授、学术自由、规范的管理、先进的设施和充足的资金是世界一流大学的几个必要特征。② 当今世界最负盛誉的美国哈佛大学、耶鲁大学等常春藤大学，都是以学术自由、大学自治和教授治校作为价值理念，并以此为根基建设崇尚学术的现代大学制度的。我们在研究香港科技大学的发展历程时发现，香港科技大学发展至今20多年，跨越发展创高等教育发展奇迹，一举成为世界一流大学，同样是坚持学术至上的价值目标，坚持现代大学制度的使命与社会责任，才能创建出世界一流大学。

教授治学是大学区别于政府、企业运转模式的显著特征。教师和学生是大学的核心利益相关者，是学校发展的主体，教授是一所大学学术成就的代表及智慧的象征。教授工作在大学的教学和科研第一线，是人才培养、学术研究、学科发展和专业建设的中坚力量。

在建设中国特色现代大学制度过程中，坚持以马克思的以人的自由发展为目标，根据现代大学制度的精神理念加强引导，充分发挥理念对实践的指导作用，突出精神在制度构建中的价值引领性。

**二 以大学章程为引擎，彰显现代大学制度正义**

包容性治理就是以公平正义为标杆，完善影响现代大学制度建设的政策和制度。"不论处在什么发展水平上，制度都是社会公平正义的重要保证。我们要通过创新制度安排，努力克服人为因素造成的有违公平

---

① 德里克·博克：《走出象牙塔——现代大学的社会责任》，浙江教育出版社2001年版，第68页。

② 刘念才、Sadlak J.：《世界一流大学：特征·排名·建设》，上海交通大学出版社2007年版，第50—51页。

正义的现象，保证人民平等参与、平等发展权利。"[①] 为体现公平正义，现代大学制度建设首先要从大学章程开始。大学章程是一所大学的"根本大法"，它从制度规范的角度规定了大学的办学理念、大学精神、教育思想和奋斗目标。

（一）大学章程程序和执行的公正

程序正义优先，通过公正的程序追求公正的结果，是现代法治的基本理念。以大学章程为切入点，通过章程建设厘清大学内外部各种关系，吸纳多元利益主体参与，给予每个人充分表达的自由和机会，保证程序的正义性，这是大学章程制定程序的重要原则。除了程序上的公正，大学章程在执行上也具有公正性。在大学章程的指导下，大学中各种学术发展规范、评价和绩效评估等也要有章可循，在执行上要做到形式公正与实质公正的统一。

（二）处理好行政权力和学术权力的关系

大学组织具有双重性，既是学术组织，也是社会组织。随着时代的发展，现代大学的规模和职能都在发生着深刻的变化，大学组织越来越复杂、越来越庞大，需要有专门的行政机构来进行管理，以实现对学术的更好的发展。有行政机构就必须有行政权力。所以，大学的去行政化，不是简单地取消行政，而是遵循学术的发展规律和大学组织的特性，科学有效地实现管理，提高学术管理和人才培养的效率。以放管服为契机，通过管理体制改革让学术权力回归学术事务管理之中。因此，每所大学在制定大学章程时，根据大学的职能和大学组织特性以及现代大学制度建设的要求，明确学术权力和行政权力的关系，要在国家放管服改革的背景下推进高等教育治理体系和治理能力现代化，让学术权力和行政权力各自定位，做到各司其职，使大学按照高等教育规律运行。大学内部关系中学术权力与行政权力的博弈直接导致了大学行政化的问题。学术权力和行政权力是大学中最基本的两种形态，在大学发展中都具有合理性。但目前，行政权力主导大学的发展，出现大学行政化。学术权力受制于行政权力，大学的学术生态没有很好地建立，学术事务被行政化，行政价值成为大学的主要价值追求，行政权力在资源配置、学

---

① 习近平：《切实把思想统一到党的十八届三中全会精神上来》，《求是》2014 年第 1 期。

术活动中主导作用显现。大学行政化也可称作大学行政权力泛化，这是大学行政化最为核心的特征。[①]

从根本上讲，大学制度的学术自由、大学自治和教授治学理念作为大学制度精神的最终目标是人的发展，这在本质上与马克思主义的基本精神和理念具有一致性，那就是为了"人"，是为了让现实中的"每一个人"自由而全面地发展，这是马克思主义的最高命题或根本问题。[②] 所以，在建设中国特色现代大学制度的实践中，我们必须坚持人的自由而全面发展理念，以"人"作为制度主体，一切设计围绕人的发展进行，包括大学的各种具体的制度安排、制度评价等，坚持以人的发展为本，把以人为本作为现代大学制度建设的根本要求。突出学生和大学教师的主体地位，充分发挥他们的积极主动性，将他们的发展作为现代大学制度建设的出发点和落脚点。

## 第四节 优化治理体系：现代大学制度建设的结构之维

作为一种新型的治理理念，绿色包容性治理为解决现代大学制度建设中的矛盾冲突而生。现代大学制度建设中的结构存在问题的解决，需要优化机制。党的十九届四中全会指出，要坚持和完善社会主义制度，推进国家治理体系和治理能力现代化。中国现代大学制度建设必须顺应国家治理体系和治理能力现代化的需要，在建设现代大学制度时同样是以推进大学治理体系现代化和治理能力现代化为基本要求的，要实现大学治理体系现代化和治理能力现代化就必须建设与之相适应的大学治理结构。大学治理结构是建设现代大学制度的灵魂，是大学管理的主体框架。大学治理结构必然体现党委领导下的校长负责制的主体设计。所以，大学的治理结构只有坚持和加强党的领导，才能形成良性的运行机制。

根据研究结果，结构在现代大学制度建设中处于总效果第四、直接

---

① 任增元：《制度视野中的大学行政化研究》，博士学位论文，大连理工大学，2012 年。

② 《中共中央编译局俞可平教授谈 马克思主义的最高命题》，《新疆师范大学学报》（哲学社会科学版）2004 年第 3 期。

效果第二的地位。根据表 8-5 可知，在 Likert5 级量表中，调查对象对所在大学的治理结构是否科学合理的评分从小到大依次为制度安排（3.29）、权力分配（3.34）、府学关系（3.47）、组织架构（3.53）、运行机制（3.63）。对结构因素总的评分的平均值为 3.45，在五个影响因素中的总评分排名第三。各个维度的评分差异较大，说明人们对治理结构的总体认识存在较大的改善空间，需要优化和创新中国大学内部治理结构。因此，在绿色包容性治理中合作协商表现为协商、对话、论证、说服与合作等一系列行动。现代大学制度建设不仅要求包容差异，更注重协商对话、平等互动等。

**一 坚持党的领导，实现大学治理结构的现代化**

习近平总书记在全国高校思政工作会议上强调："我们的高校是党领导下的高校，是中国特色社会主义高校。"[1] 2018 年，全国人大常委会发布的《中华人民共和国高等教育法》（2018 年修正）第三十九条规定，"国家举办的高等学校实行中国共产党高等学校基层委员会领导下的校长负责制"。党委领导下的校长负责制是中国特色现代大学制度的根本制度，是契合中国历史文化传统的制度。

完善中国特色现代大学制度，需完善治理结构。建设有中国特色的现代大学制度，需要坚持党的领导。在坚持党的领导的前提下，完善大学治理结构。加强党的领导，落实党委主体责任，健全管理制度和程序，优化治理结构，形成良性互动的运行机制。加强党的领导，能够发挥政治制度的优势，敢于攻坚克难，敢于自我革新，敢于打破常规。

**二 加强政府与大学对话，实现外部治理优化**

政府与大学的关系是现代大学制度建设外部关系的核心问题。因为，政府对于大学的发展十分重要，尤其是现代大学走向社会中心以后，政府通过资源配置加强对大学的管控，使大学成为政府的附庸机构，背离了大学精神和理念。布鲁贝克将其比喻为"就像战争意义太重大，不能完全交给将军们决定一样，高等教育也相当重要，不能完全

---

① 中华人民共和国教育部：《把思想政治工作贯穿教育教学全过程》，http：//www.moe.gov.cn/jyb_xwfb/xw_zt/moe_357/jyzt_2018n/2018_zt19/zt1819_gd/zjpl/201811/t20181126_361459.html，2023 年 6 月 3 日。

留给教授们决定"。① 然而在强势的政府行政干预面前，大学办学自主权有限，大学学术自由取向与政府力量的强力干预成为大学需要解决现代大学制度建设的重要方面和难题。

著名政治学家卡尔·施密特在关于政治转型主体时曾说，"传统政治的主体是国家，现代政治的主体是人民"。他指出，政治秩序建构的主体是人民。② 施密特的论述给我们提供有意启示。我们建立现代大学制度也可以像政治转型那样，回归大学之道，坚守大学的学术本质。显然，这需要像政治转型那样实现建构主体转换。目前中国大学制度建构的主体主要是政府，大学办学自主权相对有限。这与现代大学制度的题中之义存在一定差距，在一定程度上影响了大学的活力和发展动力，以及现代大学制度价值追求的转变。由于历史原因和现实原因，中国现代大学制度建设存在重科学轻人文精神的培养倾向，价值理性缺失，过分强调大学社会责任。

加强中国特色现代大学制度建设，需要构建大学外部的各种新型关系。政府对大学管理过多过细的现状与大学依法自主办学的价值目标是影响现代大学制度建设的"瓶颈"。重构政府与大学间的新型目标管理关系是平衡两者之间的冲突的关键。需要政府重新进行角色定位和职能转变，需要政府简政放权，按照党的十八届三中全会精神推行权力清单制度。③ 在建立现代大学制度的过程中，需要政府有所作为，政府主要进行宏观调控，在高等教育的布局、拨款、高等教育发展的规划、教育公平等方面进行整体把握，做到归位而不越位。这就需要简政放权，做好减法，减少对大学在微观方面的干预，将大学应有的各种权力还给大学，创设适合大学发展的外部环境，在做好减法的同时，还要注意职能的转变。政府在现代大学制度建设中要准确定位，将不该属于政府控制的权力下放和转换，如将大学的专业设置、招生计划和人事权等职能交

---

① ［美］约翰·S. 布鲁贝克：《高等教育哲学》，王承绪、郑继伟、张维平译，浙江教育出版社 2001 年版，第 32 页。

② 刘海涛：《从秩序到自由：政治文明之传统性到现代性的价值转换》，《南昌大学学报》（人文社会科学版）2007 年第 3 期。

③ 建设中国特色现代大学制度课题组：《建设中国特色现代大学制度的四个问题》，《中国高等教育》2014 年第 20 期。

给大学自主处理。政府更多是在法治层面对大学运行进行宏观指导和引导，保障大学运行经费的投入，引进第三方机构对大学进行评价，为大学运行保驾护航。

### 三 加强各主体治理权力，实现共同治理

从管理到治理是现代大学制度建设中理念的转变，是大学制度建设实践中运行机制优化的具体体现，是现代大学发展趋势。无论是哈贝马斯的"理想话语情境"还是罗尔斯的"原初状态"，都主张所有受到政策影响的人要有参与的机会。[①] 这强调公共参与的包容性，强调各主体平等互动。绿色包容性治理，其包容本身就蕴含着合作的要素。要解决问题，就要尊重各主体的人格独立以及责任担当，就需要在达成共识的基础上进行协商合作。没有达成共识，就难以进行合作。通过协商，可以将不同观点、意识、想法，通过比较、鉴别等方式达成共识。绿色包容性治理下的现代大学制度建设，需要多元主体共同参与，通过平等互动路径实现共同治理。

现代大学治理理论将大学治理当作利益相关者的共同治理，并且各个主体都具备参加大学治理的权力。[②] 比如，教师在参与管理的过程中，必须拥有相关事务的话语权和参与权。在对重大事项的决议中要能够充分听取教师群体的意见，且满足广大群体的诉求。[③] 基于教师和行政部门双方特长的权力和决策的责任分工，以代表教师和行政人员共同工作的承诺来规定"共同治理"，即大学组织重大事情的决策既需要首创能力，也需要全体人员的参与。[④] 在此过程中，通过组织机构变革实现大学的资源、人事、预算、专业、学科发展等共同参与，体现各主体的平等互动，真正实现共同治理。

### 四 健全完善大学组织的制度机制

前文阐述了大学组织受到所处环境的影响和大学章程在大学制度建

---

① McAfee N. , "Three Models of Democratic Deliberation", *The Journal of Speculative Philosophy*, Vol. 18, No. 1, 2004, pp. 44-59.

② 袁春艳、任森：《中国特色现代大学制度的运行机制分析》，《国家教育行政学院学报》2013 年第 7 期。

③ 郭一凡：《高等教育现代化进程中的现代大学制度建设：契合点、地位与路径》，《扬州大学学报》（高教研究版）2021 年第 6 期。

④ 彭国华、雷淮邻：《美国大学共同治理规则研究述评——以对〈学院与大学治理的联合声明〉反思为视角》，《高教探索》2001 年第 1 期。

设中的作用。下面将从大学组织的制度运行机制方面对现代大学制度建设进行阐述。

（一）构建现代大学制度建设的协同运行机制

机制是现代大学制度建设的灵魂。顺畅的制度运行机制，有赖于组织机构的科学设置和权力的合理配置，要建立以学术权力为中心的科学规范、运行有效的制度体系。一是建立有效的权力运行监督制约机制。在现代大学制度运行机制中明确党委书记和校长的任务和职责。加强党的领导，确保党委的核心领导地位，在领导学校的工作中，按照民主集中制原则，集体领导和集体决策；明确校长负责制，做到校长是在党委的领导下处理大学的日常行政事务，保障大学的教学科研工作的顺利开展的。二是通过建立校务委员会或者第三方机构对大学权力进行监督。校务委员会成员要涵盖大学重要的利益相关者，如教师、学生、行政人员、教辅人员等，校务委员会对大学的行政事务给予监督，确保现代大学制度的正义能得到维护。

（二）建立合理的组织结构

组织结构因环境、技术、目标的条件不同而发生变化；如果环境条件变了，组织结构也应该相应变化。① 一是在领导体制上坚持和完善党委领导下的校长负责制②。完善的大学内部治理结构是建立现代大学制度的关键。现代大学治理结构中书记和校长的关系，其实质就是现代大学制度中权力的配置问题。二是在大学组织机构设置上，遵循学术属性，完善和改革大学的组织机构。按照放管服的要求，转变因人设岗和设置机构的现象，转变行政机构的管理理念为服务理念。建立服务机构，保证大学资源配置的效率。

（三）完善学术组织，凸显大学制度的学术性

现代大学组织是社会组织体系中比较典型的组织，即现代大学是学术组织。前文本书阐释了中国现代大学制度建设中存在关注技术性特质的现象。因此，要完善大学学术组织，大学的管理体制和组织机构设置

---

① 周雪光：《组织社会学十讲》，社会科学文献出版社 2003 年版，第 71 页。

② 《国家中长期教育改革和发展规划纲要（2010—2020 年）》提出，要"完善治理结构。公办高等学校要坚持和完善党委领导下的校长负责制。健全议事规则与决策程序，依法落实党委、校长职权"。

应遵循大学学术属性，加强学术组织的建设，完善大学学术委员会、教授委员会等学术组织，设置有利于学术发展的组织。大学要结合自身实际，寻找本校章程制定的发展之道，即对各自的发展定位，对人才培养目标和办学特色要有准确地把握和认知。在确定其发展定位时，要综合考虑经济社会发展、中国高等教育改革与发展的趋势、学校本身的区位优势、专业特征和综合实力，不可盲目向上进行高层次的目标定位。政府也可以引导和鼓励大学办出个性和特色，防止和避免大学章程同一性的趋势。

## 第五节　提高配置效率：现代大学制度建设的资源之维

如前文所陈述的，无论是包容差异、维护正义，还是促进统一、优化机制，这些都是为了高质量地构建现代大学制度。但构建高质量的现代大学制度，还需要涉及另一个变量，即资源。绿色包容性治理中的包容性本身就意味着充分高效地利用和合理地配置资源。没有资源，绿色包容性治理是不完整的。在现代大学制度建设中需要合理配置各类资源。需要说明的是资源不是让利益相关者平均享有资源，而是根据利益相关者各自的贡献，赋予其不同的资源份额。根据前文的实证分析，资源在现代大学制度建设的影响因素中位于总效果第五、直接效果第五、间接效果第三的位置。根据表 8-5 可知，在 Likert5 级量表中，调查对象对现代大学制度建设的资源因素评分分别为财力资源（3.31）、人力资源（3.25）、知识资源（3.49）、物力资源（3.32）。调查对象对资源因素总的评分的平均值为 3.34，在现代大学制度建设的影响因素中评分最低，说明对现代大学制度建设中资源的获取和配置存在较大的改善空间。可以从高资源的角度进行资源的策略思考。这就要求在现代大学制度建设中，尤其是在当前国家对高等教育管理的放管服改革背景下，合理利用各种条件和机会获取资源，合理配置资源，加强对资源的管理，体现资源配置的公平和效率，做到资源配置最优。在相关利益者参与治理的机制基础上强化法人地位，制定大学章程，保障不同利益群体参与监督管理的权力，从而形成多元一体的权力分配与资源共享机制。[①]

## 一 提高资源使用效率，建立资源共建共享机制

提高资源使用效率，资源共建共享机制必须从多方面多角度着手。首先，搭建学校内部学科资源共享平台。2023 年，教育部等五部门关于印发《普通高等教育学科专业调整调整优化改革方案》的通知明确指出：学科专业是高等教育体系的核心支柱，是人才培养的基础平台，学科专业结构和质量直接影响高校立德树人的成效，直接影响高等教育服务经济社会高质量发展的能力。[②] 搭建学科资源共享平台，树立大学科意识，就是能够了解各个学科的局限性，加深对学科发展的理解；营造有利于学科发展的氛围，通过协调方式，将不同学科资源转化为共享的资源；学者要适应学科发展趋势，破除学术壁垒和资源封锁。对大学内部相容性较强的学科或专业，需要减少资源的重复投入，可以实行资源共享。其次，提高资源使用效率。大学是一个学术性组织，专业化、学术化是其特点，为提高资源使用效率，把大学目标和任务细化和具体化，聚集具有相同专业或相同学科的人员，发挥这些专业人员的优势，形成规模效应和经济效应。并且，这种专业或学科之间的资源共享，既能降低资源的成本，又能实现优势互补，从而提高资源配置效率。为了促进资源的优化配置，在降低办学成本和减少资源浪费的同时，要提高资源利用率，达到资源共享。[③] 最后，搭建与校外合作的产学研共享平台。产学研合作有力地推动了中国高等教育的发展，[④] 体现大学的社会服务职能。学校要积极投身于地方的经济建设中，积极与社会合作。在与社会的合作中，要遵循经济逻辑而非公益逻辑，尊重合作对象的利益，才能达成合作方之间的重复博弈与长期合作。[⑤]

---

① 陈维维：《我国大学外部治理结构探析》，《亚太教育》2015 年第 14 期。

② 《教育部等五部门关于印发〈普通高等教育学科专业设置调整优化改革方案〉的通知》，http：//www.gov.cn/zhengce/zhengceku/2023-04/04/content_5750018.htm，2023 年 6 月 3 日。

③ 杜守旭：《构建学科群下的教学科研仪器设备平台》，《实验室研究与探索》2007 年第 3 期。

④ 赵沁平：《产学研合作有力助推高等教育发展》，《中国科技产业》2008 年第 11 期。

⑤ 张学敏、陈星：《资源与目标：现代大学制度建设的矛盾及其化解》，《高等教育研究》2015 年第 9 期。

### 二 采用利益整合方式形成合力，实现资源最优化

实现资源共享，需要把各个利益整合起来。利益整合就是在差异的个体间找出其共同点，将这些共同点综合起来寻求合力，以达到最大化的整合效果。利益整合过程充分体现了绿色包容性治理中包容的思想，以及各个利益相关者共享资源的价值追求。利益整合的目的是防止过度分化。大学涉及多元利益，现代大学制度建设采用利益整合方式实现资源共享。首先，实现利益整合需要制定合理的利益博弈规则。制定合理的公正的利益博弈规则，有助于消除强势利益群体对决策的消极影响。以利益为纽带，发挥各主体的智慧和凝聚各主体的力量，完善大学章程，明确各委员会、各职能部门在资源配置中的权力关系，厘清其权力清单，保证各利益相关者在制度范围内行使其参与学校管理、决策和监督的权力。实现各利益相关者能够公平地共享资源，在利益博弈与整合中实现公平，达到利用资源最优化。其次，信息公开、搭建平台，使不同利益群体之间互相理解与妥协，实现利益整合。实现利益整合，需要信息公开。信息公开，一定程度上其实就是信息的透明度，有助于使利益相关者有比较清楚的认识，同时有助于使利益整合得到有效监督。有了信息公开，就需要搭建平台。搭建平台为利益相关者表达诉求提供了机会，同时也为利益相关者提供建设性意见提供了平台。利益整合，将多元利益主体的需求融合在一起满足不同利益主体的合理需求，不损害任何一方的利益，形成合力，从而实现资源最优化。

### 三 加强各资源的合理配置，实现共赢

通过合理配置资源，实现共赢。资源配置属于经济学范畴，一是涉及如何组织并利用这些资源，使资源尽可能发挥最大作用；二是涉及如何分配这些资源，使资源能够有效配置在最适宜方面。对大学来说，配置资源就涉及怎样合理利用财力、人力、知识、物力，同时能够在各类主体中进行合理有效的分配。资源对于大学组织发展来说是不可或缺的，谁拥有资源谁就会拥有更多的发展能力。当前，国家在国家行政管理体制改革中推行以"简政放权、放管结合、优化服务"（简称"放管服"）为核心内容的改革，其实质就是"用政府减权限权和监管改革，换来市场活力和社会创造力释放"，"放管服"改革同样适用于现代大

学制度建设。主要解决的是资源配置方式和制度的转变。[①]

　　大学作为学术组织，是一个资源依赖性的组织，其人才培养、科学研究和社会服务等职能实现受资源供给影响很大，因此，在现代大学制度建设中，需要加强对资源的获取和配置。首先，完善用人机制，加强人力资源的合理配置。学校需营造一种有利于教师，尤其是青年教师成长、发展的氛围，以及营造他们发挥才能的环境，并且制定有利于教师成长和发展的培养政策，如鼓励教师报考博士研究生，鼓励其继续深入学习；鼓励教师积极参加相关教师培训学习或做访问学者；组建符合学校发展的学科梯队，做好学科特色和优势的人才储备。其次，完善财务管理，加强财力资源的合理配置。通过预算调整高校在教学管理、学科建设、人才建设、公共服务建设等方面的发展速度，确保财力资源能够得到合理配置。同时，降低成本，提高办学质量。再次，优化组合，加强物力资源的合理配置。在物力资源配置优化方面，大学要通过制度设计兼顾各主体利益，维护各主体的根本利益，遵循公平和效率原则对物力资源进行合理配置，尽可能产生最大效益，将有限资源进行优化配置，实现现代大学制度绩效的最优。比如，在教学资源上，充分挖掘校舍、实验室、图书馆的潜力，提高各类设施设备的利用率等，即积极扩展任何可使用、可采纳的教学资源，实行教育资源共享。最后，加强知识资源的合理配置。知识资源是大学发展的核心资源。知识资源合理配置，需要合理的知识管理，如知识发现、知识创新等。同时，现代大学制度建设还需要加强资源的科学转化，利用自身的知识资源优势转化为大学发展和现代大学制度建设的有效直接资源形式，使人们能够在享受共同创造的福利的同时，得到全面发展。

---

　　[①]　胡敏：《高校资源配置的府学关系及其"放管服"改革》，《苏州大学学报》（教育科学版）2017年第3期。

# 附　录

## 关于绿色包容性视角下现代大学制度研究的
## 调查问卷

尊敬的女士/先生：

您好！非常感谢您抽出宝贵的时间完成这份调查问卷。本问卷旨在了解您对中国看法。您的看法对于在相关的政策制定和完善方面非常重要，能够为更好地构建现代大学制度提供一手资料。请您填写基本信息和仔细阅读题目，并根据实际情况作出判断。本调查结果仅供科学研究之用，不涉及个别探讨，与您的工作绩效和个人评价无关，我们会对结果严格保密，不会透露任何个人信息。

诚挚感谢您的参与支持！

**第一部分　个人基本信息**

填写说明：请您根据自己的情况在选项前打"√"进行填写作答。

1. 性别：A. 男　B. 女

2. 年龄：A. 35 岁及以下　B. 36—45 岁　C. 46—55 岁　D. 56 岁及以上

3. 教龄：A. 5 年及以下　B. 6—10 年　C. 11—15 年　D. 16—20 年　E. 21—25 年　F. 26—30　G. 31 年及以上

4. 职称：A. 教授（研究员）　B. 副教授（副研究员）　C. 讲师　D. 其他

5. 学历：A. 本科及以下　B. 硕士研究生　C. 博士研究生　D. 其他

6. 所在学科：A. 自然科学　B. 工程技术　C. 人文社会科学　D. 医学科学　E. 农业科学　F. 军事、艺术

7. 您的身份：A. 教师　B. 行政人员　C. 教辅人员　D. 其他

8. 您学校所在区域：A. 华东地区　B. 华南地区　C. 华北地区　D. 华中地区　E. 西北地区　F. 东北地区　G. 西南地区

### 第二部分　关于现代大学制度建设影响因素的调查

填写说明：请根据您的真实想法作答，数字表示您对该题项说法的同意程度，同意程度从 1 到 5 依次为"完全不同意""不同意""不确定""基本同意""完全同意"，请选择一个数字在下方打"√"进行作答。

| 题号 | 测量题项 | 1 | 2 | 3 | 4 | 5 |
|------|----------|---|---|---|---|---|
| 1 | 政治环境对我所在高校的支持力度大 | | | | | |
| 2 | 经济环境对我所在高校的支持力度大 | | | | | |
| 3 | 文化环境对我所在高校的支持力度大 | | | | | |
| 4 | 制度法律环境对我所在高校的支持力度大 | | | | | |
| 5 | 学术自由理念在我所在高校得到很好体现 | | | | | |
| 6 | 我所在高校办学自主权充分落实 | | | | | |
| 7 | 我所在高校民主管理程度很高 | | | | | |
| 8 | 我所在高校与政府属于平等关系 | | | | | |
| 9 | 我所在高校的组织结构非常科学合理 | | | | | |
| 10 | 我所在高校的权力结构非常科学合理 | | | | | |
| 11 | 我所在高校的制度安排非常科学合理 | | | | | |
| 12 | 我所在高校的运行非常顺畅 | | | | | |
| 13 | 我所在高校的人力资源配置非常合理 | | | | | |
| 14 | 我所在高校的财力资源配置非常合理 | | | | | |
| 15 | 我所在高校的知识资源配置非常合理 | | | | | |
| 16 | 我所在高校的物力资源配置非常合理 | | | | | |
| 17 | 我所在高校党委书记行动十分合理 | | | | | |
| 18 | 我所在高校大学校长行动十分合理 | | | | | |
| 19 | 我所在高校教师行动十分合理 | | | | | |
| 20 | 我所在高校学生行动十分合理 | | | | | |
| 21 | 我所在高校行政人员行动十分合理 | | | | | |
| 22 | 我所在高校教辅人员行动十分合理 | | | | | |

### 第三部分　现代大学制度建设情况判断

填写说明：请根据您的真实想法作答，数字表示您对该题项说法的同意程度，同意程度从 1 到 5 依次为"完全不同意""不同意""不确定""基本同意""完全同意"，请选择一个数字在下方打"√"进行作答。

| 题号 | 测量题项 | 1 | 2 | 3 | 4 | 5 |
|---|---|---|---|---|---|---|
| 1 | 我所在高校依法治教 | | | | | |
| 2 | 我所在高校各项工作遵从学术原则进行 | | | | | |
| 3 | 我所在高校教师和工作人员都自觉履职 | | | | | |
| 4 | 我所在高校工作效率高 | | | | | |
| 5 | 我所在高校的各项工作按照规则进行秩序很好 | | | | | |
| 6 | 我所在高校决策公正公平 | | | | | |
| 7 | 我所在高校师生能很好地参与到学校治理中 | | | | | |
| 8 | 我所在高校信息公开做得很好 | | | | | |

### 第四部分　对于现代大学制度您还有什么要说的

_____

_____

_____。

问卷到此结束。

如果您有助于本研究的信息或资料提供给我们，或是需要了解统计结果的分析与处理，请与我们联系。

## 访谈提纲

1. 您认为现代大学制度的学术属性、精神理念在贵校落实如何？

2. 您认为贵校在建设中国特色现代大学制度方面面临怎么样的困境？

3. 您认为在贵校的现代大学制度设计中学术权力和行政权力运行情况如何？

4. 您认为在目前现代大学制度建设中存在问题的原因主要有哪些？

5. 您认为怎么样才能建设成中国特色的现代大学制度？

6. 您认为贵校现代大学内部治理情况如何？

# 参考文献

**一 中文文献**

（一）著作类

习近平：《高举中国特色社会主义伟大旗帜 为全面建设社会主义现代化国家而团结奋斗——在中国共产党第二十次全国代表大会上的报告》，人民出版社 2022 年版。

习近平：《决胜全面建成小康社会 夺取新时代中国特色社会主义伟大胜利——在中国共产党十九次全国代表大会上的报告》，人民出版社 2017 年版。

习近平：《论把握新发展阶段、贯彻新发展理念、构建新发展格局》，中央文献出版社 2021 年版。

中共中央宣传部编：《习近平总书记系列重要讲话读本》，学习出版社、人民出版社 2014 年版。

中共中央宣传部编：《习近平总书记系列重要讲话读本》，学习出版社、人民出版社 2016 年版。

［美］阿克顿·L.：《自由与权利》，候健、范亚峰译，商务印书馆 2001 年版。

［英］阿什比：《科技发达时代的大学教育》，腾大春、腾大生译，人民教育出版社 1983 年版。

［美］伯顿·克拉克：《建立创业型大学：组织上转型的途径》，王承绪译，人民教育出版社 2003 年版。

蔡元培：《北京大学一九一八年开学式演讲词》，《蔡元培全集》（第三卷），浙江教育出版社 1997 年版。

陈向明：《质的研究方法与社会科学研究》，教育科学出版社 2000 年版。

陈振明：《公共管理学》（第二版），中国人民大学出版社 2017 年版。

［美］戴维·奥斯本、特德·盖布勒：《改革政府——企业家精神如何改革着公共部门》，周敦仁等译，上海译文出版社 2006 年版。

［美］德里克·博克：《走出象牙塔——现代大学的社会责任》，浙江教育出版社 2001 年版。

费孝通：《江村经济——中国农民的生活》，商务印书馆 2004 年版。

冯友兰：《新原人》，河南人民出版社 2001 年版。

［美］弗雷德里克·E. 博得斯顿：《管理今日大学：为了活力变革与卓越之战略》，王春春、越炬明译，广西师范大学出版社 2006 年版。

高兆明：《伦理学理论与方法》（第 1 版），人民出版社 2005 年版。

［英］哈耶克：《致命的自负——社会主义的谬误》，冯克利等译，中国社会科学出版社 2000 年版。

何东昌：《中华人民共和国教育史》（上卷），海南出版社 2007 年版。

［美］黑格尔：《法哲学原理导读》，商务印书馆 2010 年版。

［美］黑格尔：《美学》（第一卷），朱光潜译，商务印书馆 1979 年版。

侯杰泰等：《结构方程模型及其应用》，教育科学出版社 2004 年版。

黄延复、刘述礼：《梅贻琦教育论著选》，人民教育出版社 1993 年版。

霍益萍：《近代中国高等教育》，华东师范大学出版社 1999 年版。

蒋馨岚：《制度伦理视角下的现代大学制度研究》，中国社会科学出版社 2016 年版。

教育部办公厅：《教育文献法令汇编》，转引自康永久《教育制度的生成与变革——新制度经济学论纲》，教育科学出版社 2003 年版。

［德］康德：《道德形而上学原理》，苗力田译，上海人民出版社 2005 年版。

［美］科恩：《论民主》，聂崇信、朱秀贤译，商务印书馆 1988 年版。

［美］克拉克·克尔：《大学的功用》，陈学飞译，江西教育出版社 1993 年版。

［伊朗］拉塞克、［罗马尼亚］维迪努：《从现在到 2000 年教育内容发展的全球展望》，马胜利译，教育科学出版社 1996 年版。

李碧平：《现代性意义与局限》，上海三联书店2000年版。

李工真：《德意志道路——现代化进程研究》，武汉大学出版社1997年版。

李星云：《教育经济学教程》，南京师范大学出版社2005年版。

刘大海、李宁：《SPSS15.0统计分析 从入门到精通》，清华大学出版社2008年版。

刘复兴：《教育政策的价值分析》，教育科学出版社2003年版。

刘念才、Sadlak J.：《世界一流大学：特征·排名·建设》，上海交通大学出版社2007年版。

洛克：《政府论》（下篇），叶启芳、翟菊农译，商务印书馆1996年版。

［美］马歇尔·麦克卢汉：《谷登堡星汉璀璨：印刷文明的诞生》，杨晨光译，北京理工大学出版社2014年版。

［美］欧文·拉兹洛：《多种文化的星球》，社会科学文献出版社2004年版。

彭宇文：《中国高校法人治理结构研究》，中国社会科学出版社2006年版。

戚万学、唐汉卫：《学校德育原理》，北京师范大学出版社2012年版。

邱皓政、林碧芳：《结构方程模型的原理与应用》，中国轻工业出版社2009年版。

璩鑫圭、童富勇：《中国近代教育史资料汇编·教育思想》，上海教育出版社1997年版。

汝信：《社会科学新辞典》，重庆出版社1988年版。

孙承武：《聚焦全球十大名校——巨人摇篮》，京华出版社2003年版。

孙雷：《现代大学制度下的大学文化透视》，光明日报出版社2010年版。

［美］T. W. 舒尔茨：《制度与人的经济价值的不断提高》，载R.科斯《财产权利与制度变迁：产权学派与新制度学派译文集》，刘守英译，生活·读书·新知三联书店、上海人民出版社1994年版。

［美］V. W. 拉坦：《诱致性制度变迁理论》，载R.科斯《财产权利与制度变迁：产权学派与新制度学派译文集》，刘守英译，生活·读书·新知三联书店、上海人民出版社1994年版。

王晨：《保守主义的大学理想》，北京师范大学出版社 2008 年版。

王伟光：《利益论》，中国社会科学出版社 2010 年版。

文军、蒋逸民：《质性研究概论》，北京大学出版社 2010 年版。

吴明隆：《结构方程模型——AMOS 的操作与应用》，重庆大学出版社 2009 年版。

熊丙奇：《大学有问题》，天地出版社 2004 年版。

宣勇：《大学组织结构研究》，高等教育出版社 2005 年版。

［美］亚伯拉罕·弗莱克斯纳：《现代大学论——英美德大学研究》，徐辉、陈晓菲译，浙江教育出版社 2001 年版。

杨东平：《大学精神》，文汇出版社 2003 年版。

尹晓敏：《利益相关者参与逻辑下的大学治理研究》，浙江大学出版社 2010 年版。

［德］尤尔根·哈贝马斯：《包容他者》，曹卫东译，上海人民出版社 2002 年版。

［德］尤尔根·哈贝马斯：《交往与社会进化》，张博树译，重庆出版社 1989 年版。

［美］约翰·S. 布鲁贝克：《高等教育哲学》，王承绪、郑继伟、张维平译，浙江教育出版社 2001 年版。

［美］约翰·范德格拉夫：《学术权力——七国高等教育管理体制比较》，王承绪等译，浙江教育出版社 2001 年版。

［英］约翰·格雷：《自由主义》，曹海军、刘训练译，吉林人民出版社 2005 年版。

［英］约翰·亨利·纽曼：《大学的理想》，徐辉、顾建新等译，浙江教育出版社 2001 年版。

［美］约翰·罗尔斯：《正义论》，何怀宏译，中国社会科学出版社 1988 年版。

［英］约翰·密尔：《论自由》，徐宝骙译，商务印书馆 2007 年版。

［美］约瑟夫·E. 奥恩：《教育的未来：人工智能时代的教育变革》，李海燕、王秦辉译，机械工业出版社 2018 年版。

［美］詹姆斯·杜德斯达、弗瑞斯·沃马克：《美国公立大学的未来》，刘济良译，北京大学出版社 2006 年版。

张俊宗：《现代大学制度》，中国社会科学出版社 2004 年版。

张维迎：《大学的逻辑》，北京大学出版社 2004 年版。

中共中央马克思恩格斯列宁斯大林著作编译局编译：《马克思恩格斯全集》（第二卷），人民出版社 1957、1995 年版。

中共中央马克思恩格斯列宁斯大林著作编译局编译：《马克思恩格斯全集》（第十八卷），人民出版社 1964 年版。

中共中央马克思恩格斯列宁斯大林著作编译局编译：《马克思恩格斯全集》（第一卷），人民出版社 1956 年版。

中共中央马克思恩格斯列宁斯大林著作编译局编译：《马克思恩格斯文集》（第二卷），人民出版社 1995 年版。

中共中央马克思恩格斯列宁斯大林著作编译局编译：《马克思恩格斯文集》（第一卷），人民出版社 2009 年版。

中共中央马克思恩格斯列宁斯大林著作编译局编译：《马克思恩格斯选集》（第二卷），人民出版社 1995 年版。

中共中央马克思恩格斯列宁斯大林著作编译局编译：《马克思恩格斯选集》（第三卷），人民出版社 1995 年版。

中共中央马克思恩格斯列宁斯大林著作编译局编译：《马克思恩格斯选集》（第五卷），人民出版社 1972 年版。

中共中央马克思恩格斯列宁斯大林著作编译局编译：《马克思恩格斯选集》（第一卷），人民出版社 1972 年版。

周辅成：《西方伦理学名著选辑：上》，商务印书馆 1996 年版。

周雪光：《组织社会学十讲》，社会科学文献出版社 2003 年版。

朱丽叶·M. 科宾、安塞尔姆·L. 斯特劳斯：《质性研究的基础：形成扎根理论的程序与方法》（第三版），朱光明译，重庆大学出版社 2015 年版。

朱贻庭：《伦理学大辞典》，上海辞书出版社 2002 年版。

（二）学术期刊、报纸

习近平：《切实把思想统一到党的十八届三中全会精神上来》，《求是》2014 年第 1 期。

习近平：《在北京大学师生座谈会上的讲话》，《人民日报》2018 年 5 月 2 日第 2 版。

别敦荣、蒋馨岚：《牛津大学的发展历程、教育理念及其启示》，《复旦教育论坛》2011 年第 2 期。

别敦荣、唐世纲：《论教授治学的理念与实现路径》，《教育研究》2013 年第 1 期。

别敦荣、唐世纲：《现代大学制度的价值及其矛盾关系的调和》，《苏州大学学报》（教育科学版）2016 年第 4 期。

别敦荣、徐梅：《论现代大学制度的公正性及其实现》，《山东社会科学》2012 年第 8 期。

别敦荣：《论现代大学制度的基本范畴》，《现代教育管理》2013 年第 10 期。

别敦荣：《论现代大学制度的现代性》，《教育研究》2014 年第 8 期。

别敦荣：《我国现代大学制度探析》，《江苏高教》2004 年第 3 期。

别敦荣：《现代大学制度的典型模式与国家特色》，《中国高教研究》2017 年第 5 期。

别敦荣、徐梅：《论现代大学制度的公正性》，《山东社会科学》2012 年第 8 期。

别敦荣：《现代大学制度的演变与特征》，《江苏高教》2017 年第 5 期。

曹洪军、部放鸣：《对中国大学社会服务功能的反思》，《现代教育管理》2010 年第 2 期。

曹晓婕、阎凤桥：《政令统一与因地制宜：高等教育领域"放管服"改革九省市政策文本分析》，《国家教育行政学院学报》2021 年第 10 期。

常士闿：《当代西方多元主义发展基本取向分析》，《教学与研究》2003 年第 8 期。

常艳芳、关晓梅：《中国现代大学制度创建与创新的路径选择》，《东北师大学报》（哲学社会科学版）2014 年第 4 期。

陈彬：《大学制度正义：旨趣、机制与行动——基于罗尔斯和马格利特正义理论的双重视角》，《清华大学教育研究》2008 年第 4 期。

陈德敏、林勇：《初论建设有中国特色的现代大学制度》，《中国高教研究》2001 年第 3 期。

陈福胜：《法治的实质：自由与秩序的动态平衡》，《求是学刊》

2004 年第 5 期。

陈静飞等:《基于 CiteSpace 的全球炭疽研究演化及其热点可视化分析》,《微生物学报》2020 年第 1 期。

陈军、陆书星:《高校物力资源保障体系构建》,《实验技术与管理》2013 年第 10 期。

陈立鹏:《关于我国大学章程几个重要问题的探讨》,《中国高教研究》2008 年第 7 期。

陈亮:《新时代大学教师的学术责任精神及其培育》,《湖南师范大学教育科学学报》2021 年第 2 期。

陈奇:《论现代大学制度下高校内部治理结构的构建》,《漳州师范学院学报》2011 年第 4 期。

陈维维:《我国大学外部治理结构探析》,《亚太教育》2015 年第 14 期。

陈振明、薛澜:《中国公共管理理论研究的重点领域和主题》,《中国社会科学》2007 年第 3 期。

程虹、窦梅:《制度变迁阶段的周期理论》,《武汉大学学报》(哲学社会科学版)1999 年第 1 期。

程志高、李丹:《后全面小康时代绿色治理助推乡村共富的逻辑进路》,《西北农林科技大学学报》(社会科学版)2022 年第 6 期。

崔桓:《社会转型期下我国高校学生参与大学治理探析》,《高等农业教育》2015 年第 8 期。

丛长福:《现代大学制度的办学原则和管理模式》,《中国高教研究》1995 年第 2 期。

邓传淮:《推动中国特色现代大学制度建设》,《中国高教研究》2020 年第 2 期。

邓环:《英国高校遏制学生学术不端行为制度概述》,《学位与研究生教育》2014 年第 4 期。

邓集文:《包容性治理的伦理向度》,《伦理学研究》2020 年第 6 期。

邓联合:《"逍遥游"与自由》,《中国哲学史》2009 年第 2 期。

邓锁:《开放组织的权力与合法性》,《华中科技大学学报》(社会科学版)2004 年第 4 期。

董向宇:《论现代大学内部"共同治理"中的学生参与》,《全球教育展望》2015 年第 1 期。

董云川：《三位一体：对大学与政府和社会关系实质的认识》，《复旦教育论坛》2003 年第 6 期。

董云川：《现代大学制度中的政府、社会、学校》，《高等教育研究》2002 年第 5 期。

杜守旭：《构建学科群下的教学科研仪器设备平台》，《实验室研究与探索》2007 年第 3 期。

杜小燕：《简述民国时期颁布的新学制与教育立法》，《兰台世界》2011 年第 16 期。

范跃进：《论制度文化与大学制度文化建设》，《山东理工大学学报》（社会科学版）2004 年第 2 期。

方晓田、王德清：《关于现代大学制度建设的三维思考》，《江苏高教》2013 年第 6 期。

费迎晓、丁建弘：《洪堡与蔡元培教育思想比较研究》，《世界历史》2004 年第 4 期。

冯小林、谷声燕：《对影响学生身心健康社会环境因素的考察》，《江西师范大学学报》（哲学社会科学版）2009 年第 6 期。

高传胜：《论包容性发展的理论内核》，《南京大学学报》（哲学·人文科学·社会科学）2012 年第 1 期。

高桂娟：《论现代大学制度研究的文化视角》，《南京航空航天大学学报》（社会科学版）2006 年第 4 期。

高永新、沈浩：《教师参与现代大学治理的困境与变革》，《现代教育管理》2016 年第 3 期。

耿正萍：《核心期刊概念的演变与作用》，《煤炭高等教育》2008 年第 1 期。

龚放：《现代大学制度创新的"应为"与"可为"——一流大学建设的题中应有之义》，《高等教育研究》2006 年第 7 期。

龚怡祖：《大学治理结构：现代大学制度的基石》，《教育研究》2009 年第 6 期。

龚怡祖：《现代大学治理结构：真实命题及中国语境》，《公共管理学报》2008 年第 4 期。

顾华宁、杜春华：《"大爱精神"视域下的成都理工大学校园文化建设实践》，《西南民族大学学报》（人文社会科学版）2012年第S2期。

郭一凡：《高等教育现代化进程中的现代大学制度建设：契合点、地位与路径》，《扬州大学学报》（高教研究版）2021年第6期。

韩水法：《大学制度和学科发展》，《中国社会科学》2002年第3期。

韩水法：《民主的概念》，《天津社会科学》2007年第5期。

何丽野：《理论在认识和实践中的变异》，《求索》1995年第2期。

何晓芳、周秀华：《现代大学制度框架下高等学校民主管理的理念与机制研究》，《黑龙江高教研究》2010年第9期。

和震：《西方大学自治理念的演进》，《学术研究》2003年第10期。

洪远朋：《主持人的话：利益理论和现实的研究方兴未艾》，《复旦学报》（社会科学版）2007年第4期。

胡赤弟、田玉梅：《高等教育利益相关者理论研究的几个问题》，《中国高教研究》2010年第6期。

胡赤弟：《高等教育中的利益相关者分析》，《教育研究》2005年第3期。

胡建华：《从文件化到法律化：改善大学与政府关系之关键》，《苏州大学学报》（教育科学版）2015年第4期。.

胡建华：《略论大学去行政化》，《中国高教研究》2014年第2期。

胡敏：《高校资源配置的府学关系及其"放管服"改革》，《苏州大学学报》（教育科学版）2017年第3期。

胡平等：《从大学与环境的互动博弈看大学科技园的功能》，《清华大学教育研究》2004年第6期。

黄芳、蒋莱：《现代大学制度研究综述》，《复旦教育》2002年第4期。

黄国稳、周莹：《结构方程模型及其在验证性分析中的应用》，《百色学院学报》2007年第6期。

黄建伟：《我国高等教育公共行政中的"府学关系"问题研究综述》，《大学教育科学》2013年第3期。

黄明叶：《英汉色彩语码"绿"之隐喻认知对比分析》，《漳州师范学院学报》（哲学社会科学版）2010年第1期。

黄璇、任剑涛：《在国家体系的转变中突显暴力的内在张力——对吉登斯理念的一个增补》，《中国人民大学学报》2010年第2期。

黄永军：《现代大学制度的本质是自组织》，《国家教育行政学院学报》2005年第5期。

黄玉顺：《论自由与正义——孔子自由观及其正义论基础》，《四川大学学报》（哲学社会科学版）2023年第1期。

黄志兵、夏人青：《知识资源配置方式转型与地方大学治理之道》，《教育发展研究》2015年第19期。

吉明明：《三十年来现代大学制度研究的回顾与反思》，《南通大学学报》（社会科学版）2016年第4期。

贾效明、焦文俊：《大学学院实体化建设中学院治理结构的改革与调整》，《北京理工大学学报》（社会科学版）2005年第6期。

贾哲敏：《扎根理论在公共管理研究中的应用：方法与实践》，《中国行政管理》2015年第3期。

建设中国特色现代大学制度课题组：《建设中国特色现代大学制度的四个问题》，《中国高等教育》2014年第20期。

蒋馨岚、徐梅：《牛津大学治理改革的行为过程透视——基于支持联盟框架的分析》，《高教探索》2011年第3期。

蒋馨岚：《英国高等教育外部质量保障体系与牛津大学研究生教育》，《研究生教育研究》2011年第2期。

蒋映洪、李江源：《论清末"新政"期间中国高等教育制度的变革》，《高教探索》2009年第3期。

蓝云霞：《浅析高校学院行政管理人员的人格魅力》，《重庆职业技术学院学报》2005年第1期。

雷雨：《论约翰·密尔对古典自由主义的现代改造》，《天津社会科学》1998年第6期。

李春成：《包容性治理：善治的一个重要向度》，《领导科学》2011年第19期。

李福华：《利益相关者理论与大学管理体制创新》，《教育研究》2007年第7期。

李辉、洪扬：《城市群包容性发展：缘起、内涵及其测度方法》，

《甘肃行政学院学报》2018 年第 2 期。

李剑萍：《20 世纪中国学制问题的历史研究》，《华东师范大学学报》（教育科学版）2002 年第 3 期。

李江源：《教育制度的现代转型及功能》，《教育理论与实践》2004 年第 10 期。

李立国、王梦然：《制度与人：大学治理的建构与演进》，《中国高教研究》2021 年第 9 期。

李平：《高等教育的多维质量观：利益相关者的视角》，《国家教育行政学院学报》2008 年第 6 期。

李巧林等：《试论现代大学制度的构建》，《合肥工业大学学报》（社会科学版）2005 年第 4 期。

李维安等：《绿色治理准则：实现人与自然的包容性发展》，《南开管理评论》2017 年第 5 期。

李政大、刘坤：《中国绿色包容性发展图谱及影响机制分析》，《西安交通大学学报》（社会科学版）2018 年第 1 期。

李祖超：《建立现代大学制度的经济学分析》，《教育与经济》2005 年第 4 期。

梁瑜：《大学参与高校民主管理的价值和原则》，《教育与职业》2012 年第 14 期。

林琼：《包容性治理：生态公共治理变革新向度》，《江西社会科学》2013 年第 12 期。

刘宝存：《如何创建研究型大学——牛津大学和哈佛大学的经验》，《教育发展研究》2003 年第 2 期。

刘海涛：《从秩序到自由：政治文明之传统性到现代性的价值转换》，《南昌大学学报》（人文社会科学版）2007 年第 3 期。

刘红光：《利益相关者视角下的现代大学共同治理机制探析》，《黑龙江高教研究》2020 年第 8 期。

刘化喜：《高等教育办学体制及模式的革新发展探究——评〈高等教育办学模式改革研究〉》，《中国教育学刊》2020 年第 1 期。

刘慧：《我国现代大学治理模式研究》，《中国高等教育评论》2017 年第 1 期。

刘伦、施丽红：《积极构建具有中国特色的现代大学制度》，《中国高等教育》2016 年第 22 期。

刘明生：《构建中国现代大学制度探析》，《邯郸学院学报》2007 年第 4 期。

刘松年：《论大学内部治理结构中的民主管理》，《国家教育行政学院学报》2013 年第 6 期。

刘晓雄、刘晓伟：《"和而不同"到"不同而和"的哲学意蕴》，《求索》2006 年第 12 期。

刘尧：《大学教育学院院长的素质要求》，《南阳师范学院学报》（社会科学版）2003 年第 5 期。

刘赞英等：《现代大学制度建设的学术困境及其超越——基于学术自由双重属性的分析》，《重庆高教研究》2013 年第 1 期。

柳翔浩：《转换与融合：大学治理模式的历史社会学分析》，《教育研究》2016 年第 7 期。

柳友荣：《新时代中国特色现代大学制度的学理阐释与实践理论》，《复旦教育论坛》2018 年第 4 期

卢兆彤、瞿振元：《高校二级学院的体制机制建设与完善》，《中国高等教育》2013 年第 22 期。

陆俊杰：《论大学章程的形式合法性》，《现代教育管理》2009 年第 9 期。

罗志敏：《现代大学制度问题研究：当代挑战与路径转换》，《清华大学教育研究》2012 年第 6 期。

马培培：《论美国大学治理中的学生参与》，《高等教育研究》2016 年第 2 期。

马华灵：《现代自由主义的困境：施特劳斯的极权主义诊断》，《学海》2017 年第 3 期。

马陆亭、范文曜：《我国现代大学制度的建设框架》，《国家教育行政学院学报》2009 年第 5 期。

马陆亭：《当前现代大学制度建设的两个着力点》，《苏州大学学报》（教育科学版）2015 年第 4 期。

马陆亭：《现代大学制度建设重在完善治理结构》，《中国高等教

育》2012 年第 24 期。

马修水等：《绿色高校的目标设计与对策研究》，《中国大学教学》2004 年第 9 期。

马修水等：《影响现代大学制度的外部因素分析及改革建议》，《教育与现代化》2006 年第 4 期。

倪朝霞：《高校学院党支部书记队伍建设探析》，《长春大学学报》2012 年第 2 期。

潘国臣：《大部制改革背景下二级学院治理模式创新探讨》，《学校党建与思想教育》2010 年第 5 期。

潘海生、张宇：《利益相关者于现代大学治理结构的构建》，《教育评论》2007 年第 1 期。

潘懋元、吴玫：《高等学校分类与定位问题》，《复旦教育论坛》2003 年第 3 期。

彭国华、雷涯邻：《美国大学共同治理规则研究述评——以对〈学院与大学治理的联合声明〉反思为视角》，《高教探索》2001 年第 1 期。

彭江：《国内关于现代大学制度的研究综述》，《现代大学教育》2005 年第 2 期。

彭阳红：《从合法性看现代大学制度建设》，《中国高等教育》2009 年第 21 期。

祁占勇：《现代大学制度建设应体现法治精神》，《复旦教育论坛》2022 年第 1 期。

屈满学：《略论定性研究的信度、效度及其伦理道德问题》，《当代教育论坛》2006 年第 3 期。

任初明：《我国大学院长的角色冲突研究》，博士学位论文，华中科技大学，2009 年。

任声策等：《公共治理理论述评》，《华东经济管理》2009 年第 11 期。

茹宁：《人的自由与学术自由——关于学术自由的哲学解读》，《教育评论》2007 年第 1 期。

沈爱琴：《地方本科院校建立现代大学制度的外部制约因素及其消弭》，《江苏高教》2013 年第 2 期。

石猛：《郭秉文与中国高等教育近代化》，《高教探索》2010 年第 1 期。

史静寰：《现代大学制度建设需要"根""魂"及"骨架"》，《中国高教研究》2014 年第 4 期。

史献芝、王新建：《包容性绿色发展：构建人类命运共同体的着力点》，《理论探讨》2018 年第 5 期。

史晓宇、杨超：《现代大学内部制度建设的思考》，《云南社会主义学院学报》2012 年第 4 期。

史云贵、刘晓燕：《绿色治理：概念内涵、研究现状与未来展望》，《兰州大学学报》（社会科学版）2019 年第 3 期。

史云贵、刘晓燕：《县级政府绿色治理体系的构建及其运行论析》，《社会科学研究》2018 年第 1 期。

史云贵、唐迻丹：《论中国特色绿色治理文化体系的构建》，《行政论坛》2019 年第 2 期。

宋旭红：《"现代大学制度"概念综述》，《江苏高教》2005 年第 5 期。

宋增伟：《制度公正的抑恶扬善功能》，《学术论坛》2006 年第 5 期。

苏永建、李冲：《"双一流"背景下中国特色现代大学制度的挑战与应对》，《教育发展研究》2017 年第 Z1 期。

眭依凡：《大学庸俗化批判》，《北京大学教育评论》2003 年第 3 期。

孙芳、王为正：《现代大学治理中的学生权力阈限、问题及对策——以阿尔都塞的劳动分工理论为视角》，《中国高教研究》2014 年第 7 期。

孙丽芝：《建立现代大学制度必须彰显学生权力》，《兰州大学学报》（社会科学版）2015 年第 2 期。

孙小玲等：《高校实施超常规、跨域式发展的体系构建》，《黑龙江高教研究》2004 年第 11 期。

孙逸啸：《网络平台风险的包容性治理：逻辑展开、理论嵌合与优化路径》，《行政管理改革》2022 年第 1 期。

唐世纲：《现代大学制度建设的基本范式及其选择——基于实质与形式之关系的视角》，《现代教育科学》2016 年第 2 期。

唐世纲：《论现代大学制度的基本特征》，《重庆高教研究》2015 年第 1 期。

唐世纲：《现代大学制度的两重属性及其中国境遇》，《国家教育行政学院学报》2019 年第 3 期。

唐世纲：《现代大学制度建设的价值意蕴》，《高校教育管理》2015 年第 2 期。

唐世纲：《现代大学制度建设中的技术主义及其变革》，《黑龙江高教研究》2014 年第 3 期。

唐世纲：《现代大学制度研究的价值之维及其意义》，《重庆高教研究》2015 年第 5 期。

田正平：《关于民国教育的若干思考》，《教育学报》2016 年第 4 期。

王宝义、方晨晨：《去行政化背景下现代大学制度的创新研究》，《黑龙江高教研究》2019 年第 12 期。

王海莹：《以章程为载体的现代大学治理》，《江苏高教》2016 年第 5 期。

王恒：《权变理论视角下的高校管理》，《集美大学学报》（哲学社会科学版）2012 年第 4 期。

王洪才、刘隽颖：《学术自由：现代大学制度的奠基石》，《复旦教育论坛》2016 年第 1 期。

王洪才、赵琳琳：《现代大学制度：缘起、界定与突破》，《江苏高教》2012 年第 3 期。

王洪才：《论高等教育的四元结构理论》，《江苏高教》2003 年第 1 期。

王洪才：《论大学教学文化的缘起、难题与出路》，《四川师范大学学报》（社会科学版）2015 年第 3 期。

王洪才：《论现代大学制度的结构特征》，《复旦教育论坛》2006 年第 1 期。

王洪才：《试论现代大学制度建设的价值导向》，《复旦教育论坛》2005 年第 3 期。

王洪才：《现代大学制度建设的根本在于创造》，《中国高等教育》2012 年第 24 期。

王冀生：《建立有中国特色的现代大学制度——攻坚阶段我国高教体制改革的重点》，《高教探索》2000 年第 1 期。

王冀生：《现代大学制度的基本特征》，《高教探索》2002 年第 1 期。

王建华：《大学落后于时代了吗？——技术的视角》，《南京师大学报》（社会科学版）2019 年第 5 期。

王建华：《学术自由的缘起、变迁与挑战》，《清华大学教育研究》2008 年第 4 期。

王玲玲、张艳国：《“绿色发展”内涵探微》，《社会主义研究》2012 年第 5 期。

王守伦等：《现代大学制度的建立与完善——基于国外实践经验的启示》，《国家教育行政学院学报》2011 年第 3 期。

王务均：《权力包容：德、英、美三国大学治理变迁的历史选择》，《重庆高教研究》2018 年第 3 期。

王元聪、陈辉：《从绿色发展到绿色治理：观念嬗变、转型理据与策略甄选》，《四川大学学报》（哲学社会科学版）2019 年第 3 期。

魏红心：《论我国现代大学制度建设的瓶颈及对策》，《教育与考试》2016 年第 4 期。

魏洪沼：《建立现代大学制度的几点思考》，《国家教育行政学院学报》2007 年第 7 期。

魏涛：《公共治理理论研究综述》，《资料通讯》2006 年第 7 期。

邬大光：《论建立有中国特色的现代大学制度》，《中国高等教育》2006 年第 19 期。

邬大光：《现代大学制度的根基》，《现代大学教育》2001 年第 3 期。

吴林海等：《基于结构方程模型的分散农户农药残留认知与主要影响因素分析》，《中国农村经济》2011 年第 3 期。

夏茂林、夏贤苗：《习近平总书记“五大发展理念”的教育意蕴探析》，《教育理论与实践》2020 年第 13 期。

夏仕武：《学术研究与创收经营两位一体的大学发展研究——来自沃里克大学的成功实践》，《辽宁教育研究》2006 年第 1 期。

向德平：《包容性增长视角下中国扶贫政策的变迁与走向》，《华中师范大学学报》（人文社会科学版）2011 年第 4 期。

谢潇潇等：《完善大学内部治理结构　合理配置大学教育资源》，《西北工业大学学报》（社会科学版）2015 年第 3 期。

徐海宁：《现代自由主义对人们认识大学学术自由的影响》，《江苏高教》2008 年第 3 期。

徐倩：《包容性治理：社会治理的新思路》，《江苏社会科学》2015 年第 4 期。

徐小霞、刘辉：《中美高校现代大学制度的比较研究及启示》，《大学》2021 年第 5 期。

徐长福：《论马克思的实践哲学与唯物史观的张力——基于中国语境的一个考察》，《哲学动态》2012 年第 5 期。

徐长青：《制度文明、大学善治与现代大学制度创新》，《现代教育管理》2015 年第 7 期。

许杰：《构建创新国家体系中的现代大学制度，提升中国大学的学术自主性》，《国家教育行政学院学报》2006 年第 3 期。

许士荣：《对政府管理大学权能的历史考察》，《现代教育科学》2007 年第 11 期。

许晓东、卞良：《"教学状态数据库"研究及其在新建院校中的应用》，《高等教育研究》2013 年第 6 期。

阎光才：《大学的自治传统》，《读书》2000 年第 10 期。

杨德安：《试论大学学院党委书记的角色定位》，《中国电力教育》2002 年第 3 期。

杨东平：《浅议中国近现代大学的教育目标》，《高等教育研究》2000 年第 6 期。

杨克瑞、谢作诗：《人力资本产权激励与现代大学制度建设》，《复旦教育论坛》2015 年第 6 期。

杨莉萍等：《质性研究中的资料饱和及其判定》，《心理科学进展》2022 年第 3 期。

杨岭：《中国特色现代大学制度的构建——基于自由与秩序平衡的视角》，《高教发展与评估》2020 年第 2 期。

杨如安等：《重庆市高校独立学院办学现状、问题及对策研究》，《西南师范大学学报》（人文社会科学版）2005 年第 2 期。

杨同毅：《理念、制度与行动——关于现代大学制度建设的思考》，《青岛农业大学学报》（社会科学版）2012 年第 3 期。

杨望成、熊志翔：《现代大学制度的基本特征》，《佛山科学技术学院学报》（社会科学版）2004 年第 1 期。

杨维：《对美国现代大学制度的思考》，《广东商学院学报》2008 年第 5 期。

杨志锋、邹珊刚：《知识资源、知识存量和知识流量：概念、特征和测度》，《科研管理》2000 年第 4 期。

姚红等：《新形势下我国大学"教授治学"的内涵及本质》，《职教通讯》2015 年第 17 期。

姚荣：《包容性发展：思想渊源、现实意涵及其实践策略》，《理论导刊》2013 年第 4 期。

姚荣：《重申学术自由的内在与外资界限》，《高校教育管理》2019 年第 2 期。

叶通贤、周鸿：《欧美创业型大学的辉煌成就及其对我国的启示》，《现代教育科学》2009 年第 11 期。

尹利民、田雪森：《包容性治理：内涵、要素与逻辑》，《学习论坛》2021 年第 4 期。

应星：《学术自由内外限度及其历史演变——从〈系科之争〉到〈韦伯论大学〉》，《北京大学教育评论》2009 年第 3 期。

俞可平：《全球治理引论》，《马克思主义与现实》2002 年第 1 期。

俞可平：《中国治理评估框架》，《经济社会体制比较》2008 年第 6 期。

袁本涛、朱贺玲：《自由、自治与自律：现代大学治理体系的核心要素》，《北京教育（高教）》2019 年第 1 期。

袁春艳、任森：《中国特色现代大学制度的运行机制分析》，《国家教育行政学院学报》2013 年第 7 期。

袁贵仁：《建立现代大学制度推进高教改革和发展》，《中国高等教育》2000 年第 3 期。

苑琳、崔煊岳：《政府绿色治理创新：内涵、形势与战略选择》，《中国行政管理》2016 年第 11 期。

《中华人民共和国国民经济和社会发展第十三个五年规划纲要》，《人民日报》2016 年 3 月 18 日第 1 版。

《中共中央编译局俞可平教授谈　马克思主义的最高命题》,《新疆师范大学学报》(哲学社会科学版)2004 年第 3 期。

《中共中央关于党的百年奋斗重大成就和历史经验的决议(2021 年 11 月 11 日中国共产党第十九届中央委员会第六次全体会议通过)》,《人民日报》2021 年 11 月 17 日第 1 版。

张斌贤等:《近三十年我国教育知识来源的变迁——基于《教育研究》杂志论文引文的研究》,《教育研究》2009 年第 4 期。

张斌贤:《现代大学制度的建立与完善》,《国家教育行政学院学报》2005 年第 11 期。

张传燧、李卯:《晚清书院改制与近代学制建立的本土基础》,《华东师范大学学报》(教育科学版)2012 年第 3 期。

张恩浩、韩月才:《结构方程模型及其在高校排名中的应用》,《大学数学》2017 年第 1 期。

张风辉:《大学定位》,《河北师范大学学报》(教育科学版)2003 年第 3 期。

张继龙:《基于协商民主的学院学术治理改革》,《教育发展研究》2017 年第 5 期。

张继明:《我国现代大学制度研究述评》,《黑龙江高教研究》2012 年第 2 期。

张江琳、徐伶俐:《现代大学制度:学术权力回归的必然逻辑》,《教育学术月刊》2021 年第 12 期。

张俊宗:《德国高等教育改革与建立现代大学制度的探索》,《天水师范学院学报》2003 年第 6 期。

张俊宗:《现代大学制度:内涵、主题及主要内容》,《江苏高教》2004 年第 4 期。

张维维、夏菊萍:《高校治理体系和治理能力现代化:内涵与途径》,《北京航空航天大学学报》(社会科学版)2022 年第 4 期。

张笑涛:《"教授治学"的内涵及落实路径》,《江苏高教》2016 年第 3 期。

张学敏、陈星:《资源与目标:现代大学制度建设的矛盾及其化解》,《高等教育研究》2015 年第 9 期。

张学文：《大学理性失范：概念、表现及其根源》，《北京师范大学学报》（社会科学版）2010 年第 6 期。

张雪珍、陈丽璘：《美国研究型大学的院长任用方式及启示》，《复旦教育论坛》2007 年第 6 期。

张应强、蒋华林：《关于中国特色现代大学制度的理论认识》，《教育研究》2013 年第 11 期。

张应强：《新中国大学制度建设的艰难选择》，《清华大学教育研究》2012 年第 6 期。

章跃：《边际效用理论与高校财力资源的优化配置》，《江苏高教》2001 年第 6 期。

赵凤娟、毕宪顺：《依法治校背景下教授治学的机制改革》，《教育研究》2018 年第 6 期。

赵俊芳：《现代大学制度的内在冲突及路径选择》，《高等教育研究》2011 年第 9 期。

赵沁平：《产学研合作有力助推高等教育发展》，《中国科技产业》2008 年第 11 期。

赵士英、洪晓楠：《显性知识与隐性知识的辩证关系》，《自然辩证法研究》2001 年第 10 期。

赵婷婷：《自治、控制与合作——政府与大学关系的演进历程》，《现代大学教育》2001 年第 4 期。

赵文华等：《论现代大学制度与大学校长职业化》，《复旦教育论坛》2004 年第 3 期。

赵文华：《建立现代大学制度　加快我国研究型大学建设》，《上海交通大学学报》（社会科学版）2002 年第 2 期。

赵祥辉、刘强：《一流大学建设视域下现代大学制度的诠释与建构》，《黑龙江高教研究》2018 年第 11 期。

赵彦志：《大学组织模型：一个基于知识分析的理论框架》，《教育研究》2011 年第 5 期。

赵彦云、宋东霞：《提升大学竞争力，建立现代大学制度》，《中国高等教育》2003 年第 18 期。

郑长德：《基于包容性绿色发展视角的民族地区新型城镇化研究》，

《区域经济评论》2016年第1期。

郅庭瑾：《教育管理伦理：一个新的研究领域》，《华东师范大学学报》（教育科学版）2005年第3期。

钟秉林等：《中国特色现代大学制度建设——目标、特征、内容及推进策略》，《北京师范大学学报》（社会科学版）2011年第4期。

钟秉林：《中国特色现代大学制度建设——目标、特征、内容及推进策略》，《北京师范大学学报》（社会科学版）2011年第4期。

周川：《"现代大学制度"及其改革路径问题》，《江苏高教》2014年第6期。

周光礼：《学术自由的实现与现代大学制度的建构》，《高等教育研究》2003年第1期。

周红波：《和：一个极富张力的中国古代文论范畴》，《武汉大学学报》（人文科学版）2012年第4期。

周洪宇、曾嘉怡：《壬戌学制颁行的内在逻辑及其启示》，《教育研究与实验》2022年第3期。

周小亮：《包容性绿色发展：理论阐释与制度支撑体系》，《学术月刊》2020年第11期。

周晓凤等：《论色彩词"绿"在使用中的语义充实》，《学术交流》2014年第7期。

周作宇：《大学治理行动：秩序原理与制度执行》，《清华大学教育研究》2020年第2期。

朱承：《在规矩中自在——由"从心所欲不逾矩"看儒家自由观念》，《现代哲学》2008年第6期。

朱建成：《二级学院院长负责制及其管理模式探讨》，《广东外语外贸大学学报》2006年第4期。

朱平：《现代大学制度的制度理性》，《现代教育管理》2013年第4期。

朱艳艳：《高校学院治理困境及其路径选择——基于新制度主义视角》，《高教论坛》2023年第1期。

吴武林、周小亮：《中国包容性绿色增长测算评价与影响因素研究》，《社会科学研究》2018年第1期。

邹晓东：《对构建现代大学制度的内在因素的思考》，《河南大学学报》（社会科学版）2012 年第 1 期。

左志德：《对大学学术自由合理性德伦理解读》，《现代大学教育》2014 年第 3 期。

（三）学位论文类

卞良：《中国研究型大学二级学院内部治理及其影响因素研究》，博士学位论文，华中科技大学，2017 年。

陈立中：《服务型政府视角下的现代大学制度创新》，硕士学位论文，扬州大学，2011 年。

陈雪梅：《博弈：静态生活方式与静态生活方式改变的互动过程模式研究——一项扎根理论研究》，博士学位论文，中国人民解放军海军军医大学，2018 年。

陈志权：《大学制度的自由价值及其实现》，博士学位论文，西南大学，2018 年。

程悦：《基于大学学术属性的现代大学制度建设研究》，硕士学位论文，河北科技大学，2012 年。

郭安元：《基于扎根理论的心理契约违背的影响因素及其作用机制研究》，博士学位论文，武汉大学，2015 年。

韩素贞：《我国当前高校物力和财力资源利用效率研究——基于 A 校的个案》，硕士学位论文，南京师范大学，2009 年。

贾旭东：《基于扎根理论的中国城市基层政府公共服务外包研究》，博士学位论文，兰州大学，2010 年。

刘恩允：《治理理论视阈下的我国大学院系治理研究》，博士学位论文，苏州大学，2015 年。

刘洋：《马克思的自由观研究》，博士学位论文，吉林大学，2021 年。

马廷奇：《大学组织的变革与制度创新》，博士学位论文，华中科技大学，2004 年。

马艳芬：《教师教育发展困境的制度研究：个人教育选择视域》，博士学位论文，东北师范大学，2009 年。

任春晓：《教师参与大学内部治理模式研究》，硕士学位论文，东北大学，2012 年。

任增元：《制度视野中的大学行政化研究》，博士学位论文，大连理工大学，2012 年。

沈孟如：《基于扎根理论的电信运营企业均衡服务研究》，博士学位论文，北京邮电大学，2013 年。

王家军：《学校管理伦理论纲》，博士学位论文，南京师范大学，2006 年。

吴刚：《工作场所中基于项目行动学习的理论模型研究——扎根理论方法的应用》，博士学位论文，华东师范大学，2013 年。

夏兰：《民国时期现代大学制度演变研究》，博士学位论文，复旦大学，2012 年。

喻冰洁：《中小学教师评价的伦理问题研究》，博士学位论文，东北师范大学，2014 年。

张斌：《公共信息对公众信任及行为的影响研究》，博士学位论文，西南交通大学，2010 年。

张雪：《19 世纪德国现代大学及其与社会、国家关系研究》，博士学位论文，华中师范大学，2012 年。

张雅：《非营利组织服务导向的测量维度、影响因素及作用机制研究》，博士学位论文，武汉大学，2014 年。

张雅静：《我国现代大学制度建设的历史发展与现实选择》，硕士学位论文，兰州大学，2012 年。

章跃：《我国高校优化资源配置提高办学经济效益研究》，博士学位论文，河海大学，2002 年。

赵立周：《现代大学制度的价值取向与功能研究》，硕士学位论文，河南大学，2016 年。

郑浩：《学术自由视域下现代大学制度的局限性及其超越性研究》，硕士学位论文，河北科技大学，2013 年。

郑洪波：《普通高校物力资源利用效率研究——以延边大学为例》，硕士学位论文，延边大学，2015 年。

（四）其他

《习近平看望参加政协会议的医药卫生界教育界委员》，https：//www. gov. cn/xinwen/2021－03/06/content_5591047. htm，2023 年 6 月3 日。

中华人民共和国教育部：《习近平在全国教育大会上强调坚持中国特色社会主义教育发展道路　培养德智体美劳全面发展的社会主义建设者和接班人》，http：//www. moe. gov. cn/jyb_xwfb/xw_zt/moe_357/jyzt_2018n/2018_zt18/zt1818_bd/201809/t20180910_348145. html，2023 年 6 月 3 日。

中华人民共和国中央人民政府：《习近平在中共中央政治局第五次集体学习时强调加快建设教育强国为中华民族伟大复兴提供有力支撑》，https：//www. gov. cn/govweb/yaowen/liebiao/202305/content _ 6883632. htm?eqid=894af258000c27a200000002649816，2023 年 6 月 3 日。

中华人民共和国中央人民政府：《习近平致信祝贺第二十二届国际历史科学大会开幕》，https：//www. gov. cn/2016govweb/guowuyuan/2015-08/23/content_2918448. htm，2023 年 6 月 3 日。

"AAUP Statement on Government of Colleges and Universities 1966", http：//www. aaup. org/AAUP/pubsres/policydocs/governancestatement. htm, 2023-05-02.

曹文泽：《基于法治的现代大学善治》，https：//news. 12371. cn/2015/02/05/ARTI1423091512910266. shtml，2023 年 6 月 3 日。

《教育部等五部门关于印发〈普通高等教育学科专业设置调整优化改革方案〉的通知》，http：//www. gov. cn/zhengce/zhengceku/2023-04/04/content_5750018. htm，2023 年 6 月 3 日。

《西北师大校史》编写组：《西北师大校史（1902—2002）》，http-tps：//www. docin. com/p-564975537. html，2023 年 6 月 3 日。

《中华人民共和国高等教育法》，http：//www. gov. cn/xinwen/2015-12/28/content_5028417. htm，2023 年 6 月 3 日。

中华人民共和国教育部：《把思想政治工作贯穿教育教学全过程》，http：//www. moe. gov. cn/jyb_xwfb/xw_zt/moe_357/jyzt_2018n/2018_zt19/zt1819_gd/zjpl/201811/t20181126_361459. html，2023 年 6 月 3 日。

中华人民共和国教育部：《各级各类学校女教师、女教职工数》，http：//www. moe. gov. cn/s78/A03/moe_560/jytjsj_2018/qg/201908/t20190812_394229. html，2023 年 3 月 2 日。

中华人民共和国教育部：《各级各类学校校数、教职工、专任教师情况》，http：//www. moe. gov. cn/s78/A03/moe _ 560/jytjsj _ 2018/qg/201908/t20190812_394241. htm，2023 年 3 月 2 日。

中华人民共和国教育部：《国家中长期教育改革和发展规划纲要（2010—2020 年）》，http：//www. moe. gov. cn/srcsite/A01/s7048/2010 07/t20100729_171904. html，2023 年 6 月 3 日。

中华人民共和国教育部：《专任教师学历、专业技术职务情况（普通高校）》，http：//www. moe. gov. cn/s78/A03/moe _ 560/jytjsj _ 2018/gd/201908/t20190812_394164. html，2023 年 3 月 2 日。

中华人民共和国教育部：《中共中央印发〈中国共产党普通高等学校基层组织工作条例〉》，http：//www. moe. gov. cn/jyb _ xwfb/s6052/moe_838/202104/t20210422_527716. html，2023 年 6 月 3 日。

中华人民共和国中央人民政府：《中共中央办公厅印发〈关于坚持和完善普通高等学校党委领导下的校长负责制的实施意见〉》，http：//www. gov. cn/zhengce/2014－10/15/content _2766861. htm？isappinstalled=0，2023 年 6 月 3 日。

中华人民共和国中央人民政府：《中华人民共和国高等教育法》，http：//www. gov. cn/xinwen/2015－12/28/content_5028417. htm，2023 年 6 月 3 日。

周群英、王美琳：《制度创新：大学提升办学水平的有效路径——以英国沃里克大学为例》，《教育理念创新与建设高等教育强国——2010 年高等教育国际论坛论文集》，2010 年。

二 外文文献

Bagilhole B. , "Too Little Too Late? An Assessment of National Initiatives for Women Academics in the British University System", *Higher Education in Europe*, Vol. 25, No. 2, 2000, pp. 139－145.

Chenc M. , "Cite Space Ⅱ: Detecting and Visualizing Emerging Trends and Transient Patterns in Scientific Literature", *Journal of the American Society for Information Science and Technology*, Vol. 57, No. 3, 2006, pp. 359－377.

Ellgel, Arthur, "The University System in Modern England: Historiography of the 1970's and Opportunities for the1980's", *Review of Higher Ed-*

*ucation*, Vol. 3, No. 3, 2017, pp. 8-12.

Gardiner P. A. , et al. , "Measuring Older Adults' Sedentary Time: Reliability, Validity, and Responsiveness", *Med Sci Sports Exerc*, Vol. 43, No. 11, 2011, pp. 2127-2133.

Glaser B. G. , *Advances in the Methodology of Grounded Theory: Theoretical Sensitivity*, Mill Valley, CA: Sociology Press, 1978, p. 93.

Gray, et al. , "European Integration from the 1980s: State-Centric v. Multi-level Governance", *Jcms Journal of Common Market Studies*, No. 9, 1996, pp. 356-371.

John Rawls, *A Theory of Justice*, *Revised Edition*, Cambridge, Massachusetts, The Belknap Press of Harvard University, 1999, p. 397.

Lenhardt G. , "Europe and Higher Education between Universalization and Materialist Particularism", *European Educational Research Journal*, No. 1, 2002, pp. 274-289.

McAfee N. , "Three Models of Democratic Deliberation", *The Journal of Speculative Philosophy*, Vol. 18, No. 1, 2004, pp. 44-59.

M. Arena, et al. , "Developing a Performance Measurement System for University Central Administrative Services", *Higher Education Quarterly*, Vol. 63, No. 3, 2010, pp. 237-263.

Oxford's Governance Structure, "Green Paper", *University Gazette*, March, 2005, 135 (Supplement 3): GP1.

Pane H. S. S. , et al. , "Historical, Practical, and Theoretical Perspectives on Green 'Management Decision: An Exploratory Analysis'", *Management Decision*, No. 7, 2009, pp. 1041-1055.

Paul D. , "Higher Education in Competitive Markets: Literatureon Organizational Decline and Turnaround", *The Journal of General Education*, Vol. 54, No. 2, 2005, pp. 106-138.

Tom Nairn, *Faces of Nationalism: Janus Revisited*, London: Verso, 1997, p. 194.

"University of Oxford Commission of Inquiry Report" (The North Report), University of Oxford, 1997.

University of Oxford, *Report of Commission of Inquiry* (*The Franks Report*), Oxford: Clarendon Press, 1966.

Walter Ruegg, *A History of the University in Europe*, Cambridge: Cambridge University Press, 2004.

*White Paper on University Governance*, University of Oxford, Trinity Term 2006.

William L. Waugh, Jr. , "Conflicting Values and Culture: The Managerial Threat to University Governance", *Policy Studies Review*, No. 15, 1998, pp. 61–73.